丛书编委会

（按姓氏拼音排序）

本书受国家重点研发计划
“促进文化和科技融合特色产业集聚和公共服务平台机制与模式研究”
（2019YFB1406001）资助

当代中国媒介研究系列丛书

媒介与技术研究经典导读

第二辑

吴璟薇 高 山 ◆ 主编

中国传媒大学出版社
·北 京·

图书在版编目（CIP）数据

媒介与技术研究经典导读. 第二辑 / 吴璟薇, 高山主编. -- 北京 : 中国传媒大学出版社, 2025.5.

ISBN 978-7-5657-3923-1

Ⅰ. G206. 2

中国国家版本馆CIP数据核字第2025BW4385号

媒介与技术研究经典导读（第二辑）

MEIJIE YU JISHU YANJIU JINGDIAN DAODU (DI-ER JI)

主　　编　吴璟薇　高　山
策划编辑　曾婧娴
责任编辑　裴向敏
封面设计　拓美设计
责任印制　李志鹏

出版发行　中国传媒大学出版社
社　　址　北京市朝阳区定福庄东街1号　　邮　　编　100024
电　　话　86-10-65450532　65450528　　传　　真　65779405
网　　址　http://cucp.cuc.edu.cn
经　　销　全国新华书店

印　　刷　艺堂印刷（天津）有限公司
开　　本　787mm×1092mm　1/16
印　　张　11.25
字　　数　247千字
版　　次　2025年9月第1版
印　　次　2025年9月第1次印刷

书　　号　ISBN 978-7-5657-3923-1　　定　　价　58.00元

本社法律顾问：北京嘉润律师事务所　郭建平

总 序

观察当代人类社会的特征，媒介成为基础性架构，技术成为关键性驱动。如何理解媒介与技术，已经成为当代学术发展的焦点问题，不仅是新闻传播学，而且哲学、政治学、经济学、社会学、人类学等都将此作为重要研究对象。与此同时，由于媒介与技术的快速发展与深刻影响，非学术领域的普罗大众对如何认识媒介与技术的兴趣也愈发浓厚，在社会媒体上、公共讨论中经常会看到涉及媒介与技术的话题。如同基特勒所言，"媒介决定了我们的处境"，今天看来愈发明显。因而，作为"文化技艺"的"媒介胜任力"（media competence），今天看来愈发重要。

媒介既是文化的载体，也是文化的内容。作为文化载体的媒介，承载了人类的知识、行为与情感，没有媒介的存在，就没有文化积累的可能。但仅仅看到媒介的这种媒介性或中介性，还是不够的，媒介自身就是文化进步的产物，换言之，就是构成文化的鲜活内容。不同的媒介，带来不同的文化呈现方式，也会体现不同的文化创造方式。就写作来说，在纸质媒介上书写，会有个性字体与灵感触动；而在数字媒介上书写，会有规范字体与标准结构。于是乎，在构思提纲时，用纸质媒介会更有创造性，而在写作全文时，用数字媒介会更有效率感。这种书写媒介的使用方式表明，新兴媒介并不一定比传统媒介具有完全的优势，只是各有优劣而已。而这，其实是认识媒介的一个重要原则。

媒介发展的实质是技术发展，认识媒介的实质是认识技术进步及其社会影响。技术既是人类的产物，也是人类的对手。在人类数千年的文明进程中，技术一直保持着积极状态存在，成为人类文明的推动力，但在工业革命两百多年以来特别是信息革命数十年以来，技术的社会角色发生了重要变化。技术的强势地位愈发明显，技术即政治，拥有技术能力就拥有政治权力。技术即生活，离开了技术使用就没有了日常生活。在技术的强大能力面前，在"传感器社会"与"智能机器人"的时代，人的主体性正在受到挑战，技术进步与人性退步并存，技术胜利与人类困境并存。简言之，技术既是推动人类进步的手段，也愈发成为挑战人类进步的问题。而这，其实是认识技术的一个重要原则。

理解"媒介"的概念，从汉字字面上来看，是"媒"+"介"，前者体现了主体性、主动性，后者体现了物质性、功能性。事实上，把握媒介的物质属性与交往属性，认识到媒介在主客体关系中的独特价值，就会对媒介的实质与发展、媒介与社会的关系有更深刻的认识。

在日新月异的媒介与技术发展进程中，在旺盛的专业需求与社会兴趣背景下，回到媒介与技术研究的经典著作，通过研读经典，启发深入思考，正所谓“返本开新”，恰逢其时，极其必要，体现了学术的连续性与开放性。对媒介与技术的反思不是今天才引起关注的，事实上，随着近代科技在西方的兴起与扩展，在许多西方学者的思考中，就已经有了许多洞见。遗憾的是，这些洞见很多时候显得不那么“合群”，被湮没在当代媒介与技术发展的现实功用与经济胜利中，被实用主义与物质主义所掩盖。但是，随着时间的推移，随着媒介与技术发展的多重性影响凸显，这些被掩盖的“思想珍珠”会放射出自己的光芒来。

温纳认为，技术是人类的“一个未完成的创造物”。对此，我深以为然。尽管今天的技术无孔不入乃至“自主发展”，但技术始终是“未完成”的创造物，尽管先进但不完善，而要实现完善，还需要人的关怀、人的指引，需要在技术领先的追求中真正注入人文精神。技术专家统治，人文学者退场，导致的只能是技术的“永远未完成”的状态。

对媒介与技术的分析，要坚持马克思主义哲学的基本原理，以工具尺度和价值尺度的双重尺度来考量，既要对媒介和技术实践积极支持，又要在其发展过程中始终保持对人的尊重和关注。媒介和技术作为一种外部力量，是为了人的发展，嵌入了人的发展进程，而不是独立于人的存在。正如马克思所言，“个人的全面发展，只有到了外部世界对个人才能的实际发展所起的推动作用为个人本身所驾驭的时候，才不再只是作为理想、作为职责等存在于想象之中，而这也正是共产主义者所向往的。”

对媒介的研究，是建构中国特色新闻传播学、形成中国自主的新闻传播知识体系的重要着力点。中国的媒介技术发展迅速，媒介应用更是居于世界领先位置，这提供了鲜活的媒介实践。中国的媒介研究坚持辩证唯物主义与历史唯物主义的世界观与方法论，这提供了科学的分析工具。对中国的媒介研究乃至新闻传播学研究来说，立足中国本土，回到马克思，把握新技术，放眼全世界，就能做出自己的原创研究，不但解释与指导中国实践，也会为世界学术与全球实践做出自己的贡献。

本丛书的编写体现了当代与经典的对话，体现了学者与社会的对话，提纲挈领的导读，言简意赅的讨论，深入浅出，意味深长，思想火花时时闪耀，人文关怀溢于言表。细读之，收获之。

是为序。

胡 钰

（清华大学新闻与传播学院教授，中国新闻史学会中国特色新闻学专业委员会理事长）

编者序

在过去的五年或更长的时间里，媒介技术迅猛发展，速度远超我们的想象，人类世界与外在的自然生态、行星宇宙已经产生了多重交叠。伴随着人类社会文明的发展，技术发挥中介作用的范围越来越广，从微生物世界到宇宙星辰，人类社会文明与科技的发展使人与外在世界之间的作为“中介”的媒介更加多元。于是，“万物皆媒”的境况便产生了。

媒介域联盟读书会正处在这样一种人类的境况中。今天，人类已经不仅仅关注那个大写的、作为主体的“我”，西方哲学亦在反思现代技术带来的种种问题。从后人类主义、新物质主义到行星思维，它们似乎都在应对现代性与技术危机中，逐渐呼应万物一体与多元交融的古老东方智慧。媒介域联盟读书会也在尝试着通过古今思想经典、前沿科学技术与中西文明的交流互鉴，找到诠释这个时代、定位人类自身与理解未来的方法与路径。在技术哲学、文化与图像研究、动物研究、媒介与社会研究、视觉和触觉等感官研究中，线条、褶子、打字机，以及各种动物等众多超出人类主体范畴的元素也被纳入人类思考的范畴。我们试着打破人类中心主义的局限，打开物质与灵魂的褶子，在人类社会文明发展历程中去思考差异、接触、交流的可能。今天的世界就像一张网，将人类、动物、植物与宇宙世界交织在一起。

通过对以下十二本经典著作的领读，《媒介与技术研究经典导读（第二辑）》试着去思考和理解当下的人类境况。

◆ 伯恩哈德·西格特的《文化技艺：网格、过滤器、门，以及其他真实的联构》——曾国华领读

◆ 马利亚 - 若泽·孟赞的《图像、圣像与经济：当代想象的拜占庭起源》——张正平领读

◆ 刘易斯·芒福德的《技术与文明》——胡翼青领读

◆ W.J.T. 米歇尔的《图像何求？形象的生命与爱》——刘涛领读

- ◆ 尼克·库尔德利与安德烈亚斯·赫普的《现实的中介化建构》——戴宇辰领读
- ◆ 乔吉奥·阿甘本的《潜能》——汪民安领读
- ◆ 霍斯特·布雷德坎普的《图像行为理论》——赵千帆领读
- ◆ 蒂姆·英戈尔德的《线的文化史》——袁艳领读
- ◆ 墨磊宁的《中文打字机：一个世纪的汉字突围史》——墨磊宁领读
- ◆ 吉尔·德勒兹的《褶子：莱布尼茨与巴洛克风格》——姜宇辉领读
- ◆ 雅克·德里达的《论触觉——让-吕克·南希》——夏可君领读
- ◆ 马修·卡拉柯的《动物志：从海德格尔到德里达的动物问题》——庞红蕊领读

这本书涵盖了媒介域联盟读书会第三季“媒介技术与文化”与第四季“后人类时代的媒介境况”的精彩内容。相比第一辑，第二辑在对精彩内容进行提炼的基础上更加明确了内容要点，并对应当下众多高校开设的“媒介技术与社会变迁”“媒介研究”“媒介理论”“媒介（发展）史”等课程，突出教材的体例与功能，在领读内容后附“本讲回顾”“要点小结”“拓展阅读”和“思考题”，以辅助读者在阅读经典过程中抓住要点、获得知识的提升。

今年10月正是媒介域联盟读书会的第六年之伊始。在过去60个月，1827天，43848个小时的时间里，我们通过互联网与世界各地的领读者和观众连接，我们从物理世界走入互联网中的会议室与直播间，跨越时间和空间的差异相聚在“周日的下午茶”的思想盛会中，我们也共同见证着这个时代的快速变迁。在这里，媒介域联盟读书会希望借助多元的媒介形式，搭建起一个跨越时空和多重学术领域的思想平台。特别是对于新闻传播学领域来说，如果从媒介的视角来看的话，技术的发展给学科的现下与未来带来的将会是更多的机遇与希望，虽然挑战并存。因为“媒介转向”将会协助新闻传播学向更加广阔的、多元交叉的“平台型学科”转变。在这一平台上，与各个学科交叠得最多的议题——“媒介”也将会是未来研究的中心。平台上，与各个学科交叠得最多的媒介也将会是未来研究的中心。以思想为媒，以平台为介，媒介域联盟读书会自创立以来的宗旨正是“我们是媒介的中介”（we are the medium of media）。

由衷感谢丛书主编、清华大学新闻与传播学院的胡钰教授对本书出版的鼎力资助；感激各位媒介域联盟读书会的领读者、对谈人、主持人、文稿整理人，以及作为活动组织方与筹备者的中国人民大学新闻学院的刘海龙老师及其“海龙果读书会”、中国传媒大学国家传播创新研究中心的“云起沙龙”与张磊老师、澳门科技大学人文艺术学院的章戈浩老师、华中科技大学新闻与信息传播学院的袁艳老师、中国社会科学院新闻与传播研究所的曾国华老师对读书会的支持；感谢合作伙伴中国传媒大学出版社及张毓强社长，曾婧娴与裴向敏编辑对媒介域联盟读书会及本书的大力支持，使得本书能够高效而顺利地出版；也衷心感谢一直以来支持读书会的各位专家学者、学界同仁和同学们，以及为“媒介域联盟”

在线平台和直播付出了众多辛劳的毛万熙、高山、阎庆宜、宋思静、郭琦、张雅迪、高涔朝、霍旻含、王畅等同学。

未来是技术的，也是媒介的，更是人与非人多元主体深度融合的时代。

吴璟薇

2025 年 9 月 30 日于清华大学清新楼

目 录

CONTENTS

第一讲

文化技艺：德国媒介理论谱系中的关键概念

——曾国华领读《文化技艺：网格、过滤器、门，以及其他真实的联构》

领读书籍：《文化技艺：网格、过滤器、门，以及其他真实的联构》（*Cultural Techniques : Grids, Filters, Doors, and Other Articulations of the Real*）（见图1–1）（以下简称《文化技艺》）。

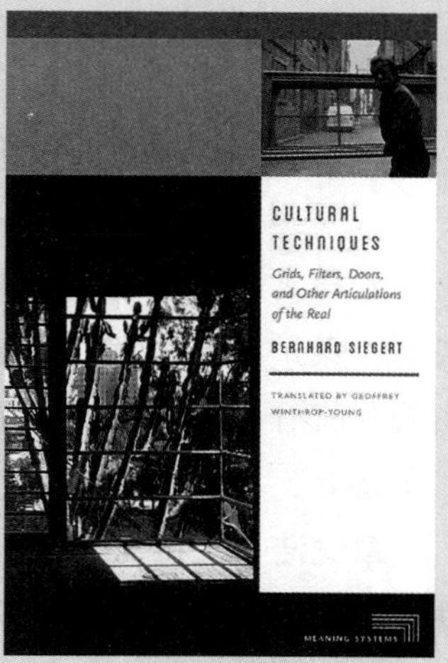

图1–1　《文化技艺》封面①

内容简介：本书将“文化技艺”（cultural techniques）的概念放置在德语“文化”（kultur）一词所指的范畴内，对其展开本体论层面的分析。本书试图让我们抛弃对“媒介”的传统理解，将媒介概念解析为一种复制、置换、处理以及映射特定文化内的基底性差异（fundamental distinctions）的文化操作网络，并进一步分辨出物体与操演、物质与形式、人与非人、符号与渠道、象征与现实这些尚在不断演化的观念之间的联系与区别。

文化技艺包括了阅读、写作、计数和图像制作等自我指涉的符号实践。关于文化技艺的人造物的分析，会强调文化技艺作为“中间体”的本体论状态，这种状态包括了从一阶技艺到二阶技艺、技艺到艺术、物体到符号、自然到文化、操作到表征的变化谱系。

本书也包括了从航海、绘图和饮食，到新旧媒体中符号与信号区分的产生，到人类学差异的再生产，再到对错视画、网格、登记簿和门的研究。从头到尾，作者西格特都在阐述一个基底性的问题，即本体论差异的概念如何能被操作链（chains of operations）所替代，因为正是这些操作链在处理这些在本体论层面被指称为本体论差异的东西。

本书在历史和技术层面植根于后人类理论，开启了德国新媒介理论和美国后控制论话语之间的一种关键性对话。

——节选自本书封底简介（有改动）

---

① SIEGERT B. Cultural techniques: grids, filters, doors, and other articulations of the real[M]. New York: Fordham University Press, 2015.

作者简介：伯恩哈德·西格特（Bernhard Siegert），德国媒介理论与媒介史学家。自 2001 年起，其担任魏玛包豪斯大学媒体学院文化技艺历史与理论系的教授，并于 2008 年起担任魏玛文化技术和媒介哲学国际研究中心主任。其代表作除《文化技艺》外，还有《中继：作为邮政体系之一个时代的文学》（*Relays : Literature as an Epoch of the Postal System*，英文，1993），《数码通道》（*Passage des digitalen*，德文，2003）等著作。

领读者：曾国华（中国社会科学院新闻与传播研究所副研究员）

主持人：章戈浩（澳门科技大学人文艺术学院助理教授）

讲座时间：2021 年 10 月 17 日

文字稿整理与校对：高山

一、开场白：走近德国媒介研究的代表性著作

刘海龙（读书会组织者）：《文化技艺》是德国媒介研究的一本代表性著作，准确反映了“媒介与技术”的主题。在媒介技术重建了日常生活的今日，选择媒介、传播与技术相关的前沿著作阅读，有着重要的意义。当下，每个人都需要拥抱不确定性，也就是一直“在路上”。我们要在变化的时代找到立足的锚点，就需要持续不断地阅读。

章戈浩（主持人）：本次阅读的《文化技艺》，作者是伯恩哈德·西格特，他与基特勒（Friedrich Kittler）、博尔兹（Norbert Bolz）、科伊（Wolfgang Coy）等被看作德国媒介理论的先驱。较早提出“文化技艺”这一概念的学者是基特勒，但西格特进行了重要的发展，给予了更丰富和系统的论述。值得注意的是，在后人类研究流行的当下，西格特试图在书中让德国新媒介理论与美国后控制论进行“对话”。

图 1-2　伯恩哈德·西格特

曾国华（领读人）： 西格特的这本书是第一本关于“文化技艺”的有影响力的专著。我们应该如何理解“文化技艺”这个概念？本书是一本自德语翻译成英语的著作，译者杰弗里·温斯洛普－扬（Geoffrey Winthrop-Young）在本书中指出，由于德语“kulturtechniken”一词难以对译为英语，经过多重斟酌，最终将该词翻译为 cultural techniques。该词在中文语境中的翻译也面临相似难题，cultural techniques 可以被译作文化技术或文化技艺，本次导读采用后一种翻译方法。

二、《文化技艺》何以延展德国媒介研究的谱系？

之所以选择《文化技艺》这本书，有两点考虑：一方面，本书是作者西格特最重要的学术作品，自 2014 年面世以来，已被诸多学者引用；另一方面，书中系统阐释的文化技艺理论在整个德国媒介研究谱系之中占据着极为重要的地位。

这本书延展了德国后人类导向下的媒介研究谱系，也进一步深化了德国媒介研究的跨学科性。其中，作者西格特在书中称自己的思想大量来自人类学，当然这里的人类学不仅包括一般意义上来自英国、美国、法国以及德国作为现代学科之一的人类学，还包括康德（Immanuel Kant）意义上的人类学——关注“什么样的人可以称为人”问题的系统化追问。康德在《实用人类学》和《道德形而上学基础》（或译作《道德形而上学的奠基》）两本书中比较集中地对人类学进行了讨论，从这两本书尤其是后一本书的主要观点来看，康德意义上的人类学可以表述为从实践理性的角度来考察人拥有怎样的能力、人又是怎样的一种动物、“什么样的人可以称为人”这是一个系统研究领域。《文化技艺》这本书的基本出发点，其实就是文化技艺、技术与人究竟是一种什么样的关系的问题。

需要指出的是，本书应放置在德国媒介研究脉络及其全球扩散的语境中来讨论，但由于时间限制，本次导读仍以内容介绍为主。同时，正如本书的译者杰弗里·温斯洛普－扬曾经在采访中所指出的，本书的结构仍然是一本论文集，各章之间并没有必然的逻辑顺序上的关联，读者可以按照自己的兴趣和需求来选取其中部分章节来阅读。同时，本书内容较多，写作风格也偏向相对晦涩的比较文学研究的风格（这也是基特勒脉络的一个典型特征），因此本次导读只选取一些具有代表性的章节加以介绍。

三、概念溯源：从身体技艺转向文化技艺

法国社会学家马塞尔·莫斯（Marcel Mauss）率先提出了“身体技艺”的概念。莫斯受到当时盛行的现象学启发，结合自身法国社会学的背景，将对于社会的研究和对于人自身的研究的交叉点汇集于“身体技艺”这一概念上。他指出，身体技艺指的是“在不同的

社会当中，人们以传统的方式知道了怎样使用他们的身体”①。“身体是人第一个、也是最自然的工具。或者不要说成是工具，是人的第一个、也是最自然的技术对象，同时也是技术手段”②。简而言之，小至行走的姿态，大到人类的诸多实践，都与身体有着直接关联。

莫斯引入了“惯习”（habitus）的概念来解释孩童的传统教育与社会化，以及成人之后的再社会化。在此，惯习通常是在“培养”层面，将社会性的内容内化为人自身身体技艺的一部分。身体技艺也可以依据个体年龄的变化划分为儿童、青少年、成年等不同阶段，人在成长中不断获得与更新身体技艺。莫斯的身体技艺观念局限在了人的“肉身”上面，但其后继研究者引入了身体与技艺的相关性，强调身体技艺所需的物质性支撑，指出身体技艺只有在人—人、人—物、物—物的关联网络中才得以发展。同时在人之外，各种动物也有其身体技艺，如灵长类动物在社交、捕食等方面所发展出的具有传承性的身体技艺（如彼得斯在《奇云》中讨论过鲸鱼在海洋之中发展出的独特身体技艺，但这个已经是特别晚的提法）。研究者对于非人类的“物和动物”的关注，极大地推动了文化技艺理论的提出、扩展和系统化。

如果具体追溯当下所使用的“文化技艺”概念的来源，可以说基特勒是这一概念的开拓者与推广者。当下使用的“文化技艺”的说法，最早在基特勒 2002 年出版的《噪声与顿悟之间》（*Zwischen Rauschen und Offenbarung*）一书中出现，后该说法又在基特勒 2006 年出版的《音乐与数学》（*Musik und Mathematik*）中得到进一步解释。2013 年，学术期刊《理论、文化与社会》（*Theory, Culture & Society*）出版了一本“文化技艺”研究的特刊，收录了包括杰弗里·温斯洛普－扬，西比尔·克莱默尔（Sybille Kraemer），尤西·帕里卡（Jussi Parikka）与伯恩哈德·西格特等多位德国媒介研究学者在内的论文。这组文章对于理解文化技艺理论颇有助益。

从《文化技艺》一书封底的介绍性书评可以大致把握“文化技艺”的概念和这本书在学术中的地位。书评称：在后人文主义媒介研究中的关键转变中，伯恩哈德·西格特将媒体的概念解析为一个操作网络，该网络复制、置换、处理和反映特定文化的基底性差异。《文化技艺》一书旨在让我们忘记对媒介的传统理解，以便从比那些关于某种特定媒介的媒介使用、文化语义或美学的经验主义研究更为基底性的层面，来重新定义“媒介”概念。与上述经验主义研究相反，西格特试图从这样一种层面来重新定位媒介与文化，在这个层面上，客观与表演、物质与形式、人与非人、符号与渠道、象征与现实之间的区别仍在不断演化的过程中。其结果是将媒介本体论转变为德语中“kultur”一词所指的所有领域……开启了德国新媒介理论和美国后控制论之间的一种关键性对话。

---

① 莫斯，涂尔干，于贝尔．论技术、技艺与文明 [M]. 蒙养山人，译．北京：世界图书出版公司，2010: 78–79.

② 莫斯，涂尔干，于贝尔．论技术、技艺与文明 [M]. 蒙养山人，译．北京：世界图书出版公司，2010: 85.

四、解析“文化技艺”概念的内涵、演进与特征

本书导言的标题是“文化技艺，或德国媒介理论中战后智识的终结”。导言指出“文化技艺”这一概念最早出现在19世纪的农业语境中，指向的是农业种植、养殖技艺。导言部分将这一概念在媒介研究谱系中的重现与第二次世界大战后德国不断变化的知识谱系联系起来。通过追溯文化技艺概念如何在德国媒介理论中的演进，导言指出，它的重现与德国媒介理论中，尤其是与基特勒作品紧密相关的显著的反诠释学与反人本主义思潮有关。但文化技艺的再概念化，体现的是后诠释学而非反诠释学的观点，它旨在将文化技艺呈现为连接人、物、媒介的操作链。研究文化技艺，就是将分析的视角从本体论差异转移到最初产生差异的本体操作上来。正如西格特在导言中所指出的那样，这种转变让人联想到北美后人类研究中同期的某些理论的进展。

导言中着重讨论的“战后”（postwar）一词指的是20世纪90年代柏林墙倒塌以后的阶段，这是德国媒介研究的一个特别重要的语境。东德和西德统一后，德国学界开始在全国范围内重建“文化研究”，一场“文化”与“媒体”之间的战争也随之上演，双方都努力去争夺法兰克福学派“理性批判”退位后所留下的理论真空。西格特在基特勒的基础上对“文化技艺”这一旧概念进行重新定义和扩展，是试图在某种程度上终结此种争夺的重要尝试。在“战后”的语境下，媒介研究和文化研究两个方向都与批判理论、公共领域理论疏离。但是，如果媒介不再嵌入“意义的再现”、语义学的视野，如果它们不再是本体论的对象，那么如何接近和观察它们？基特勒的回答是，通过对“重构存储、传输和处理现实、想象和符号的话语网络”的研究，将重点转到“再现的境况”、语义分析的“内在和外在境况”上来。西格特此书的论述，在某种程度上呼应了基特勒的观点。

既然如此，如何用“文化技艺”的概念来统合德国有关“文化”和“媒介”研究的分野？导言中提到了德国媒介研究与美国媒介研究在根基上的不同之处，并从这个角度来阐述文化技艺的理论空间。美国的后人类研究是从“人与机器之间的界限是模糊的”这样的框架展开的，因而，美国的后控制论视野下的媒介研究也与身体及有机体的思考相关联，如唐娜·哈拉维（Donna Haraway）的“赛博格”，唐·伊德（Don Ihde）的后现象学意义上的技术思考，以及凯瑟琳·海勒斯（Katherine Hayles）的“后人类”，大都是从这个角度出发的。在控制论的框架下，“成为人类”的概念是重要的基础，它的特点是，以康德意义上具有人类学稳定性的人性为出发点，提出这种稳定的人性在增加或强化的反馈系统、日益深化的混杂化进程中被改变——人要么变成一种连接机器与网络的“服务器机械”（servomachanism）（各种“赛博格”意义上的人，如电影《阿丽塔》中有着机械身体的人类），要么变成一种被外来软件编程的“机器”（如电影《黑客帝国》中的人类）。

德国媒介理论的根基，则建立在对媒介研究的诠释学传统与对传播研究的社会学传统的“反抗”所引发的转变之上。可以很容易看出，以控制论为基础的美国“后人类”理

论不同于根植于海德格尔（Martin Heidegger）、德里达（Jacques Derrida）、福柯（Michel Foucault）、拉康（Jacques Lacan）思想的法国“后人类主义”路径下的德国媒介研究。德、法后人类主义的标志性信号是“人性”已经从“人类学沉眠”（anthropological slumber）中觉醒过来，其结果是催生了一种试图将人文主义解构为一种西方先验的意义生产系统的“反诠释主义”（antihermeneutics）。对于德国媒介学者来说，这种人文主义的意义生产系统的手段即媒介。于是，德国媒介理论的指导性问题不是“我们何以成为后人类？”而是“人类是如何在历史上已然且一直与非人类混合的？”

西格特将德国媒介理论的发展划分为两个阶段：第一个阶段是 20 世纪 80 年代初到 20 世纪 90 年代末，如果说这个阶段的特征是“反诠释学”，那么第二个阶段是从 20 世纪 90 年代末直到现在，对于西格特来说，这个阶段的特点是“媒介”的概念逐渐转变为“文化技艺”，一些或许不应称之为媒介的东西，现在可以被划为“文化技艺”范畴，放在媒介框架下研究，如图书索引卡、阅读和写作等，这个转变阶段的特征或许可以被称为“后诠释学”。这导致了以下四个层面的改变。

首先，在个人和机构层面，媒介历史和媒介研究脱离了文学院系。例如，基特勒、西格特等人之前都在德语文学系（germanistik, 直译为日耳曼学）或相关机构工作过，但后来慢慢各种文化和艺术学研究系所建立起来，开始进行媒介研究并聘请媒介研究学者。其次，由于“媒介”被提升到“文化技艺”的层面，“媒介”不再仅仅是区别于文学、哲学或者心理分析的分析框架，而是从中独立出来，自成体系。再次，由于新的概念身份的出现，“媒介”得以被赋予专属的历史，并以此为基础进行系统化、理论化的定义，而不再仅仅是广义的文学研究或历史研究的一个分支。最后，当批判的关注点不再集中于揭示媒介技术如何为那些被称为假想怪兽的“精神”（geist）、理解或者公共领域提供“硬”支撑时，文化自身就成了被关注的焦点。也就是说，媒介研究、技艺研究本身成为主要的研究对象，而不再仅仅是讨论公共领域、公共精神等问题时的一个工具性的补充性角度。

同时，西格特认为，德国媒介理论的转向也突出地表现在对人类学的态度上。聚焦“文化技艺”的概念表明了德国媒介理论对于“人类技术学”（anrhroptechnics）的兴趣，但其所体现的非人类中心主义理论倾向，首要关切的是技术和技艺问题本身，这不同于美国后人类主义与生物学、生物性问题相关联的特征。尽管对“人—机—动物的差异”的讨论在德国研究中也占有重要地位，但跨大西洋两岸的研究兴趣存在重大分歧。西格特对此描述为，德国学者聚焦于人与机器之间的不稳定关系时，发现美国同行在质疑人和动物之间同样存在的不稳定关系。在“后人类主义”的意义上，美方以强烈的伦理思考为重点来解构“人类学差异”（人类—机器—动物的差异），而德方更关注这种差异如何由技术或媒体“建造”起来。这种差异在德国“动物学”著作中尤为明显，这些著作往往没有那么关注海德格尔、尼采（Friedrich Wilhelm Nietzsche）、阿甘本（Giorgio Agamben）和德里达关于人与动物问题的讨论，而是更加关注动物的媒介功能——动物的驯化和繁殖，以及祭祀实践、屠宰方式等具体的文化性技艺，并将这些文化性技艺与动物的某些象征化的媒介性美德和能力关联起来，以创造、转移、侵蚀和模糊人类学差异。

但是文化技艺研究的目标肯定不是移除人类动物或非人动物之间的人类学差异，也不是赋权动物或者剥夺人类的某些特权。相反，它通过强调这些人与非人相区分的激进技术性来将这种区分去中心化。在西格特看来，人类动物和非人动物一直都是递归性地相互缠绕在一起的，因为“人类学意义上的人”的多样性和历史性，始终经由文化技艺以及媒介技术加工处理。

那么，究竟什么是“文化技艺”？它的概念的演化可以分为三个阶段。

第一个阶段，自古以来，欧洲对文化的理解就是文化是由技术构成的。文化一词源于拉丁语的 colere 和 cultura，就是指农耕的不同方式的发展和实际应用，以及通过农庄和城市的形式在土地上定居。作为一个工程用语，kulturtechnik 通常被理解为农业或农村工程，在 19 世纪后期就出现了。西格特提出，在一定程度上，德国媒介理论的后冷战转向也建立在这一传统之上。他指出，分开捕食动物和猎物（这里指的其实是人）的围栏、犁在土壤上画出的线条、调节播种和收获的历法以及相关仪式，都是与人化、时间、空间有关的古老的文化技艺。因此，“文化技艺”的概念清楚而明确地否定了哲学概念的本体论，人类本身并不独立于人化的技术而存在，时间本身也并非独立于时间测量的文化技艺而存在，空间本身也并非独立于空间控制的文化技艺而存在。当然，西格特也指出这并不意味着文化技艺理论是反本体论的，相反，它从本体论进入本体操作（ontic operation）领域。西格特举了美国后人类主义研究者戴维·威尔士（David Wills）关于房子和居住政治研究的例子来说明这一点：对于美国后人类主义研究者来说，关于房子的历史经验事实是最重要的，但是文化技艺理论关注的其实是更具普适性的哲学层面的观念化内容：从历史和文化的角度来看，其实是没有房子或者类似于房子这种东西的，有的只是依据不同的历史和文化条件发展起来的用以遮盖自身以及区分内部和外部的文化技艺。

第二个阶段，从 20 世纪 70 年代开始，kulturtechniken 也开始指启蒙阶段的文化技能，或者说基本的技能，如阅读、写作和算术；20 世纪 80 年代，该词的含义则增加了电视及其他通信技术等内容。这个阶段的用法和它在晚期用法的区别在于，它仍然反映了一种中产阶级对文化的理解，将其与人文主义义务教育联系起来。在这里，文化仍然被认为是以魔法般的手法来将艺术、良好品位和歌德意义上的教化 / 养育（bildung）这些内容召唤出来的东西，或者说，文化在这里暗指塑造“完整的人”所不可或缺的成分。在这种背景下，将电视或互联网纳入文化技艺范畴的提法，目标是将这些新媒体纳入图书的主权国度。通过与更加古老的、技术导向的文化理解建立联系，文化技艺研究打破了 19 世纪中产阶级的一种传统，即完全依照“书籍统治所有其他艺术”的方式来构想文化。

第三阶段，在新的媒介理论（media-theoretical）和文化主义语境下，文化技艺的概念的确涵盖了所谓的“基础文化技艺”，但这个概念还包含了超越字母数字（alphanumeric）

代码范畴的图形领域（graphé）。支持书写相关的多种功能，如计算、卡片管理和目录管理，它们特定的有效性是建立在它们与物质载体（这些载体起的作用是赋予它们一定程度上的自主性）的内在联系之上的，研究文化技艺的人对于这些功能相当感兴趣。从这个角度来说，文化技艺还包括时间计量方式、法律文书，以及与宗教有关的内容。同时，文化技艺概念也可以为古人类学、动物研究、技术哲学、图像人类学、民族学、工艺美术、科学史和法律等领域提供一种系统的研究基础。

事后看来，“文化技艺”的概念被后人类的文化研究所接受，也许是件相当自然的事，因为它终结了“文化”和“媒体”之间关于谁才是“先验之王”（throne of the transcendental）的无意义争吵。也就是说，在文化技艺的研究框架下，媒体是从其技术性（technicity）的角度来进行仔细审查的，技术是从其工具的和人类学的决定性（determination）的角度来进行仔细审查的，而文化是从其边界、他者及理想化的资产阶级教化的角度来仔细审查的。

归纳起来，当下的文化技艺概念具有五个特征。其一，文化技艺被认为是在媒介概念产生之前就存在的一整套操作链，媒介概念也是在其中产生的。正如托马斯·马乔（Thomas Mocho）所指出的，文化技艺（如阅读、写作、计算、音乐制作）自身的各种实践，也总是要早于在这些技艺基础上产生的相关概念。同时，这些技艺总是要与技术物联系在一起，它们需要技术物来展开其操作链。甚至在相当程度上，技术物决定了这些操作链，如手指、算盘和计算机作为不同的技术物，对计算的复杂程度影响深远，甚至具有决定性作用。因此，谈及文化技艺时，我们可以把它设想为一个或多或少有些复杂的行动者网络，它包括了技术物，也包括了属于、配置或构成文化技艺的操作链。

其二，文化技艺是以多元文化的概念为前提。这意味着一种后人文主义的文化理解，它不再把人视为唯一的、排他性的文化主体。自然物、动物、图像，或者技术物都可以被看作“人类”。

其三，一些学者认为，只有那些涉及象征性工作的技术才能被标记为文化技艺。正如马乔所指出的，象征性的工作需要特定的文化技巧，如说话、翻译、理解、计算、测量、写作、阅读、唱歌等。但是，将对文化技艺的理解建立在技术和符号工作的静态概念上，即基于本体论意义对一阶技术（原本指的是简单反馈性技术，支持文化技艺必须是象征性工作的学者将之看作缺乏象征性工作、简单的技术）和二阶技术（原本指的是具有自组织特征或者无法被控制的复杂技术，支持文化技艺必须是象征性工作的学者将之看作包含了象征性工作的复杂技术）进行区分是有问题的。应该从操作链的角度来对文化技艺进行区分，要关注操作链的操作过程，关注递归的操作链如何实现从一阶技术到二阶技术（并返回）的转换，无意义如何产生意义，符号如何从现实中过滤出来，或者与此相反，关注符号如何被纳入现实，关注事物/能指如何得以存在。本书中的各个章节描述的就是这些过程。

其四，每一种文化都是从引入区分开始的：内部/外部、纯洁/不纯洁、神圣/亵渎、

女性 / 男性、人类 / 动物、言语 / 非言语、信号 / 噪声等。但是，构成这些区分的操作链是递归性的，任一区分中的任意一方，都可以进入另一个区分的任意一侧，从而形成新的区分。因此，内 / 外的区分形式，可以引入人类 / 动物区分中的动物一侧，这样就产生了家畜和野生动物之间的区分。神圣 / 亵渎的区分可以引入言语 / 无言语区分中的言语一侧，导致神圣语言和亵渎语言之间的区分。正是这些区别和递归的构成性力量（constitutive force），使我们身处其中的偶然文化（contingent culture）经常被视作真实的“自然”的事物秩序。因此，对文化技艺的研究，也相当于是对任何声称是现实的媒介情境进行的认识论上的分析。换句话说，对文化技艺的分析，会观察并描述在现实中使差异得以操作化的这些技艺。这些技艺以生成可感知的区分统一体的方式，来生产各种形式。例如，通过对门关闭和打开的操作，我们能够执行、观察、编码、寻址并最终确定内部和外部之间的差异。正是具体的行动将这些区分与早期的非区分状态区别开来。更笼统地说，所有的文化技艺都是以从没有区分到有区分然后再返回的过程为基础的。

但是，需要记住的一个重点是，我们所讨论的区分是由最广泛意义上的媒介来处理的（如门处理的是内部 / 外部之间的区别，而不仅仅是其中一侧），因此不能将视野或者研究问题仅限于区分的一侧或另一侧。相反，这些区分承担了作为第三者的中介 / 媒介的角色。这些媒介就是基础的文化技艺。

其五，文化技艺不仅是维持代码以及散播、内化和体制化符号系统的媒介，它还会破坏文化代码的稳定性，清除符号，并且解域（deterritorialize）声音和图像。除了区分的文化，还有去区分（de-differentiation）的文化，虽然这些去区分的文化曾经被贴上“野蛮”的标签并被认为是与文化直接对立的。文化技艺不仅殖民身体，与特定的实践和操作链相关联，还促进身体、图像、文本和音乐的非殖民化。因此，文化技艺总要考虑到它所排除的东西。例如，音乐记谱系统，实际上是排除了噪声和音乐同时存在这种真实情况，而只关注音乐。因此，对文化技艺以及其他技术（最新的电子技术）最新进展的描述，必须放入一种历史发展的情境，了解它们的发展过程、早期和当下的形式与区别，还要了解它们所排除、不包括和改变的东西。

五、重要章节导览：探寻易被忽视的“文化技艺”

全书一共有十篇文章，是 2001 年至 2011 年撰写的文章和讲座的修订版，实际可以分为四部分。第一部分含第一篇文章，试图将印刷、打字，电话、传真和计算机衍生媒介的文本生产描述为一大类文化技艺；第二部分含接下来的四篇文章，涉及与人类学领域相关的文化技艺，包括饮食、语言、航海、为失声者言说的人类学；第三部分含第六篇到第八篇文章，集中讨论图形操作作为媒介建构手段的重要性；第四部分含最后两篇文章，聚焦于连接书籍、祭坛和门等媒介的一种特定类型的操作，关注折叠、打开和关闭的各种技巧。

正如前面说过的，这些章节并没有逻辑上的前后联系，可以挑选着阅读。从理解文化技艺的基本概念和方法论的角度出发，我认为比较值得关注的有如下几个章节。

（一）第一章《错别字（cacography）或通信？符号与信号区分的文化技艺》

这一章由导言和三个核心案例构成，它所关注的是媒体从现实中将符号过滤出来，或者说如何从充满噪声的渠道中获取信息的具体方式。当符号（由逻辑定义）和信号（由通信工程定义）之间的本体论区别被区分它们的实际问题取代时，采用文化技艺的研究路径在方法论上的优势便最为明显。这个问题的讨论有一个重要的基础，就是罗曼·雅各布森（Roman Jakobson）提出的信息模型（符号与信号的二元区分）被米歇尔·塞尔（Michel Serres）扩充为三元通信模型（增加了寄生虫）。塞尔在模型中，将渠道（channel）的物理物质性置入哲学和诗学（poetological, 即各自对诗歌的自我理解或个人写作方式意义上的诗学）的反思性思考的中心。雅各布森是在克劳德·香农的影响下，对卡尔·路德维希·布勒（Karl Ludwig Bühler）的语言学研究进行扩展后提出的布勒—雅各布森二元模型，它的关键点就在于要清除传者和受者之间“所有图形形式的噪声”或“cacography”（错别字）。但是，在这个模型中，将抽象的符号识别出来的方式与表达通信成功的方式是一样的。这就意味着，一定有一些文化技艺隐藏在这个逻辑关系之中没有被表达出来。

塞尔在布勒—雅各布森二元模型的基础上，在两边两个元素中间加入了一个第三者，即通道或者说渠道。塞尔把这种通道看作某种 la parasite（法语，寄生虫），它的本义是寄生虫，衍生义是噪声。这就使得之前的二元对立的二价逻辑被放大成为三价逻辑，重点也从之前的传者—受者二元之间的信息“交换”逻辑拓展至更广阔的层面。在这个模型中，基本关系不再是信息的发出者和接收者以及他们之间的信息交换，而是通信和噪声之间的关系。渠道成了噪声和信息的集合体，我们要么从噪声中识别信息，要么将信息包裹在噪声中，让信息成为“噪声的噪声”。

塞尔的模型，与洛克（John Locke）、西尔（John Searle），以及哈贝马斯（Habermas）的语言传统完全不同。塞尔不认为偏差 / 噪声——寄生虫——是偶然的。他认为“偏差是事物本身的一部分，甚至它也许会产生事物”。换句话说，我们不是从畅通无阻的交流（思想、商品或比特）开始的，相反，从文化人类学、经济学、信息论和写作史的角度来看，寄生虫总是处于第一位的。沟通、交往往往起源于海盗而不是商人，起源于剪径强盗（highwayman）而不是高速公路。排除强盗和游手好闲者的系统实际上加深了内部分化的程度，从而能够建立新的关系。第三个在第二个之前：这是媒体理论——任何媒体理论的开端。

这对应了文化技艺的定义——媒介现在被概念化为无法符号化的现实与文化秩序之间的代码生成接口。例如，西格特引用了马林诺夫斯基（Bronisław Malinowski）对于寒暄、发出约定俗成的语音来打招呼的研究，作为一种传播方式的打招呼同样重要。在此过程中，语言不是用来协调行动的，当然也不是用来表达思想的，而是通过交换无意义的话语来构成社区的一种语言功能。这种作用和噪声在原理上是一样的。对于塞尔来说，沟通并不主要是或者至少不仅仅是信息交换、提出诉求或表达，它还是一种通过引入区分创造秩序的行为；而这正是将传播方式转化为文化技艺的原因。

这一章用三个案例来论述塞尔的三价模型如何揭示被布勒—雅各布森二元模型所掩盖的那些文化技艺。这三个案例都很有启发意义。

第一个案例关注的是排版。土耳其人对古希腊罗马时期的建筑及物品上面的文字进行了系统性“破坏”，从而使得这些文字的很多部分难以辨认。复原者在复制、整理和辨认这些文字时，用空心点替代那些无法识别的、被彻底破坏的内容。在这个过程中，两种“噪声”出现了，一种是破坏导致的“空白”和缺失，一种是在复制的过程中以空心点来填补缺失。这两种类似于“错别字”，其实都有解释性的意义。例如，第二种的填充缺失的那些点就形成了一种噪声的“寄生”效果，使得可以辨别的那些文字可以大致以原本的空间排列形式呈现，这种呈现本身具有很强的意义复原可能性，可以部分地让不完整的信息复现。因而，填充空心点成为一种类似于位值系统（place-value systems）的技艺（就像是印度—阿拉伯数字标记系统那样，个、十、百、千这些重要的信息是通过位置本身来揭示的）。对这种空心点的关注揭示了在未受干扰的文本通信的状态下隐藏的内容：文本就是利用寄生（补充）载体，建立了一种基于位值系统的符号顺序。如果我们只重点关注传者、受者和他们之间的信息传递，那么对于这种类似于用“错别字”填充的文化技艺，对于这种噪声和信息混杂状况就会缺失关注。

第二个案例关注模拟媒介。西格特首先描述了弗兰兹·卡夫卡（Franz Kafka）著名的“本都之梦”（pontus dream），在这个梦中，卡夫卡描述了一个人在梦中看见了两个电话听筒，他不停地对着这两个电话听筒询问，但听筒里除了信号杂音，即除了“一首悲伤、强力、无言的歌和大海的咆哮”，并没有其他回音。这虽然是早期模拟电话的常见现象，但是此例旨在复现信号理论所隐含的场景：未编码的信号处于纯粹的“寄生虫”状态，而模拟媒介需要做的就是从这种近乎无限的寄生虫状态中实现信号的传输。一些技术或者技艺的手段可以强化这种模拟信号的传输，这种手段既可以强化信号及对其的识别，也可以强化对噪声的识别和排除。例如，在电话的文字传真技术中，其中一种技术路径就是强化对于噪声的传输和识别，将信息“剩下”之后，信息就自然浮现出来。这种技术路径在数字时代会呈现更显著的发展态势。

第三个案例聚焦数字媒介。西格特讨论了从模拟到数字媒介的过程，认为这是从模拟的、无限的信号集到有限的、可选的信号集的过程。从香农的理论来看，这就是用数字通信理论来为对象进行数学编码，最后形成数字化媒介。例如，磁盘的输入，就是将磁盘的记忆碟片中的无序布朗运动变成数字化的有序运动，这种运动可以被机器识别和读写，在一定程度上同传真存在相似的通信过程。从这个角度来看，数字媒介在很大程度上挑战了之前的符号理论，符号理论认为，“词是意义的载体”“意义先于词存在”，但是以数字媒介或者数字通信理论所代表的数理理论来看，作为信号的词语先于意义存在。这就意味着，从这种信号理论出发，符号仍然是一种物质结构，而不是一种基于象征的形而上学概念。从这个角度出发，数字媒介进一步将媒介转化为一种技艺。

三个案例的论述带有谱系学的色彩，勾勒基于噪声的通信这样一种文化技艺的演进历程。这为传播理论的文化技艺研究开辟了新的路径。在西格特看来，某物是噪声还是信息取决于观察者是位于与通信系统相同的级别（如作为接收器），还是位于作为整个系统的观察者这样更高的级别。他引用塞尔的话说，曾经阻碍所有信息的某种东西被逆转并被添加到信息中。① 如果排斥和包容，寄生虫和宿主，只不过是振荡系统或控制论反馈回路的某个状态，那么就有必要再次探究媒介，也就是那些处理差异的文化技艺。

（二）第三章《言说：人类学差异的文化技艺》

这章也比较有趣，它从语言的角度，来处理人、动物、机器之间差异的问题。该章提到，人类学的诞生是人们对不同种类的会说话的动物进行区分的结果。如果像亚里士多德（Aristotle）所说的那样，人类是一种具有语言天赋的动物，那么在整个哲学、教育学和文学史上，当会说话或者是语言天赋被标记为人性的标志性特征，许多其他会说话的动物（如啄木鸟和鹦鹉）却依然与人这种特殊的动物区分开来。这一章从德勒兹（Deleuze）和瓜塔里（Pierre-Félix Guattari）讲述人与动物的区别开始，引入笛卡尔关于鹦鹉的论述来确立人、动物、机器之间的基础性区别，然后从普林尼（Gaius Plinius Secundus）的鹦鹉、但丁（Dante Alighieri）的喜鹊、巴尔杜斯（Baldus de Ubaldis）的喜鹊、赫尔德（Johann Gottfried Herder）的鹦鹉及羔羊，一步步地论证“会说话”作为一种文化技艺，如何在哲学、教育和文学作品中发挥建构动物、物品与人的区别和联系的作用。最后，文章用福楼拜的鹦鹉的故事，讲述了一位女士不再年轻且只有鹦鹉陪伴，鹦鹉日常所模仿和说出的语言，就是她之前熟悉的人的语言，这时，鹦鹉就变成了一种声学模拟媒介，在这个情境下，人、动物、物品的区别实际上消失了。在这里，鹦鹉不再模仿而是揭示了世界，即“鹦鹉将人类的言语揭示为寻常之物的集合，鹦鹉是所有演讲的真相和结果”。

（三）第四章《西太平洋的美杜莎：航海的文化技艺》

这一章借鉴了人类学者马林诺夫斯基在《西太平洋上的航海者》中所做的相关研究，讨论的是航海的文化技艺及其文化意义。关于船、航海、海洋与人的关联以及它们的意义，一直有很多种说法，根据索福克勒斯的说法，航海无非一种原始的文化技艺，其特点是有

① SIEGERT B. Cultural techniques: grids, filters, doors, and other articulations of the real[M]. New York: Fordham University Press, 2015.

复杂的行为者网络，但是更多的思想家将船、航海的关系思考得更加深入复杂，讨论的是船作为独特空间、航海作为独特技艺的可能性。

西格特把航海当作一种挑战广阔海洋空间的人类活动来处理，他借用了《西太平洋上的航海者》中对特罗布里恩群岛美拉尼西亚人的研究——涵盖造船技术、航海技术、海洋传说与恐怖体验等全过程分析，由此讨论了航海作为一种技艺的复杂性。在特罗布里恩群岛人的语境中，船本身是一种沟通性很强的媒介，航海实现了航海者对大海和女巫的凝视（从而能够避开大海和女巫对自身的凝视，即规避大海和大海中潜藏的各种危险），驾船出海这一行为还会得到岸上人的凝视。因此，船总是代表图像：一种可以避开海洋凝视的凝视图像，一种使陆地上的眼睛着迷的图像。特罗布里恩群岛上这种航海的技艺向我们展示了一种新的、整体性的船舶理论，它系统地结合了海洋极其恐怖的理论、凝视和形象的理论、性别差异问题、女性本身的差异以及作为人类技艺的航海理论。它用不同层面的视角和实践技艺进行转换，成为处理现实与想象世界的中介性、实践性的技艺。

（四）第十章《门的逻辑，或象征的物质性：从文化技艺到控制论机器》

这一章作为最后一章，将门作为一种文化技艺进行研究，这种文化技艺处理、修改、阻止和虚拟化了内部和外部的区别。门作为一项基本的文化技艺，它反映着建筑的关键性差异，即内外的区分。在反映这个区分的同时，门也建立起了一套由开启与关闭的操作所构成的系统。门让“内”与“外”在一种特殊的关系中连接起来，且透过这个关系让“内”与“外”分别形成了自身。从这个意义上说，门成为一种象征性的机器 / 机制，能够将不同的现实——神圣的和世俗的、想象的和真实的——编织在一起。因而，门是象征性、认知性与社会性过程的操作物，通过区分内外，它制造出法治、秘密和私人的领域，从而使空间成为文化符码的载体。

图 1-3　作为文化技艺的门

文章援引西奥多·阿多诺（Theodor Wiesengrund Adorno）的话：我们已经失去了“安静、谨慎、坚定地关上一扇门”的能力。阿多诺将开门、关门这样一种文化技艺的衰落视为法西斯的前奏，并就此引申出姿态与机制、人类与非人类的关系。非人类行动者有能力去中心化和削弱人类的存在。文章进一步论述到，与阿多诺以人类为中心的假设相反，文化是人类与技术的混合体。文化技艺不可避免地包括多个复杂的行动者网络，其中包括了具有同等重要性的技术对象和操作链。

按照拉康的说法，文化技艺指向的象征性世界里，就存在了门。门本身就是一个新的通道，它能够通向对其自身的理解。随着现代建筑移动性、透明性的增强，自动门与旋转门被发明出来，门槛与门把消失，门所连接的内外差异被解构，开门、关门的操作与人分离，法律上的象征性秩序被倾覆。随着象征性秩序从门隐退，门也成了一个生命政治的机器，它不再将人类理解为人，而是将其作为“赤裸生命”来处置、形塑与控制。同时，想象界与真实界的混杂，让人们陷入精神错乱，用拉康的话来说：我们不再知道，门究竟是向想象界还是向真实界敞开。

根据卡尔·施密特（Carl Schmitt）的说法，门将一个有限的空间与外部分开，从而创造了一种差异，在此基础上可以建立政治、社会和宗教秩序。但现在其实已经进入了一种后门（postdoor）的境况。现代门已经无可挽回地丧失了规则性的功能，代之以控制论的功能。内部和外部的区别已被电流 / 非电流、开 / 关之间的区别所取代。打开与关闭的控制论逻辑疏离了旧的规则逻辑。

这种状况从深层角度来看，潜藏着需要解决的重要理论问题。从弗洛伊德到拉康，精神分析学者告诉我们，内在和外在的区别是构成现实的基础。换句话说，任何以“这个对象是真实的，它存在于现实中”这样的存在判断为终点的现实检查，总是在互补的否定判断背景下运作——人们需要告诉自己，“这不是梦，我不是幻觉”。但如果象征性秩序被否定（如精神病的情况），现实就会呈现出幻觉的特征。从这个角度出发，现代“门”的形态与概念的变化，究竟会带来何种改变，是我们需要进一步讨论的重要问题。

六、简要地评价：改写媒介研究的范畴

整体看，西格特的《文化技艺》一书采用了建立在文学人类学和历史人类学基础上的、借鉴福柯系谱式写作的一种写作方式。它和基特勒中期作品中常用的福柯早期的考古学方法有些明显差异，更加贴近基特勒晚期的作品风格。其中，既存在过度诠释的部分，也存在诠释不足之处。不过，这部书带来的最重要启示是，它通过展开更大的空间，将许多原先我们认为并非媒介范畴的文化技艺纳入书中进行了考察，这在较大程度上改写了媒介研究的范畴、对象和路径。按照这种思路，跨学科的媒介研究在当下就显得尤为紧要了。

七、讨论与问答

章戈浩：本书的导言中提到，文化研究和文化技艺都谈及文化，但两者之间的区别和联系并没有被彻底阐明。在 20 世纪 70 年代，德国的一批媒介研究学者深受文化研究学派的影响，但本书或多或少忽略了这一点。

本书引发一个值得思考的话题：中国语境中是否存在类似的“文化技艺”范畴？例如，第一章很容易让人想到，在中国古代书法写作中，照着碑帖临摹时，即便碑文存在自然磨损的痕迹，模仿者依然照着书写，并会认为这样书写出来的字有“金石之气”。书中谈到的诸

多理论，其实可以在日常生活中找到对应的文化实践。因此，关注和使用文化技艺的概念有助于我们对较为熟悉的东西（具体而在地的一些媒介实践）进行重新思考。

曾国华：本书“文化技艺”的概念其实是一种操作链层面的概念，一方面它被认为具有相当的普适性，另一方面由它可以发展出高度个人化、情境化的文化技艺。因此，这个概念的可扩展性很强，在很多层面都可以启发我们的研究。

听众：在书的导言部分，作者提到了德国媒介理论从反阐释学转向了后阐释学，如何理解这种转向和阐释学的关系，后阐释学和基特勒的反阐释学有着怎样的关系？

曾国华：基特勒的研究中运用了大量法国式的、受到福柯和海德格尔影响的阐释学形式与技法，这种路径确实与德国传统意义上的诠释学有比较大的不同，尤其是与文学研究领域的狭义的诠释学传统有很大不同。但实际上，基特勒本人的诠释学方法论，更多地被认为是后诠释学而不是反诠释学，或者说这个反诠释学和后诠释学在很大程度上是可以互换的，总体上仍然与广义上的诠释学密切相关。西格特这本书的论述也相当程度上带有广义诠释学的色彩，是海德格尔的技术思考、基特勒受到福柯和海德格尔等人影响而发展起来的后诠释学在媒介学领域的一种延伸。这样一种方法论的演化，启发我们去思考在新媒介环境下，当人和数据、数据库发生关联时，文化技艺的诠释学能否发展为机器语言的诠释学，或者数字时代的诠释学。在此基础上，人和媒介总体上该如何发展关联的话题，也值得进一步探讨。

【本讲回顾】

本讲围绕伯恩哈德·西格特的《文化技艺》一书展开，探讨了“文化技艺”这一核心概念在德国媒介理论谱系中的演变与内涵。书中将“文化技艺”定义为一种操作链，涵盖从农耕、读写到数字媒介广义技术网络的实践，强调其作为连接人、物与符号的“中间体”的作用。讲座梳理了概念发展的三个阶段：19世纪的农业技艺、启蒙时期的读写算基础技能，以及当代媒介理论中扩展的多元文化操作。

著作的核心贡献在于重构媒介本体论：文化技艺作为差异处理器，通过操作链动态生成文化秩序，替代了静态的本体论划分。西格特通过分析航海、门、符号与信号区分等案例，揭示了文化技艺如何通过区分与递归操作建构现实，并挑战传统媒介研究的范畴。本书改写了媒介研究的范畴：凡涉及差异操作的（如历法、法律文书、自动门）皆属文化技艺。

此外，讲座对比了德国与美国的后人类理论的差异，指出德国学者更关注技艺如何“建造”人类与非人类的差异，而非伦理解构。最后，讨论环节提出文化技艺理论对书法临摹的启发，并反思了德国媒介理论从反诠释学到后诠释学转向的意义。

【要点小结】

1. 技艺常常先于概念：文化技艺实践（如书写）早于其理论化，需通过技术物（算盘/计算机）实现操作链。

2. 媒介即差异处理器：媒介的本质是递归性操作链（如开门 / 关门），动态处理内 / 外、信号 / 噪声等文化基底性差异。
3. 非人行动者的赋权：动物、技术物均可视为“文化主体”（如鹦鹉揭示言语惯例），瓦解人类中心主义。
4. 递归构成文化现实：区分（纯洁 / 不洁）经操作链递归嵌套（如神圣语言从言语 / 非言语中分化），可以生成“自然化”的秩序。
5. 德国与美国理论的分野：德国媒介理论聚焦技艺如何“制造”差异，美国后人类主义侧重研究生物性与伦理问题。
6. 挑战传统媒介观：媒介不仅是信息载体，更是生成差异的“基础性技艺”，如航海、门的设计。

【拓展阅读】

1. 莫斯，涂尔干，于贝尔．论技术、技艺与文明 [M]. 蒙养山人，译．北京：世界图书出版公司，2010.
2. YOUNG L C. List cultures: knowledge and poetics from mesopotamia to buzzfeed[M]. Amsterdam: Amsterdam University Press, 2017.
3. DÜNNE J, FEHRINGER K,KUHN K ,et al. Cultural techniques: assembling spaces, texts & collectives[M]. Berlin: De Gruyter, 2020.

【思考题】

1. “文化技艺”的概念演化可以分为几个阶段？每个阶段的概念内涵有何不同？
2. 请尝试从中国的文化语境出发，罗列几个属于“文化技艺”范畴的例子，并尝试分析中国的“文化技艺”有哪些特征？
3. “文化技艺”作为德国媒介研究的关键概念，对后续的媒介研究有何影响？

第二讲

圣像的想象：追寻图像媒介的宗教传统

——张正平领读《图像、圣像与经济：当代想象的拜占庭起源》

领读书籍：《图像、圣像与经济：当代想象的拜占庭起源》(*Image, Icon, Economy: The Byzantine Origins of the Contemporary Imaginary*)（见图 2-1）（以下简称《图像，圣象与经济》）

内容简介：本书梳理了西方传统中视觉图像概念化的基本脉络。书中提出，图像在当代生活中展现的非凡力量——当代想象——可以追溯到 8 世纪至 9 世纪拜占庭式的反传统争论。在这一时期，教会被迫对宗教形象的神学地位作出解释，但仍然对偶像崇拜的怀疑保持警惕。最终，图像获得双重教义，即不可见的图像（因此超越偶像崇拜的指控）和可见的图示，由此完全被置于为教会世俗权力服务的教育和政治战略中心。这一宏大的哲学事业的基础建立在五花八门、交织在一起的神学经济中，成为上帝拯救人类的总体计划。

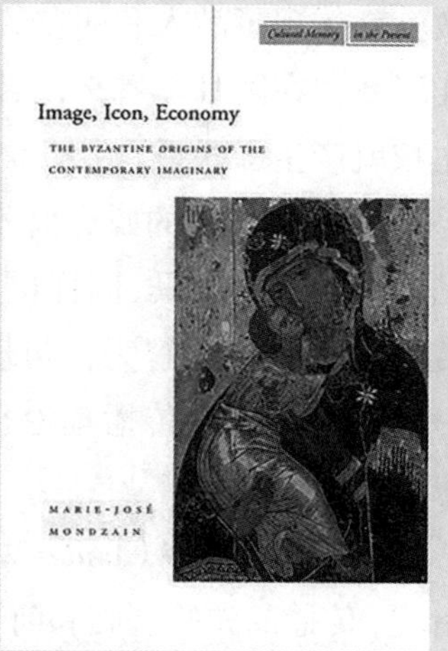

图 2-1 《图像、圣像与经济》封面[①]

作者简介: 马利亚 - 若泽·孟赞 (Marie-José Mondzain)，法国艺术史学者、哲学家。

领读者：张正平（美国马萨诸塞大学阿默斯特分校传播系教授）

主持人：张磊（中国传媒大学国家传播创新研究中心研究员）

讲座时间：2021 年 10 月 31 日

文稿整理与校对：阎庆宜、高山

① MONDZAIN M J. Image, icon, economy: the byzantine origins of the contemporary imaginary[M]. Stanford: Stanford University Press, 2004.

一、全书概览：经济、媒介与传播

之所以选择领读《图像、圣像与经济》一书，是因为该书试图将视觉文化研究和传播研究相结合。

本书标题里的经济（economy）所指的，并非我们通常所理解的物质精神生产资料。这里的“经济”需要结合西方宗教思想的脉络进行解读。在拜占庭神学中，economy 是由 oikos（家园、户）和 nomos（规范、法律）组成的复合词。家园出现后，人类为了划定家园的界限，不断对私人领域和公共领域进行划分。城邦就是从自然中分离出来的人类家园。在西方传统政治神学思想体系中，城邦是哲学和政治产生的重要基石。卡尔·施密特认为，政治就体现了敌人和朋友的划分，直到“规范”的概念出现后，政治才逐渐和规则、政府相联系。在阿甘本看来，君主作为例外，在制定规则时拥有至高权力。这样一来，规则和主权就产生了联系。

这里要谈论的媒介既不是作为大众传播媒体的电视电影，也不是德国媒介学派关注的书写技艺与工具，同样也不是大众传播所关心的传播内容本身，而是指中介（mediation）。传播也需要被理解为，与现代经济学截然不同的、讨论家园与规范复合的经济概念。这一点跟美国大众传播理论是一脉相承的。早期芝加哥学派就曾将传播与民主政治结合起来思考。

詹姆斯·凯瑞（James W. Carey）在“传播仪式观”中提到，传播是对社会的建构和维系。首先，传播的先验基础和前提是距离与差异。在亚里士多德看来，两个主体存在距离和差异，二者相异才能形成传播话题。现象学研究中，“镜像关系”的“远和近”的概念也与此不谋而合。传播的目的就是减少差异和距离，以便互相了解，增进彼此关系。在这里，差异并不完全是中文“差异”的含义，而是来自结构主义语言学学者罗曼·雅各布森提出的二元对立 / 差异的位置概念。

其次，传播是“一与多”的问题。从柏拉图（Plato）之后，“一与多”一直是现象学中的重要概念。此外，列维·斯特劳斯指出，结构主义就是传播的理论，传播是在“一”和“多”之间进行有规制的扩散与游荡。传播起始于“单一性”，传播中又生成了“多样性”，而传播的最终目的是达到“一致性”。从圣经解释学传统和结构主义角度来看，传播的最终目的，都是从“独特”到“多样”再回到“一致”。

二、看见媒介的力量：图像、圣像与经济

从书名的三个关键词出发，可以进一步阐释本书的主要思想。

第一个关键词是图像（image）。保罗神学出现后，基督教神学家开始用经济的概念来处理神学问题，并因为传教的动机而产生了传播需求。图像作为比语言更易懂的媒介，

在其中发挥重要功能。在西方神学中，耶稣、天使和教皇都曾在人类和上帝之间传递信息，充当人和神的信使，即中介 / 媒介。据此，孟赞认为，图像就是天和地、上天与人世之间的媒介。孟赞着重讨论的不是图像本身，而是图像操作，即图像背后的运作系统和图像构建的意义系统。

作者认为，只有在分离的时刻，图像和自我才能产生。张正平老师以绘画的起源为例进行阐释。假设原始社会时期，绘画的概念没有产生，当原始人第一次用木炭在洞穴的墙上画了一条线时，"绘画""线"和"画家"的概念被创造出来，成为存在物（being），并具备了莱布尼茨（Gottfried Wilhelm Leibniz）的"存在律"和海德格尔的"充足理由原则"（Principle of Sufficient Reason）中所提到的存在的理由和根据。① 在绘画结束后，原始人离开墙壁，开始思考刚刚的行为。

孟赞认为，在绘画结束的分离时刻，原始人意识到自己刚刚完成了绘画这件事，拉康所提出的"想象域"（imaginary）和人的主体性开始显现。在"自我是想象"（ego formation is an imaginary）的观念下，线由构型（formation）变为图像 / 想象。在想象域和现实域两种不同领域中，"距离""再现"的概念出现了。这种差异和距离，为事物再现、传播提供了基础。

此外，木炭被制作成工具属于偶然事件。当木炭被定义为工具后，其媒介的形式显现，这也与斯蒂格勒（Bernard Stiegler）等哲学家所提出的"技术"的概念契合。木炭作为技术个体，帮助人类通过绘画等高度文明的方式将记忆的内容在社会、文化中传递下去。在制作工具的过程中，事件（event）的概念产生。当木炭作为媒介工具出现后，人类开始绘画，木炭的工具性就消失了。正如我们在研究媒体时，分析其传播的电视电影等内容，媒体的概念就不见了。因为媒体已经完成了传播工作。这一点和亚里士多德提出的"以太"作为作用力间的媒介相一致，也和文艺复兴时代的透视学传统相契合。理想的媒介应在传播中"透明化"，如"以太"般无法被感知。

第二个关键词是圣像（icon），也可以称之为"神像"。神像属于图像的范畴，但在宗教传播中，神像并不是普通的图像。神像虽然是不可见的视觉对象，但类似于洞口或缝隙，神像帮助人类从地面（terror）到星球（star），实现对不可见之物的穿越。

梳理西方神学脉络可以发现传教和传播存在共同的目的与动机。从圣保罗时代开始，传教的目的是把一定区域和时间的宗教普世化，即由"一"变成"多"。在传教的过程中，殖民扩张也随之产生。只有在天和地之间建立媒介，上帝和人类产生联系，传教才能顺利进行。因此，kyrios（希腊语：上帝的儿子）的概念产生。耶稣作为上帝的儿子，在上帝和人类之间传递信息，成为联系神和人的媒介，空间和时间被打开并得以延伸，传播的概念由此出现。

---

① 海德格尔．根据律 [M]. 张柯，译．北京：商务印书馆，2016.

第三个关键词是经济（economy）。从家园和规范组成的经济中理解，人类家园在社会发展中逐渐从家庭等私人领域过渡到了城邦等公共领域。在治理和统治城邦与国家的过程中，在维护宗教在政治社会发展中的地位的需要下，政治神学诞生。在政治神学的发展中，如何治理国家和社会始终是学者讨论的焦点，这从根本上讲也是传播的问题。传教和传播过程都需要媒介来传递信息与观念。

三、本书之于传播和媒介研究的独特意义

这本书对传播和媒介研究的价值意义体现在两个方面。

第一，书中对图像制作（image-making）的解读与一些媒介效果研究的观点相契合。政治神学通过制作图像维持宗教统治并塑造对偶像的崇拜。传播学中哥伦比亚学派大众传播学者则十分关注用传播改变受众的观点、态度乃至行为，为政治服务。以此，传播学学者或可以更好地理解媒介技术。在信息技术的快速发展下，很多学者认为后人类时代已经到来。但在现象学视角下，人类一直在生成之中，人的本质也无从谈起。人类当下并不知道自己能够做什么，只有事情完成后才会回头看，所以不存在所谓的“后人类主义”。

第二，在文化研究和媒介研究方面也时常会用到意识形态分析方法。文化研究中的“表征”（representation）概念与孟赞所言的“再现”（representation）同源一体。意识形态中身份和主体的分析也值得探讨。主体是事件的产物，而不是被建构出来的。

四、讨论与问答环节

张磊：张正平老师用三个关键词阐释本书的主要思想。

第一个关键词：图像。张正平老师由原始人的绘画起源讲起，讲到绘画如何从一个事件中分离出来，产生自我和想象。

第二个关键词：圣像。张正平老师通过梳理西方神学的脉络，使我们明白传播如何与传教的观念相结合。

第三个关键词：经济。张正平老师从柏拉图的家园概念讲起，展示了图像、圣像和传播、媒介从私人领域过渡到公共领域的过程。

听众：如何理解“人类不存在”这一观点？

张正平：人类还是存在的，但人性（humanity）或人类本质（human nature）是不存在的。人类的本质这个概念只提供了一种可能性。更大胆地说，人是存在的，但人的本质从不存在。

张磊：在德勒兹“生成”（becoming）的概念中，人类是存在的，但它更可能处于一种生成的状态。

张正平：从潜能性和可能性的角度来看，生成有两种表现形式。在后结构主义语境下，生成是存在的潜在可能性。张正平老师倾向于认为，人类是体现这种可能性的方式，这意味着一种开放式的结果。

听众：如何理解海德格尔的“距离”的概念？

张正平：距离是位置（position）概念的分支。位置中间的位移（displacement）被称作距离。每个主体有自己的位置，距离就是它和另一个位置的关系，即远或近。如果两个主体同时在一个位置，那么二者没有距离，这两者应该是同一事物。

张磊：海德格尔的著作《物》的开篇讲到了媒介对于距离的消除，所以距离还有地理上的概念。

听众：孟赞的访谈中提到了图像（image）、圣像（icon）和偶像（idol）三个词的区别，孟赞的回答是 icon 是动名词，指的是“seeming”；idol 指的是“functions as a funnel to the gaze”。如何理解这里面 idol 的含义？

张正平：我先提一下 image，首先，image 不是简单的图画（picture）。虽然 image 是一个名词，但其实质是可见之物向其不可见性的跨越过程。image 带有神学色彩，通常和权力、政治相联系，image 中可产生对偶像的崇拜感。其次，idol 具有 image 的含义。idol 指的是可感知的物体，其本身具有不可见性。最后，icon 是不可见物。它既不是图像，也不是我们所崇拜的偶像。在拜占庭传统里，icon 是 image 最伟大的根源。

张磊：要从图像操作和主体间性的视角来理解 idol 的含义。

听众：是否可以认为，icon 是一种行为、一种操作，idol 是一个特定的通道？

张正平：icon 是一种行为或通道。但 idol 不是通道，它是平面。idol 本身应该是通道，但是把它当作偶像来崇拜时，idol 造成了 image 的消失。

听众：西方一些批判研究对启蒙主义内含的人类—自然与传统—现代的二元对立、等级性的问题作出批判和反思，如何理解美国运用 image，甚至是编造 image 来在传播中制造舆论的现象？近年来“后真相”现象是越来越严重了吗？

张正平：启蒙和二元对立没有必然联系。后真相时代遇到的深度造假等问题可能是科技发展导致的。如果我们接受“真”和“假”之间的二元对立，那么虽然目前辨识“真”和“假”有难度，但“真的真”和“假的真”仍然有明确界限。只要“真”和“假”仍然存在差别，二元对立中“one”和“the other”的概念就适用。

张磊：如果按照张正平老师说的用原始社会的洞穴壁画来解释，我们可能要回到柏拉图的洞穴隐喻。我们要问的不是后真相该如何解释，而是我们为什么会有关于真相的认知。

【本讲回顾】

本讲导读了马利亚－若泽·孟赞的《图像、圣像与经济》一书，探讨了图像在西方宗教传统中的媒介功能及其与现代传播理论的关联。全书以拜占庭时期的圣像争论为起点，揭示了图像如何通过神学“经济”（oikos 与 nomos 的复合）概念服务于宗教权力，并成为连接神圣与世俗的中介。本讲试图揭示拜占庭“反偶像争论”的双重教义：图像既是不可见的神性载体（避偶像崇拜之嫌），又是可见的教化工具（服务于教会权力）。

孟赞提出，图像的诞生（如原始人绘画）标志着“想象域”与主体性的形成，而圣像作为连接不可见之物的通道，在传教中实现了从“一”到“多”。书中将“经济”理解为家园与规范的治理体系，指出政治神学与传播共同依赖媒介(如圣像)消除差异、构建秩序。

本讲问答环节还分析了图像操作与意识形态的关联，辨析了当下“后真相”的困境，强调真 / 假二元对立未因技术失效，需重返柏拉图洞穴隐喻反思认知本源。

【要点小结】

1. 圣像的通道功能：圣像作为人和神的中介打开“不可见通道”，偶像则因被崇拜而阻塞通道。
2. 图像的操作本质：图像是意义生产系统，原始人洞穴绘画的“分离时刻”标志着主体性与想象域诞生。
3. 神学的“经济”逻辑：经济源于家园与规范的结合，是权力治理与传播的共同框架。
4. 传播的终极目的：传播通过调和差异实现从“独一性”到“多样性”，最终回归“一致性”。
5. 媒介的透明律：理想媒介(如木炭、圣像)在完成传播后自我消隐，如同“以太”不可感知。

【拓展阅读】

1. MONDZAIN M J. L’arche et l’arc–en–ciel : michel ange, la voûte de la chapelle Sixtine[J]. Le passage, 2006(10).
2. MONDZAIN M J. Accueillir : venu(e)s d’un ventre ou d’un pays[J]. Les liens qui libèrent, 2023(11).

【思考题】

1. 如何理解孟赞认为的，图像是上天与人世之间的媒介这一观点？怎样看待传播和传教的关系？
2. 从本书的关键词“经济”一词出发，领读者认为，治理国家和社会归根结底也涉及传播的问题。对此，应当如何理解？
3. 寻找身边的案例，尝试解释为什么说传播的前提是距离和差异？

第三讲

科学与人文的双重勾连：理解芒福德的技术思想

——胡翼青领读《技术与文明》

领读书籍：《技术与文明》（*Technics and civilization*）（见图 3–1）。

图 3–1 《技术与文明》封面①

内容简介：本书讲述了机器的历史以及机器对文明的影响，从社会生活的方方面面来解释机器的起源并追踪其社会影响，内容涉及艺术、自然科学、哲学、习俗等。本书打破了忽视技术的传统：它不仅首次总结了 1000 年来西方文明的技术历史，而且揭示了各种社会环境（寺院制度、资本主义制度、科学、戏剧、奢华、战争等）与发明家、企业家、工程师所取得的成果之间的相互作用。本书试图表明，生产力和生产关系是相互作用的，它们有多方面的联系：一种儿童玩具会导致一项新的发明，如电影；而异地友人之间能即时交谈的古老梦想则促使莫尔斯发明了电报。

本书有意以这一思想体系和方法对传统学说提出挑战，特别是那些僵化的思维方式，它使学者无法跃出其研究对象，无法恰当地评估技术进步带来的社会和文化方面的影响。本书预示了学者观念的改变，一方面，把技术的历史作为人类文化的一个组成部分；另一方面，去评估技术对社会和文化的影响。

作者简介：刘易斯·芒福德（Lewis Mumford），美国著名的城市规划理论家、哲学家、历史学家，强调城市规划应重视各种人文因素，从而促使欧洲的城市设计重新确定方向。他曾被许多英语国家的重要建筑和城市规划机构授予荣誉成员资格。他的贡献和影响远远超出城市研究与城市规划领域，而深入哲学、历史、社会、文化等诸多方面。他曾十余次获得重要的研究奖和学术创作奖，其中包括 1961 年获英国皇家建筑学金奖，1971 年获莱昂纳多·芬奇奖章和 1972 年获美国国家文学奖章。他的代表作除了本次

① 芒福德．技术与文明 [M]．王克仁，李华山，陈允明，译．北京：中国建筑工业出版社，2009.

导读的《技术与文明》，还包括《城市发展史：起源、演变与前景》《机器神话》等。

领读者：胡翼青（南京大学新闻传播学院教授）

主持人：刘海龙（中国人民大学新闻学院教授）

讲座时间：2021 年 11 月 14 日

文稿整理与校对：马新瑶、高山

一、芒福德其人其事：四个关键词

可以用四个关键词介绍刘易斯·芒福德。

首先是**“城里人”**。芒福德出生在纽约皇后区的一个单亲家庭，外祖父对他的影响很大，他在自传中也常常怀念这位风趣的德裔美国人。童年时期，外祖父经常带着芒福德在纽约城里闲逛，引领他了解纽约这座城市的文化和历史，这让他特别喜爱和眷恋纽约的城市文化。虽然后期芒福德没有住在纽约，但这座城市成了他一生思想观念的摇篮。外祖父去世后，母亲供养芒福德长大。芒福德读高中时恰逢 20 世纪初的无线电狂潮，美国的高中生很多都成了无线电发烧友，芒福德也不例外。但他兴趣广泛，究竟是成为电气工程师还是作家，面对这样反差巨大的选择，他犹豫不决，最终身体原因导致他没有进入正规大学深造，不过正因如此，芒福德的研究成果才如此异彩纷呈，显示出多学科、多元化的视角。

高中毕业后，身体不太好的芒福德选择走上作家的道路，但是他的作品并不受人喜爱，乏人问津。因此，他又到继续教育类大学（如纽约新学院）旁听，这些大学聚集了一批来自欧洲的左派学者，有着较高的学术品位。在旁听和阅读的过程中，芒福德**“自学成才”**，尽管他一生都没有拿到一个真正意义上的大学文凭，但取得了斐然的成绩。芒福德从事过各种各样的职业，如他曾在《新共和》杂志与杜威、凡伯伦共事。总体来说，芒福德一生漂泊不定，从未在大学获得稳定教职，并不是一位学院派学者，但创造了学院派学者无法想象的辉煌。

20 世纪 30 年代，芒福德开始撰写社会史方面的大部头，其中包括最初的“生命复兴系列”4 卷本，以及他最重要的两部著作——《技术与文明》和《城市文化》。《技术与文明》1934 年出版，20 世纪 60 年代再版，成为技术史上的不朽名著，而《城市文化》则成为城市社会学的扛鼎之作，直到现在我们理解美国的城市社会学时仍然要从阅读这本里程碑式的著作开始。1966 年到 1970 年，他写就了两卷本的《机器神话》。芒福德整个写作的时间接近半个世纪，出版了几十部重要著作，大部分质量都非常高，可谓**“著作等身”**。芒福德凭借自己的忘我和发奋，笔耕不辍，直到 94 岁离开人世，终成一代大师。

更重要的是，芒福德**“视野开阔”**，所涉领域极其广泛，而且颇有建树。例如，他在美国建筑史领域占据重要地位，生前活跃在许多建筑学的评审会和专家论坛上。除此之外，芒福德在社会史、技术史、哲学、艺术学、城市社会学、城市规划、传播学等领域都有重要贡献和深远影响。可以说芒福德本身就是一个书写传记的优秀对象。

在此对刘易斯·芒福德的生命史做一个简短的交代，以便帮助大家理解为何他能够产生如此多的思想果实，又为何能够以丰富而细腻的笔触来呈现学术。

二、技术即机器：一种奠基性的技术思想

在《奇云》里，彼得斯（John D. Peters）认为，要感谢刘易斯·芒福德将德语的technik翻译成英语的technics，而不是technology，这是正解。因此，阅读《技术与文明》这本书的前提是要厘清两个概念——技术（technics）与技艺/技能（skill）。二者的区别在于，一项发达的technics不需要人具备太多的skill；相反，如果一个人的skill非常强大，就往往不需要什么发达的technics。比如，在学习摄影时，老师不会建议学生用傻瓜相机，因为并不能体现摄影师的技艺，而到了今天，用手机随意拍出来的照片可以与当年单反相机拍出来的照片媲美，可以说技术发展到这种地步，也就不再需要太高的拍摄技艺了。当然，如果论及摄影艺术，那么拍摄技艺仍然不可或缺。

只有在理解了技术和技艺的概念之后，才能理解芒福德所说的机器和工具的差别。在这本书中，技术对应的是机器。人们在日常生活中会使用很多工具，但这些在芒福德看来都不是机器。因为机器不依赖使用者的技能。在大机器生产的社会中，马克思（Karl Heinrich Marx）将希望放在工业生产第一线的无产阶级身上，认为他们是先进生产力的代表，呼吁阶级意识觉醒，希望他们能够终结资本主义生产关系和资本主义统治。但实际上无产阶级往往并没有什么先进的技能，机器体系剥夺了他们的先进性。因此，芒福德对概念的区分极大地昭示了社会命运、社会行动主体以及社会阶级的形成与技术和机器体系之间的紧密关系。

技术越发达，技艺越退化，这是暗含在《技术与文明》里的一条线索，在日常生活中也是如此，技术的不断复杂化，使得很多以前根本不可能发生的事件变成现实，点点鼠标就能实现。技术体系的不断进化削减了人们花在技艺学习上的时间。

芒福德在书中还以不同形式来描绘机器，复数形态指的不是机器本身而是机器体系，单数形态则是形容具体的机器。他在书中写道："当我用'机器'这个词时，那是指具体的机器，如印刷机或动力织机。而当我用'机器体系'这个词时，那是作为一种缩写，指整个技术综合体，或技术体系。这涵盖了工业取得的或新技术所隐含的所有的知识、技能、技巧等，它包括各种形式的工具、仪器、设备、实用设施等，当然也包括通常意义下的机器。"

由此，《技术与文明》的技术观被确定下来。首先，技术指的是机器，机器时代之前的技术不在讨论范围内。其次，技术不是传统意义上的工具，因为后者需要依赖使用者的技能而前者不那么依赖某种技能。最后，技术是由一整套的技术逻辑和技术设备构

成的整体，而不能只把技术抽象为一个空洞的所指和能指。在此基础上，芒福德对技术和个人的技能 / 技艺进行二元区分，并且认为，越是强调技能和技艺的东西，机器化程度越低。

三、技术与文明的分期：始生代 · 古生代 · 新生代

芒福德认为，谈机器绝不能追溯到蒸汽机的时代，因为当蒸汽机登上历史舞台时，人们已经生活在机器时代很多年了，只是没有认识到机器的强大，以致要到蒸汽机时代，“羊吃人”的圈地运动发生，资本主义在欧洲大陆迅速崛起，劳动生产率极大地提高之后，人们才意识到机器体系的存在。事实上，机器体系在公元1000年前后在欧洲已经非常发达了。

在这本书中，芒福德将历史分成了三个阶段。第一个阶段是始生代技术时期（1000—1750 年），这一时期主要开发的资源是水和木头，用水力推动能源建设，木头被用来建造各种各样的机器。相对而言，这是所有历史分期中最漫长的一个时期，前后绵延 750 年。始生代时期代表性的物资包括原木、板材、桅杆、船体、玻璃等，它们在日常生活中扮演了重要角色。因此，在蒸汽机出现之前已经有了很多机器，其中在芒福德看来最精妙的机器是时钟。

第二个阶段是古生代技术时期（1750—1900 年），也就是我们所熟知的第一次工业革命时期。芒福德重点谈到了煤和铁这两种资源的开发，煤为能源，铁为构建技术物体系的元素。这一时期资本主义开始萌芽和快速发展，这一时期既是芒福德最关注的一个时期，也是马克思在《资本论》中批判最多的时期。战争频仍，无产阶级生活在困苦之中。但在这一时期，社会资源被集中起来用于机器大生产，工作效率提高的同时资本家加剧了对剩余价值的剥削，实现了资本的增值。因此，芒福德同样批判了这一时期资本主义对工人的残酷剥削。

第三个阶段是新生代技术时期（1900 年至今），这个时代最重要的资源是电力，而支撑技术物体系的资源是合金。虽然这个时代出现了更多类型的材料和能源，但考虑到成书时间是 1934 年，芒福德的总结也无可厚非。20 世纪 60 年代，芒福德添加了导言，表示这部 30 年前写就的作品没有太多历史史实上的错误，因此他不打算将近 30 年的技术发展内容纳入本书，只是进行一些微调。芒福德的顾虑在于，30 年间新生代技术发展带来的后果还是存在许多不确定性。原因是，在三个阶段中，芒福德鞭挞最狠的是古生代技术时期，他认为这个时期最没有人性，因此，新生代技术时期对于电力和合金的开发带来了一种解放的力量。不过，芒福德对新生代技术时期寄予的厚望并没有持续多久，从 1966 年他所著的《机器神话》这本书中可以看到，芒福德对于新生代技术时期能否让人们真正获得解放和自由感到困惑，并有所动摇。

在 1934 年版的《技术与文明》中，芒福德对技术抱持相对乐观或者中性的态度，在谈到技术时，他常常会说出技术中立论：“技术本身不像整个宇宙一样，形成一个独立的

体系。它只是人类文化中的一个元素，它起的作用的好坏，取决于社会集团对其利用的好坏。机器本身不提出任何要求，也不保证做到什么。提出要求和保证做到什么，这是人类的精神任务”①。

芒福德的历史分期显示出，他是一个典型的人文主义者，相信人对技术的宰制作用，这说明作为一名技术史学家，他仍然没有办法真正摆脱那个时代习惯的技术思维。不过芒福德的难处在于，20 世纪 30 年代时，技术还是一个无足轻重、低人一等的话题，而在哲学、社会学的讨论中，讨论技术的人经常会被群起而攻之，不断地被贴上技术决定论者的标签。因此，芒福德敢于讨论技术及其历史地位，这本身就是件不容易的事情了，不应过于苛责。

后来技术中立论的观点受到了技术哲学学者猛烈批判，这一点可以参见海德格尔对雅斯贝尔斯的批评。现象学技术哲学的核心观点：第一，根本不存在所谓客观的技术，第二，把技术作为一种手段，这意味着整个世界的自然物和社会物都成为人们的征服对象，这种主客体二元论导致的结果就是在抽空了物所内含的意义之后，主体本身也消解了自己存在的意义。

因此，芒福德的技术观在那个时期显得过于乐观，他没有看到新生代技术时期发生的质的变化，正如海德格尔所说的，在那个时代，技术由一种解蔽世界的力量转变成了促逼人的力量。但是人文主义者所作出的这样一种堂吉诃德式的表述以及他们身上闪现的理想主义精神本身都是值得尊重的。芒福德最伟大的地方在于，他在 20 世纪 60 年代中后期至 70 年代的时候已经开始意识到自己的偏差，并作出了一些修正，开始展现出批判的锋芒。

四、完美的技术与征服时空的问题

本书开篇就提出，人类历史上最完美的机器不是蒸汽机而是时钟。这种论述虽然武断，但确实很难找出蒸汽机比时钟更重要的理由。人类关于时间的观念一开始是不存在的，一定要有外在物的提示，才能在头脑里构建出时间的秩序。当年有人这么描述康德：他什么时候散步、什么时候吃饭、什么时候睡觉等，被其他人看作像时钟一样精确，甚至比时钟精确。在钟表出现以前，人们并不擅长计时，只有一个模糊的时间概念。一开始是寺庙的僧侣按照规律敲钟，人们开始有了关于时间和节奏的感知，但是仍然比较模糊，与人们的生物钟也不一定符合。在这里，芒福德并没有详细论证敲钟究竟在多大程度上强化了人们的时间观念和实践节奏，与真正的学院派历史学家不同，他放弃了对这一历史细节的考据，但使这些论述更具想象力和启发性。

芒福德还花大量篇幅讨论了透视技术，以说明空间和时间是怎么被联系起来的。透视技术——西方绘画发展史上逐渐形成的方法论——后来在制图上的运用构建了空间的距离感。于是，时间的节奏感和空间的距离感就这样相向而行，强化了人们在空间运动的愿望。

① 芒福德 . 技术与文明 [M]. 陈允明，王克仁，李华山，译 . 北京：中国建筑工业出版社，2009:9.

在欧洲漫长的中世纪，时间和空间无法连接在一起，人们头脑中的空间来自《圣经》，关于历史的认知则是来自《创世纪》的一系列隐喻，在这种情形下，时间和空间是不对应的。因此，人们的生活显得安宁祥和，但也贫瘠无欲。

时钟的出现规定了人们行动的标准化节律，而透视技术机器在标准制图上的运用，建构了空间的距离感，强化了人们在空间运动的愿望，从而使人头脑中原本分离的时空观统一起来，征服空间的想法就产生了。不如大胆地再向前推进一步，芒福德想要表明，欧洲人种并不是一个天生具有全球化和扩张主义倾向的民族，但技术突破建构了一个征服时空，推动了全球化和全球扩张文明的形成。

进而，芒福德提到，在征服时空的过程中，技术体系不断完善，将时空更完美地统一在一起。征服时空的技术体系与创建时空观念的技术体系的衔接越来越天衣无缝，以致最后变得完全透明。在同一时间打开不同空间、在同一空间经历不同事件，已经成为今天最常见的生活方式。

芒福德总结了在征服时空的过程中，最为有效的三种技术体系：战争、交通系统、包括大众传媒在内的通信系统。这三种体系相互缠绕，并且都扮演了重要角色。以著名的怛罗斯之战为例，唐朝大将高仙芝率领大唐联军长途奔袭，在怛罗斯与大食（阿拉伯帝国）军队相遇。这场战争成为世界文明史上重要的转折点，此后，中国的思想和技术（如四大发明）开始由阿拉伯传入欧洲，东西方文明的天平的平衡被打破。这场战争还给世界军事史留下了一个重要命题，即长安距离怛罗斯超过5000千米，在交通、供给、援军都跟不上的情况下，以逸待劳的大食军队的胜利是板上钉钉的事情，这表明了交通和后勤系统对于战争的重要性。

但是到了第二次世界大战，情况发生了改变，交通系统的重要性远远比不上通信系统。最典型的是中途岛之战，当时日本的6艘航空母舰和太平洋舰队的2艘航空母舰在中途岛地区遭遇，美国军队借助发达的通信系统肢解了日本的战术指挥，最后一举消灭了日本海军的主力部队。从此之后，通信系统在战争中的关键作用就显现出来了。可以看到，芒福德提出的每一个命题都值得进一步探讨，不过芒福德在1934年时对通信系统所构建的环境的认识还不足，他极少提到通信对社会产生的影响，甚至认为通信是可有可无的，无疑是一种遗憾。因此，林文刚（Casey Man Kong Lum）在《媒介环境学：思想沿革与多维视野》中提到，芒福德比麦克卢汉（Marshall McLuhan）晚去世，按理说应该为媒介环境学关于技术体系的讨论提供更多支撑，但是他没有直接讨论媒介问题，甚至认为没有必要讨论，因此直接提到他的人非常少，这也导致了芒福德的思想在传播学领域长时间不被重视。

五、芒福德技术观的演进

可以说，刘易斯·芒福德是人类历史上最后一个伟大的人文主义者，他的人文主义并不冷峻犀利，而是充满理想主义和对世界的爱。但 1966 年之后，很难再看到芒福德人文主义中的乐观精神。1966—1970 年，芒福德开始撰写《技术与文明》的姊妹篇——《机器神话》。

这本书的开篇提出：依靠这种“机器体系”，少数统治阶级就能创造出一种千篇一律而又包罗万象的超级全球性组织结构，这种结构设计还能保障自身的自动运转。在这种结构中，人类不再具有独立人格，更不能独立发挥职能作用，而变得消极被动、无目的性、服从机器的操控，其最合适的职能，按当今一些技术专家的解释，就是填充机器，或者，就是在严格控制下仅仅去为违背人性的机体组织卖命效力。

事实上，在《技术与文明》中，芒福德也表达了类似观点。例如，他谈到，机器被资本掌控，机器实际是人类自由的敌人，机器并不能发挥积极作用，反而会消解人的主体性，那么人们能不能迎来机器消亡的一天？对于这一问题，芒福德认为，电力、合金以及自动化生产可以帮助人们获得人身的解放。但事实证明，电力和机器体系带来的不是异化劳动的减少而是增加。在《机器神话》中，芒福德的想法更沉重，他看到的是资本主义的全球化，看到的是人的异化和其成为机器的附庸，人变成了机器的延伸而非相反。他还谈到了当时多数学者认同的一种观点，即技术与主流意识形态、组织集团、统治阶级的勾结，已经把社会变成了一个自动运转的机器，而机器运转中所有重要的人物其实都只是代言人。那么，无论是自由主义、民主主义、社会主义还是极权主义的社会，都在机器的安排之下高效运转，任何人都可以成为社会的统治者，因为他不重要，他只是社会机器操纵的木偶。

芒福德晚年的思念多多少少带有一丝幻灭的悲观色彩，但是从他的各种传记中仍然可以看到，他大声疾呼人们要警惕当下的状况，回到理想主义的语境。今天，包罗万象的自运转的组织结构不仅掌控着人们的工作时间，也掌控着他们的业余时间，一切都在机器的运转中运转，不以人的意志为转移。于是，芒福德所讨论的话题正变得越来越沉重。

六、芒福德技术思想所处的学术系谱

媒介环境学“三驾马车”之一的尼斯特洛姆（Christine L. Nystrom）在其博士论文《媒介环境学初探：研究人类传播系统的一体化概念范式》中，将《技术与文明》一书看作媒介环境学的奠基之作。虽然媒介环境学的观点和芒福德的观点存在一些精神上的连接，但如果进一步深究会发现，芒福德和媒介环境学之间并没有什么真正意义上的共同之处。有人说芒福德的精神导师——苏格兰的生态学家格迪斯，其社会生态学的观念和媒介环境学非常相似。但实际上，媒介环境学所说的环境指的是由媒介中介建构起来的环境，并不是生态学中的隐喻，因此与生态学的讨论有着非常大的不同。另外，芒福德的观点和马修·福勒所说的媒介生态学也不同，后者强调的是一种动态的、偶然性的、高度抽象的、多层面的技术生态。

但也许芒福德与卡尔·马克思更有共鸣。前文提到的芒福德在《机器神话》中的那段话和马克思在《资本论》中论述的几乎一模一样，揭示了机器生产的实质——将活生生的人作为死机器的附属。不妨假设芒福德通过凡伯伦了解了政治经济学，了解了《资本论》，虽然芒福德没有直接探讨生产力、生产关系之类的话题，但他感受到了马克思的人道主义，也可能认同后者对于机器和人的关系的讨论。

更进一步，思考芒福德的思想类型。他书写《技术与文明》的时代正是美国社会科学本土化的时代，也是芝加哥学派的鼎盛时期。芝加哥学派实际上不应该用“学派”来概括，因为其核心成员除了托马斯，像库利（Charles Horton Cooley）、米德（George Herbert Mead）、杜威（John Dewey）、帕克（Robert Ezra Park）都来自密歇根大学，杜威后来又去了哥伦比亚大学，因此，这一学派代表了美国城市社会学研究的一种气质，无论是学院内的杜威，还是学院外的芒福德，他们的风格都很相似。虽然芝加哥学派也借鉴了欧洲的生态学思想、马克思主义的经济学理论、法国的年鉴学派思想，但其整个知识型是不一样的。这种特殊的叙事和知识型恰恰体现了美国在进入工业化社会晚期与信息化阶段交织的过程中，遭遇的各种各样的新问题，在这种背景下，芝加哥学派用于解决问题的思路，即从丰富的社会细节中寻找问题和解决方案，有些是历史导向的，有些是实证导向的，由此形成了一种新的知识行动。

进而，我们可以思考如何建立中国本土化的学术概念体系的问题。单个概念的累积是无法建立自主知识体系的，一定是整体的社会问题丛与解决问题的逻辑型和知识型成形之后才有可能出现一系列本土化的概念。也就是说，在中国还没有达到领导世界科技、引领经济走向的地位之前，中国学术的本土化就不可能实现。从这个意义上讲，芒福德代表了那个时代美国的知识型，即美国学者独特的看世界的眼光、提问的方式以及关切。芒福德的技术观，就其本质而言是那个时代的美国精神，或者说是美国学术界本土化转型的一种理想类型。因此，应该看到的是，芒福德这一代人很好地履行了他们的使命，当他们面对国家和社会的独特问题时，敢于提出见解，并坚持不懈，为第二次世界大战后美国在世界知识界取得领先地位奠定了基础。

今天，与其去想如何建立本土化的理论体系，不如扎扎实实地去琢磨琢磨，我们现在遇到了哪些历史上从未遇到的问题。从问题出发，在历史和空间两个维度展开研究，不需要也不可能苛求立即出现一整套成熟的思想体系。若真能如《技术与文明》一般，展示那些被人忽略了的细节，同样能够让人获得启发。

从这个意义上讲，有个问题特别值得思考，为什么美国在面临技术革命、工业革命、社会动荡、全球化等一系列复杂局面时，能够抓住时代的关切点，提出独有的问题，并为百年后的学术发展打下扎实的基础。因此，在阅读时，我们要敏锐捕捉书中具体的观点，并且要有知识社会学的考量，作者的逻辑和知识型是什么？为什么会生成这样的知识型？

这对我们今天思考的很多问题又有怎样的意义？如果大家能从书里读出这些东西，也不枉我们对一本写得非常引人入胜的历史著作进行学术化解读的良苦用心。

七、讨论与问答环节

刘海龙：芒福德在技术与社会关系这个问题上的看法非常人文主义，也很矛盾。他一方面讲技术的影响巨大，将很多知识分子看不起的技术问题放到显要位置，但另一方面，也存在一些传统的人文主义的前提和假设，如他仍然认为技术机器统治的实际上还是一个社会的结构，技术受到社会的影响。

胡翼青：是的，芒福德在技术与文明两个问题之间左右摇摆，一方面他谈到人们一直忽略了技术，另一方面他强调，技术是人建构出来的，所以他的书中充满了各种矛盾和张力，但也恰恰是这些自相矛盾的地方生发出了这么多精彩的讨论。人文与技术的二元争论会一直持续下去，我认为永远也找不到最终的平衡。

刘海龙：这本书的标题起得很好，它是将技术和文明或者说文化这两个过去分别由科学家和人文学者涉及的领域勾连起来，而且勾连本身充满着想象力。因此，今天不管是站在反对他的一派还是支持他的一派，阅读这本书可能都会有收获。芒福德提供了一个百科全书式的庞大图景，后来人很难再做出这样的研究了。

听众：媒介环境学中关于环境的隐喻与芒福德所说的生态学之间是何种关系？

胡翼青：在芒福德看来，文明或者城市有着一整套的自然生态，是一种本真的生态，而媒介环境学指的是媒介作为生态，这是完全不同的两回事。

听众：芒福德的技术理论要跳脱出技术决定论/技术中立论的桎梏，还有多远的路要走？

胡翼青：关键是如何界定技术决定论。首先，此技术非彼技术，你说的技术可能是一种真正意义上的技术，而我说的技术是关于技术的观念；其次，你说的决定指的是因果关系的决定，而我说的决定是一种限定。因此，前者一定是存在问题的，而从后者出发，技术决定论就是一种常识。如果说技术中立论的话，芒福德是无法逃脱的，因为对美国人来说，中立和客观有着巨大的吸引力，他很难摆脱这种文化习惯。

听众：“技术完全中立实际上是抽空自己”这一论述应该如何理解？

胡翼青：可以参看海德格尔的著作。技术无所谓好坏，使用技术的人决定了技术的好坏，海德格尔认为这是一句完全正确的废话。第一，主客体二元论带来的一个后果是，技术和人被分隔开来，完全不相干。但是技术和人是相互依存的。第二，当技术被作为征服世界、开发资源的手段时，带来的问题必然是社会的功能化，所有东西对人来说都是功能性的，也就是说，你和物的关系是功能性的，和其他人的关系也是功能性的，最后你也变成了功能性的，由此你存在于这个世界的所有意义就被抽空了。

听众：过去的学者把技术说成是影响一切的因素，喷气机时代、核能时代、航天时代，新媒体时代这样的提法是否成立？这种命名方式是否缺失了观照历史的眼光？

胡翼青：20 世纪 60 年代修订《技术与文明》时，芒福德没有将近 30 年的技术发展放在里面，因为身处这个技术环境中是看不穿技术的，因此命名是不可避免的，而命名是否科学恐怕要等这个时代成为历史之后才能做出评价。我们这代人最大的痛苦就在于此，我们被卷入历史却要去认识当下，这注定是西西弗斯推石头式的挣扎。至于新媒体时代的提法能否成立，伴随而来的是无穷无尽的问题，什么东西叫作新媒体？门户网站是新媒体还是平台媒体？这个时代的时代精神是什么？与大众媒体时代有什么不同？用数字媒体形容好不好？这就是我所说的深陷其中的烦扰，只有等这个时代过去之后，我们才能把它梳理清楚并加以评价。就像刚才有人提到，只有站在芒福德那个时代，才会大力抨击始生代技术时期，才能说胡乱开发水和林木资源是破坏环境。所以这种命名方式之所以缺少历史观照是因为它还没有进入历史。

【本讲回顾】

本讲系统解读了刘易斯·芒福德《技术与文明》的技术思想体系。集中围绕技术与技艺 / 技能的二分展开：技术指脱离使用者技能的机器体系（如时钟、电力系统），技艺则依赖个体能力（如传统摄影）。芒福德以此重构机器定义——机器是剥夺人类技艺自主性的技术综合体——揭示工业化对无产阶级主体性的消解。

本书创造性地提出技术文明三期论，分别是①始生代技术时期（1000—1750 年）：水力与木材时代，时钟为“完美机器”，重塑人类时间秩序；②古生代技术时期（1750—1900 年）：煤铁时代，资本主义剥削加剧，芒福德对此时期批判最甚；③新生代技术时期（1900 年至今）：电力与合金时代，初显解放潜力但后期转向悲观（见《机器神话》）。

在书中，芒福德指出了时空征服的技术逻辑，即时钟标准化时间、透视法构建空间距离感，二者结合催生全球化扩张。战争、交通与通信构成征服时空的三大技术体系（如恒罗斯之战凸显交通，中途岛战役转向通信为主导）。其技术观也充满了张力——早期持技术中立论（“机器无善恶，取决于人类利用”），晚年转向批判技术异化（人沦为“机器的附庸”）。

在学术谱系中，芒福德被误认为是媒介环境学先驱，他的观点实则更贴近马克思的人道主义批判与芝加哥学派的本土问题意识。领读人强调，芒福德代表了美国知识型转型——从社会细节提炼文明命题；这为中国学界提供了启示，本土概念体系需扎根“社会问题丛”，而非强行理论嫁接。

【要点小结】

1. 技术与技艺 / 技能的二分：机器体系削弱人类技艺，技术越发达，个体技艺越边缘化。
2. 技术文明三段论：始生代技术时期（水力 / 木材）、古生代技术时期（蒸汽 / 钢铁）、新生代技术时期（电力 / 合金），揭示了资源开发与社会形态的互动。
3. 时钟是时空秩序的奠基者：时钟作为“完美机器”先于蒸汽机诞生，标准化时间节律与透视法共构征服时空的技术基础。
4. 战争—交通—通信的三角关系：三者构成征服时空的三大技术体系（如恒罗斯之战靠交通，中途岛战役倚靠通信），但通信作用被低估。

【拓展阅读】

1. 芒福德 . 机器神话 (上卷): 科技发展与人文进步 [M]. 宋俊岭 , 译 . 上海 : 三联书店出版社, 2017.
2. 芒福德 . 机器神话 (下卷): 权力五边形 [M]. 宋俊岭 , 陈恒 , 译 . 上海 : 三联书店出版社, 2017.
3. 芒福德 . 艺术与技术 [M]. 任丛丛 , 译 . 南京 : 江苏凤凰美术出版社 , 2024.

【思考题】

1. 如何看待“技术即机器”这一观点？请举例加以分析。
2. 芒福德认为在征服时空的过程中有三种技术体系最为有效，分别是什么？除此之外，技术对时空的影响还有哪些方面？
3. 从传播思想史的角度看，芒福德《技术与文明》一书对于本土化理论的发现和发明有哪些启发？

第四讲

视觉文化研究的新视野：理解图像的活力与欲望

——刘涛领读《图像何求？形象的生命与爱》

图 4-1 《图像何求？》封面[①]

领读书籍：《图像何求？形象的生命与爱》（*What Do Pictures Want? The Lives and Loves of Images*）（见图 4-1）（以下简称《图像何求？》）。

内容简介：我们在日常生活中为什么如此强烈地受图像的吸引？我们为什么感到静止的图像具有动态，仿佛活的一般。图像为什么无时无刻不在影响着我们，说服着我们，引诱着我们，甚至引领我们走上邪路？本书试图回答这些问题。

该书涉及米歇尔（W.J.T. Mitchell）教授擅长的图像研究领域，包括视觉艺术、文学和媒体。他的深察洞见尤其体现在对拜占庭偶像、赛博朋克影片、种族原型和公共纪念碑的分析与评论上，为图像学和刚刚兴起的视觉文化研究开拓了新的视野。

本书是其“图像三部曲”中“最具原创性的一部”，米歇尔在本书中提出，我们应该把图像/形象看作活的东西，即它们具有自己的欲望和动力，有自己的言语和活动，能够展示自身的魅力、施加影响。本书汇集了被一般艺术史和视觉研究所忽视的宝贵经验。多年来，人们始终认为图像不过是“符号”，所需不过是阐释或分析或评论，本书对此发起最严肃的挑战：图像所要求的绝不止于此。

作者简介：W.J.T. 米歇尔，美国《批评探索》主编，芝加哥大学艺术史系和英语语言文学系教授。研究领域包括 18 世纪至今的文学、视觉艺术、媒介历史与理论，他着力于探索文化与图像学中视觉表征和语言再现之间的关系。

领读者：刘涛（暨南大学新闻与传播学院教授）

主持人：韩晓强（西南政法大学新闻传播学院副教授）

① 米歇尔．图像何求？形象的生命与爱 [M]. 陈永国，高焓，译．北京：北京大学出版社，2018.

讲座时间： 2021 年 12 月 5 日
文稿整理与校对： 高山、张亚文

一、开场白：作为研究领域的图像学

韩晓强： 针对“图像”，米歇尔在三本书中的表述其实都不太一样。在《图像学》（*Iconology*）中他用的是 iconology；在《图像理论》（*Picture Theory*）中，他用的是 picture theory；到了第三本，他说的是 What do pictures want。现在还有一个词 image，又是不同的含义。其实这牵涉美术史或者整个艺术理论的庞大脉络。

之前我们将图像看作一种“再现”的艺术，再之后关注图像作为媒介的形式和风格，即其笔触、风格、用具是怎样的。从沃尔夫林（Heinrich Wŏlfflin）在《美术史的基本概念》中提出“风格问题”，到后期沃尔海姆（Richard Wollheim）往“视知觉”方向转移，再到潘诺夫斯基（Erwin Panofsky）、阿比·瓦尔堡（Aby Warburg），以及后来美国自成一派的米歇尔的研究。再往后我们还可以看到汉斯·贝尔廷（Hans Belting）的“图像人类学”以及威廉·弗卢塞尔（Vilém Flusser）关于“技术图像”的研究，可以看出“图像”涉及一个很广阔的领域。

今天我们请到暨南大学新闻与传播学院刘涛老师，带我们读米歇尔“图像三部曲”的最后一部——《图像何求？》。

刘涛： 本书的内容十分丰富，在理解这本书之前，我们需要对米歇尔的前两本书有一个相对完整的认识。

2018 年 9 月 6 日，以“元图像：图像及理论话语”为主题的 OCAT 年度讲座在北京当代艺术中心拉开帷幕。作为本次讲座的主讲人，米歇尔教授围绕“图像 3.0：当下的图像理论”等主题与现场观众做了交流，主要讨论的问题是当前的生物图像或者说生命图像这一新兴图像形式开始与现实展开对接之后，打开了哪些新的视域。“图像 3.0”与我们之前谈论的“肖像”“圣像”不太一样，我们可以称之为一种“元图像”。元图像作为米歇尔理论体系中的重要概念之一，是视觉上、想象上或物质上可以实现的超形象的形式，旨在打破语言和图像之间的支配关系，形成面对世界的图像本体论。

此外，此次讲座现场展示了他几本书中的图像，目的是通过特定的空间布局，让大家在图像的世界中理解图像。以往我们都习惯从外部理解图像，从外部赋予图像内涵，给予图像某种解释，图像大多时候是在语言逻辑系统中被认识的。这次展示让观众感受视觉图像以便自我反思，以及通过图像反观行为本身，从图像内部，形成超越语言中心或者语言支配结构的图像世界。

二、“图像三部曲”讲了什么？

“图像三部曲”第一部是《图像学》。这本书主要思考“形象到底是什么”这一问题，关注的对象是形象家族。在本书中，米歇尔借用维特根斯坦（Ludwig Josef Johann Wittgenstein）的“游戏”家族概念，认为形象也是一个家族概念，它既包括实在的物理性图像，也包括一些非物质性的、精神性的图像，如记忆、梦、幻影等。《图像学》这本书不再局限于讨论视觉形式问题，转而去讨论关于“相似性”的视觉认识论，其中最核心的概念就是图像（icon）以及图像学。

图 4-2 W.J.T. 米歇尔

icon 这个词强调了一种相似性，是米歇尔《图像学》里的重要概念。为什么我们能够超越物理意义上的图像，关注更普遍意义上的“像”的形式？因为这些“像”之间存在着基本的相似逻辑，即共用某一个母题，所以相似性本身为我们打开了一个巨大的视觉认识空间。为什么今天媒介的内涵如此丰富？因为我们抓住了媒介当中一个至关重要的概念——中介性，它的内涵涉及“中间”“在中间”等非常哲学化的命题。当“中介性”被应用于媒介认识论的核心命题时，它所打开的新的媒介理论视域是非常丰富的，超越了传统意义上狭义的“媒体”观念。同理，图像学正是借助相似性这一核心概念超越了一般意义上物理性图像的范畴，进而关注形象问题。图像学就是探索相似性的一门科学。

第二本书《图像理论》关注的问题是“图像是什么”。《图像理论》是《图像学》的实践指南，是一种“应用图像学”。它研究各种媒体中视觉和语言的再现，尤其是文学和视觉艺术之间的互动问题。但是它超越了一般意义上的语图关系问题，而是追溯图像与权力、价值和人类利益的关系。米歇尔写作这本书的目的不是生产一种“图像理论”，更不是关注图像的力量，而是要图绘理论，再现一种实践活动。米歇尔不想解决“图像是什么”“它们与词语是什么关系”“这种关系为何重要”等问题。他更感兴趣于阐述这些问题的公认答案是如何在实践中发挥作用的，为什么系统的、固定的答案不可能存在。

第三本书《图像何求？》关注的问题是“图像要什么”。我们一般是基于一个生产装置去理解图像。这些图像不管是被人造出来的（绘画），还是被某种算法体系（AI电子图像）、某种机器装置（摄像机）制造出来的，总是存在一个基础性的生产装置。既然存在生产装置，那么，图像的意义系统就被一直压制在生产的逻辑结构当中。对于图像，我们基本的认识逻辑就是要去发现生产体系当中的图像及其所承载的东西。但米歇尔思考了一个更大的问题：图像到底要什么。这并不是说图像想向人类要什么，而是说图像想变成一个活物，想获得某种生命体征。

在图像事件当中，有一些凝缩图像和新闻具象成为整个事件的决定性瞬间。为什么它可以成为决定性瞬间？为什么它可以进入社会公共关注体系？是因为图像想拥有再次被传播的能力，想拥有建立新的交往关系的能力。这个时候，图像就不仅仅属于当下，还会成为一代人的历史记忆，延续到另一个时代，甚至可以作为跨媒介叙事的意象，行走于不同的媒介之间，如希望工程的宣传照——《大眼睛》。解海龙当时拍摄了一系列作品，为什么最后是这张图像被广泛传播？当这张图像获得一种生命的时候，就意味着另外一些图像失去了生命。这张图像“留”下来之后，和主人公苏明娟产生了一种新的生命关系。与此同时，苏明娟也处在这一图像的压制与互文结构之中。对于由它所形成的这种崭新的生命形式，我们需要从图像的维度去发掘理解这种生命关系的视角。

以前，我们认识一个人，是基于一种外在的完形逻辑来建构他、认识他、捕捉他。设想一下，当这个人出现在你的屏幕里，然后从屏幕里钻出来，这是什么样的情况？首先你会感到恐惧，其次，你会察觉到图像是有欲望的：它本应该躲在屏幕后面，非常平静地跟你建立一种观看关系，为什么它在这个时候一下子“凸显”？这正是米歇尔所关注的“图像要什么”，即“图像何求”。简单来说，它其实想要一种生命体征，渴望一种动力，这样它才能够流动，突破时间和空间的限制，演绎出丰富的生命内容。

那么，图像如何才能获得生命？《图像何求？》这本书讲到了刻板印象，这其实就是一种图像形式。刻板印象张开它的欲望之网，等待一个主体的认领。例如，当一个种族主义者出现的时候，他便以刻板印象建立起关于另外一种肤色、另外一个群体的想象系统。当刻板印象作为一种形象拥有了生命，便意味着一个种族主义者失去了生命。与此同时，种族主义者，也就是让刻板印象得以确立的认识主体，也处于一个扁平的生命状态中，即被压缩成一个图形。我们原本应该拥有完整的思维，应该以此与对方建立一种良善的相处关系。但是，当我们按照某种模式去认识对方的时候，我们认知的丰富性便被所压缩，我们的“生命”随之衰退。因此，当一个种族主义者启用刻板印象去“加工”这个世界的时候，刻板印象这种形象就被激活了，并且开始具有传染性，拥有连接主体的能力。刻板印象使被表现的客体，以及那些利用形象对其他主体分类的主体，都失去了生命力。它的作用就在于将种族主义者及其对象，都简化为静态的、惰性的、没有生命力的图形。这种状态就类似于处于死与活的边缘的状态。

简单来说，本书提出的图像概念，不像以往的符号学、文化研究那般用一种解释或者权力的模型来框定图像，而是以图像的活力和欲望来回应图像问题。一旦图像获得一种完整的生命，获得一种传播问题的能力，它便被激活了。《图像何求？》英文版本的封面画面是一个微张的嘴，这其实就映射了图像欲望的问题。

三、理解本书的四个基本问题

（一）问题一：米歇尔的“图像转向”，跟海德格尔的“世界图像时代”是不是一回事，或者说他们讨论的图像问题是否延续了同一个学术传统？

这是两个经常被混淆的概念。很多学者在写文章的时候经常如此陈述：“海德格尔说，我们今天进入一个世界图像时代……米歇尔又进一步指出这种图像转向……所以在这样一个背景之下，我们要……”。那么，海德格尔的“世界图像时代”与米歇尔的“图像转向”是不是一回事？两者是不是延续了同一个学术传统？对这两个问题的回答涉及对“图像转向”的认识。

海德格尔的“世界图像时代”出自他 1938 年的讲稿——《世界图像的时代》，这篇讲稿被收录于《林中路》这本书。海德格尔讲“世界图像”，实际上谈的是现代之本质问题。要理解海德格尔的“世界图像”之内涵，就需要回到海德格尔的哲学思想体系当中，关注他对整个现代的认识。海德格尔对于现代的分析延续了两套逻辑：第一套是“世界被把握为图像”，第二套是“人成为主体”。

在海德格尔的语境中，世界图像意为人的表象活动把世界把握为“图像”。我们用“世界图像”一词指涉世界本身，即存在者整体。“图像”在这里并不是指某个摹本，而是指“我们对某物了如指掌”，即事物本身就像它为我们所了解的那样站立在我们面前。了解某物意味着：把存在者本身摆在自身面前，并且持久地拥有如此这般被摆置的存在者。[①] 这就是海德格尔所关注的基础性的存在问题，就是存在着的存在者。它意味着你要把这个存在者带到面前，要感受它的那种确定状态。这个存在者是如何被带到人面前的，以及这个世界到底是什么样子的？海德格尔说，世界是由表象的存在者构成。世界当然有存在者，但是这些存在者是表象性的，是表象之物的集合，它们能够被摆置。存在者的存在，正是在其处于表象状态时被发现的。

“摆置”（stellen）是海德格尔的关键概念，只有能够被说明的表象的东西，只有那些能被摆置的东西，才能被视为存在。摆置活动——如制造、订造、伪造等——都需要通过技术来完成，将事物带到人的面前。所以世界图像所讨论的图像显然不是物理性的图像，

① 海德格尔．林中路 [M]．孙周兴，译．北京：商务印书馆，2015：90.

也不是一般意义上大脑所建构的那种认知意象。这里，图像是一种整体的图像，体现着表象之物的一种整体性。这个整体性意味着表象的内部有一种自成体系的东西。表象之物的整体性、系统性，到底该怎么去理解？

在古代，存在者向世界敞开自身，换言之，人与存在者之间的关系是和谐的。古代的技术跟对象之间也是和谐共生的，技术没有破坏这个对象，而是在延续对象某种属性的基础上，进行生产工作。同样，在中世纪的时候，存在者也不能自成体系。因为中世纪的所有存在都是上帝制造的。种子不能彰显自身，它彰显的是神的能量，上帝的恩赐。换言之，种子不过是在上帝创造的秩序中占据了一个位置，它缺少自成体系存在的状态。所有的存在者告诉世人“我有用”，这个时候的“我有用”是指我能够彰显神的意志。

但现代跟古代、中世纪并不一样，因为在现代语境中，表象之外的系统可以被摆置到人的面前，人成为主体。那么，世界图像意味着什么？它意味着存在者在技术介入的表象状态中存在。看电视时，电视借助信号系统，把这个世界“推”到我们面前。现代表象体系言说的是人的主体性的扩大，技术决定着存在者展现表象的方式。中世纪那种将表象的存在归于“神”的论断慢慢开始消失，人们开始用技术去计算这个世界。

以种子为例，古代的种子只是告诉你“我有繁殖能力，我有养育能力”，所有的表象体系都停留在种子本身的自然属性当中，种子背后自成体系的整体逻辑无法显现。中世纪的种子是“神”的恩赐。但现代的种子不一样，它首先是科学的产物，是社会学的产物，也是人口学的产物。袁隆平的杂交水稻，是运用科学研究出来的，也是按照社会需求制造出来的。种子存在于复杂的逻辑当中，我们不能像古代那样去感受种子的确定性，种子有能力向世界敞开自身。因此，世界图像的特点就是存在者是在这个表象当中成为存在者的。技术被引入之后，存在者无法被确定，它失去了一种自然属性。技术摧毁了神所建立的秩序，把某种神秘的东西驱赶走了。技术已经融进了存在者那颗种子里面，如转基因。在思考种子的时候，我们实际上还有一套技术的逻辑附加在上面，这导致种子在表象的状态中存在，但我们就是没有办法直接去把握技术本身。我们很难直接看到技术逻辑所起的作用，但在表象之物被摆置的结构当中，技术却发挥着重要作用，这同时告诉我们，表象之物是在表象当中存在的。以往这些神秘的东西由上帝解释，现在技术把某些解释确定性的东西驱赶走了，而技术又没有独立进行解释的能力。这就是技术留给现代的永恒阴影。

我们可以运用同样的逻辑去理解图像。在古代，图像就是对理念的“再现”。图像向世界展现的，是颜色、欲望。中世纪的时候，它变成圣像，被纳入神学体系，按照神学逻辑展开。现在，这个对象被纳入了知识体系，具备了一套非常复杂的工艺，包括这个社会安排也是被摆置在我们面前的，而且这是一种成体系的摆置，最后它变成了景观。如果说图像是一种人造物的话，那么景观就是一种技术物，它的表象呈现世界的整体性。人造物变成景观，景观所揭示的就是世界的整体性，它背后暗含着一套自成体系的秩序。换句话说，景观超越具体的图像，为我们创造了一种观看的结构。所以海德格尔所说的“世界被把握为图像”，不是图像学意义上的世界变成了可视化的景观，而是说图像这样一种存在者，通过景观这样一套非常复杂的技术化的表象系统，被摆置在人的面前。自成一体的，是景观的语言，是景观生产的规律。现代之本质让我们看到了表象之物背后的一套语言、秩序、规律。景观是图像的表象，图像恰恰存在于景观这样的表象当中。所以我们谈景观的时候，总在关注世界的总体形势，这种总体形势，就是世界图像的内涵。简单概括一下，海德格尔说的世界图像不是一个图像学问题，也不是一个视觉问题。

图像作为技术物被摆置到我们面前，并在表象中存在，图像本身也以表象的状态存在，所以图像有一个媒介化的表征体系。我们今天所看到的物理性图像，就是附加了媒介体系、支撑体系的形象。在这样的图像背后，我们能看到它自成体系的一种东西，即技术的逻辑。所以，米歇尔所讨论的图像已经暗含了一种媒介意义上的物质实践。理解海德格尔关于世界图像的技术哲学，可以帮助我们理解要谈论的形象、物、媒介方面的问题，而这恰恰是米歇尔这本《图像何求？》涉及的三大板块。

海德格尔讨论的“摆置”问题，跟米歇尔的《图像何求？》中涉及的第三部分“媒介”有非常直接的联系，两者都有技术的逻辑。媒介系统提供了一套技术体系，这种技术体系将存在者摆置到了人面前，世界正在以被摆置的方式存在着。算法就是最典型的摆置方式，一切都处在推送体系当中，我们一方面存在于现实，另一方面存在于数据库、服务器，同时存在于算法的程序、符码当中。可见，世界正在以一种被摆置的方式存在着，也就是说在表象状态当中存在着。简单来说，海德格尔和米歇尔两个人说的不是一回事，但海德格尔所讲的世界图像时代，可以帮助我们理解主体性的问题和技术的逻辑。

（二）问题二：米歇尔的图像理论建立在图像转向这一根本性的认识论背景上，那么，当我们在谈图像转向的时候，我们在谈论什么？

当我们在说图像转向的时候，就认为图像在疯狂地生长，我们进入了一个景观时代，所以我们要去关注图像，去寻找通往图像的认识论。这个逻辑对不对？这个话只说对了一半，甚至超过一半的内容是错误的。

理解图像转向有两个脉络：一个是语言学转向，另一个是形象恐惧问题，两者都和维特根斯坦有关系。罗蒂（Richard Rorty）的《语言转向：哲学方法论文集》中，正式提出了“语言转向”。[①] 罗蒂认为，20 世纪西方的哲学，将原本对物的关注逐渐转向了对观念的关注，一切问题都可以被归为语言问题。语言转向，意味着语言的逻辑结构和世界的逻辑结构具有一致性。不仅如此，语言逻辑还决定着世界的逻辑，我们基于语言逻辑系统来把握世界，把握事实的总和。语言逻辑的空间其实决定了世界的逻辑空间，规定了世界的存在样式。

---

① RORTY R M. The linguistic turn: essays in philosophical method[M]. Chicago: University of Chicago Press, 1967.

语言转向的基本内涵在于发现了一种理解社会的语言本体论。以往我们可能认为语言是被思维驱动的工具，而现在，语言在建立一种规范，在创造一种规则，在建立一种人与人之间的关系，它为整体上理解社会提供了新的可能性。

西方的哲学史有几个重大变化：在古代和中世纪，哲学关注的是事物本源问题，即哲学本体论；17 世纪到 19 世纪，哲学开始关注思想问题，即哲学认识论；而当代哲学主要关注的是词语，即语言哲学。这就产生了语言边界与世界边界之间关系的问题，所以，维特根斯坦说："凡是不能言说的事，都必须保持沉默。"这跟德里达所说的"文本之外无他物"有一定的类似性。他们实际上都表达了这样一种观点：世界是在语言的维度上存在的，缺失了语言这个规则系统，世界就不复存在了。

但在维特根斯坦的理论脉络当中，有一个致命的悖论。从早期的《逻辑哲学论》到后来的《哲学研究》，维特根斯坦对图像的态度发生了很大改变。在第一本书中，他提出了图像论，认为图像不是现实中物质性的图像，而是命题的一种逻辑形式与图式结构。语言跟世界的关系是一种图式的关系，是一种描述的关系，这种关系可以体现为图像逻辑。所以，在这里，图像对应的是一个逻辑问题。但是在后期的《哲学研究》中，他开始关注思维的本质问题，开始讨论一些语言游戏，甚至对形象产生了焦虑，因为他意识到一些形象游走于语言的边界之外。语言在不断地生产各种形象，我们通过这些形象交往，继而建立关系，这些形象就变成我们交往的货币，此时形象就开始危及语言表达的纯粹性。维特根斯坦开始尝试打破形象的呈现逻辑，主张放弃原来的图像主义，放弃语言和世界之间图像的桥梁作用。他认为，我们必须把思想完整地交给语言，但图像会闯进来，会侵犯语言的纯粹性，影响人的认识。所以，维特根斯坦在《哲学研究》中显露出一种对图像的焦虑，他提出必须保持语言的纯粹性。

简单来说，图像转向的背景可以概括为两个方面：一方面的背景是，20 世纪中期出现了大量图像形式。但要注意的是，米歇尔谈论图像转向不是因为出现了各种图像、广告、景观、奇观体系，而是因为出现了一系列非常复杂的生命图像或者生物图像，这完全超越了图像学意义上的解释范畴，跃入了欲望与生命的维度。这是图像转向思考的起点，也是《图像何求？》这本书探讨的问题。简单来说，图像转向就是要回答"图像要什么"这个基础性的问题。这跟已有的图像研究，包括心理学、美学、哲学、符号学等学科或领域的相关研究都有一定关系，但又有一定差别，它意味着一种范式的创新。

另一方面的背景是我们对形象的恐惧。图像转向并不是米歇尔写《图像何求？》时才出现的。图像转向表达的是一个历史过程，是一种历史的症候。我们说空间转向，是因为 20 世纪 60 年代列斐伏尔、福柯等一大批学者开始集中讨论空间问题。但是图像转向没有特定的时间节点，它不是现在才出现的现象，它一直都存在。在任何一个时代，当我们开始对形象感到恐惧的时候，就会出现图像转向。在古希腊，柏拉图因为担心图像会破坏理念，会破坏"逻各斯"，所以拒绝使用图像，继而出现了后来的柏拉图主义。中世纪，偶像破坏运动对图像进行“清洗”。公元8—9世纪，拜占庭帝国的君权和神权出现了冲突，为了获得支配权，王权开始对神权进行压制，压制的理由是神权制造了大量偶像。因为《圣经》里十诫的第一条是不能拜偶像，所以王权就以此为凭据，开始对图像/圣像进行破坏，从而完成了政治斗争。其实，中世纪的偶像破坏运动，就意味着图像转向的发生。18世纪，浪漫主义兴起，进入一个美学时代，形象高度泛滥，祛魅了人的精神世界，这时候出现的视觉批判也属于图像转向。20世纪，公共领域慢慢兴起，进入后现代社会，出现了各种视觉危机，如赛博格技术等开始危及主体性，这也是图像转向的体现。因此，在讨论图像转向的时候，我们一定不要认为它指的是从当下开始，我们就进入一个图像时代了。图像转向是一个历史的过程，在历史上，每一次我们开始对形象产生恐惧时，它就发生了。可以说，图像转向起源于维特根斯坦语言哲学中的一个悖论，在后来经米歇尔将其纳入图像理论。

（三）问题三：既然米歇尔的图像学与维特根斯坦的语言哲学密切相关，那么，米歇尔提出的图像理论，与维特根斯坦的图像理论/图像论有什么区别?

米歇尔提到了两个跟自己的研究密切相关的学者，一个是潘诺夫斯基，另一个是维特根斯坦。维特根斯坦也谈到了图像理论，英文同样是picture theory，即图像理论或图像论，但他和米歇尔讨论的不是同一个对象。维特根斯坦所指的图像，实际上是《逻辑哲学论》中的逻辑架构，而在后来的《哲学研究》中，他其实已经放弃了图像论。在《哲学研究》中，图像只是一种逻辑形式，从知识体系本身来说，这本书关于图像的论述并没有超越《逻辑哲学论》的思想体系。现代逻辑学就像一把手术刀，被维特根斯坦用于对语言与世界的关系进行形而上学解剖，而图像论就是他这次解剖中的一次尝试。简单来说，我们可以将维特根斯坦的图像论理解为一种意义的图像理论（picture theory of meaning）。维特根斯坦是在逻辑层面上“使用”图像概念，即他所谈论的图像是一种逻辑图像，它如同桥梁，有助于我们认识语言与世界的关系。

同时，维特根斯坦也会在经验层面使用图像概念，即创作者要表达的对于这个世界的认识，也要借助图像。在这一意义上的图像跟其他艺术形式——如舞蹈、建筑、书法、美术等——的逻辑原理是一样的，因为它们遵循的都是投射逻辑。投射本身就是一个函数系统，就像在建模系统当中，用户可以通过调整不同参数，生成雕像、图像或绘画等不同形式。虽然图像的表现形式不一样，但是逻辑图像是一模一样的。例如，与普通游戏相比，VR（虚拟现实）游戏是一个立体化、沉浸式的游戏，可以将人类感官延伸到屏幕背后的虚拟场域。这些差别对计算机来说不过是参数的变化，故事的基本叙事脉络是一样的，参数的些微改变就可以促成另一种叙事。图像描绘、临摹、展示、接近这个世界，本质上还是遵循由人构造的逻辑。图像本质上反映的是语言与世界的关系，这一关系是一种逻辑关系，而逻辑的模型正是图像。图像具有描绘形式的功能，逻辑也具有这种功能，正因如此，图像可以表达多重关系，包括描绘关系、展示关系——统一起来成为逻辑图像。

维特根斯坦并没有否认世界上存在物理图像，而是说物理世界中日常所讨论的那种图像对他来说根本不重要，因为他想要解决的是逻辑问题。因此，维特根斯坦理论脉络中的图像指的是语言抵达世界的一种逻辑形式。语言具有投射世界、描述世界的能力，所以我们可以通过语言，按照一定逻辑结构认识世界。因此，维特根斯坦所讨论的图像更接近于一种逻辑的模型。

米歇尔的图像理论包含了丰富内涵，展现了视觉以及制度、话语、身体、隐喻之间复杂的关系网络。米歇尔意识到“观看”本身是一个深奥的问题，涉及不同方向的学术讨论，如超现实、拉康的“凝视”、福柯的“监视”、维利里奥的“视觉机器”，以及视觉的快感、视觉的克隆等，所以米歇尔在呼唤一种图像的整体论，以超越语言与图像的二元对立。为了解决这一问题，米歇尔提出了“元图像”概念。他的目的不是建立关于元图像的理论体系，而是透过元图像寻找一种通往后语言学的认识路径：图像不是语言的奴隶，图像是可以摆脱语言而存在的，图像不是生产装置的产物，它是有生命的，它是由它自己生成的。哲学史上有很多元图像，如柏拉图的洞穴隐喻等。基于这样的图像，我们可以打开复杂的图像认知体系。

（四） 问题四：相较于潘诺夫斯基的图像学，米歇尔的图像学是在潘诺夫斯基基础上的一次延伸，还是要创立一种新的图像学?

瓦尔堡学派的潘诺夫斯基所提出的图像学影响深远，已经成为艺术史研究中具有代表性的范式。米歇尔在谈图像学的时候，花费了大量篇幅思考如何进一步拓宽潘诺夫斯基所提出的图像学的阐释范围。米歇尔的图像学和潘诺夫斯基的图像学有关系，但处于不同的脉络体系：潘诺夫斯基思考的是图像问题，而米歇尔思考的是形象问题。潘诺夫斯基给出了图像学的三层解释模型——前图像志的、图像志的以及图像学的。潘诺夫斯基的图像学研究立足于艺术史范式，旨在对绘画、雕塑等艺术形式的主题和意义进行阐释，强调的是艺术形式与文本原典之间的指涉关系。简单来说，潘诺夫斯基的图像学研究与图像形式、图像隐喻系统、图像象征体系以及图像文化相关。米歇尔的图像学则是立足于相似性的认知脉络而开创的全新视觉认知体系。所以，他对潘诺夫斯基有一些不满，认为潘诺夫斯基做了如此之多的探索，但其理论一直没有被归为图像领域的索绪尔的研究谱系，他的图像学依旧停留在文化表征的形式维度，即图像实际上处在文化的压制系统当中。这很容易陷入历史决定论，认为图像是历史的表征或时代的产物，本质上延续着宏大叙事传统，任由历史逻辑压制微观的逻辑、日常生活的逻辑。所以，米歇尔重新抛出形象问题，试图开创一个新的图像学知识体系，即他所讲的形象的文本性、形象的意识形态性等。可以说，图像跟形象的差异问题，从根本上打开了米歇尔的图像学世界。

四、形象·物·媒介：《图像何求？》的核心内容

这本书主要有三大部分内容：形象、物、媒介。形象属于感知的维度，物属于物质的维度，媒介属于象征的维度。

（一）形象

形象是基于相似性而形成的一种形式。作为母题的形象，为什么会被反复地呈现于其他场景、媒介中？形象类似于模因的特质。例如，美国的战争叙事其实延续了主导性的战争叙事方式，这种战争叙事的基本模因是，看不到平民伤亡的画面。媒体虽然给我们"制造"了一场战争的实况，但我们因为看不到那些画面而不知道远方真正发生了什么事情。所以，我们会发现阿富汗战争持续了二十年，最后却给人一种好像什么都没有发生的错觉。为什么伊拉克战争最后的撤军行动是比较被动的，特别是英国的撤军？原因在于维基解密提供了一张图片，这是《卫报》根据伊拉克战争日志制作的数据新闻。地图上出现了大量红点，每一个点代表一场战争，透过这些，你突然会发现一个不一样的世界。这其实是媒体的一种集体无意识：在海湾战争爆发的时候，因为媒体没有随军记者，新闻图片都是政府提供的，所以公众看不到现场照片。但是有了随军记者以后，为什么我们依然看不到真实的战争场面？这是反复出现的战争母题，延续了某种稳定的形式，而这种形式是有生命力的，不仅在伊拉克战争中出现，还在阿富汗战争中出现，以后还会反反复复地出现。所以，形象是有生命的，当它以这种形式呈现的时候，它一定压制了另一种形象的生命，它是以压制与牺牲另外一种客体为代价的。

"形象"这部分讲了四方面的内容。第一个方面的内容是关于克隆图像，即一种生物图像，一种我们通过一套技术体系制造出来而非通过描绘、摄影复制出来的图像。它同样拥有生命，会进入我们的生活系统，非常顽强地跟我们的生活产生联系。第二个方面的内容是关于图像何求，这部分主要讨论"图像到底要什么"的问题。透过宣传图画、恐怖电影中图像所涌现的意向，我们会看到图像似乎在索要一些东西，而这些东西是它延续生命所需的，这些东西就如同水和空气，对图像来说弥足珍贵。图像到底要什么？图像想要的东西就是不可被阐释、编码、崇拜、粉碎、揭露或被观者神秘化的东西，或诱惑观者的东西。它想要一种流动的能力，想要建立一种我们把握世界的简易认识框架，一种二元对立的框架，让我们在其中成为生命体。第三个方面的内容是画画的欲望问题。既然图像有欲望，那么这个欲望应该沿着哪个学术脉络显现？关于欲望的解释框架有多种：德勒兹将欲望看成建构所需具体元素的能量，布莱克把欲望的辩证法展示为人体与空间的关系……米歇尔并没有受过严格的精神分析的学术训练，但是他的确吸取了许多精神分析的理论资源，以理解图像如何描绘欲望，在图像欲望中起作用的是哪种欲望模式、理论或形象。米歇尔将图像放在精神分析的框架结构中，思考图像欲望的多种

形式——视觉本能、要求、欲求和需求等。图像欲望具有矛盾性：一方面其与邪恶激情、贪欲以及动物性相联系，另一方面其表现为对完美、同一和精神启蒙的向往。第四个方面的内容是关于形象的剩余价值的。米歇尔特别强调形象的流动能力，因而提出这样的问题：为什么图像可以从某个特定的域延伸到另外一个域？基于马克思的剩余价值理论，米歇尔认为既然图像有剩余价值，就意味着它有活力，其生产可以延续，剥削结构也可以建立起来。一旦剥削结构建立了，生产机器就可以运作。但是米歇尔的论述显然并非基于马克思的生产体系，多是把图像放在一个文化场景中，以理解图像如何获取象征价值，而正是这些价值赋予了图像强大生命力。

（二）物

物是支撑形象的物质载体。米歇尔在书中列举了大量现实中的物，如图腾、艺术品等。这些物以偶像的方式，进入我们的视觉系统。这些物其实在历史上一直存在，如基督教中重要的图腾形象——金犊。在《出埃及记》里，摩西带着以色列人民从埃及法老的控制中逃出来，过红海，来到西乃山。到了西乃山之后，人们很感谢神让他们过上了平静生活。后来摩西要去见上帝，离开了四十多天。他离开之后，人们的欲望开始膨胀，并且开始不相信上帝，以为摩西抛弃了他们，就制造了金犊，并进行膜拜。物，慢慢进入崇拜系统，同时物也作为一种视觉形式进入文化结构。

我们现实中的一些物，很容易进入其他话语结构，如《图像何求？》里面讲到的帝国、各种图腾以及冒犯性形象等。为什么那些非常尴尬的、令人作呕的冒犯性形象可以进入图像领域？一些建基性的形象，又是怎样进入媒介系统的？这部分讨论的就是这样一些问题。图腾崇拜也可以物的形式呈现。当某物承载某种东西的时候，它就变成了图腾崇拜的对象，基于一个隐喻的结构，它可以代替其所承载的东西。比如，金犊被视作神的形象，进而被迷恋、被崇拜。再如，偶像崇拜，更多地指向象征之物，是规约性符号，它是怎么样进入我们的崇拜系统的？总体而言，物要获得生命，需要活力，而为了获得这样一种活力它不断地游走于不同的实践网络或者话语系统中。例如，通过一些物，我们可以看到帝国的历史，看到帝国的逻辑。在米歇尔的论述中，图腾、拜物、偶像都与殖民话语的生产相勾连，它们在帝国的逻辑结构中获得了生命。在殖民系统中，殖民实践往往并不是把原有的东西完全摧毁，而是让它们慢慢进入一种图腾体系，而这个体系往往是跟某种殖民话语联系在一起的。由此，我们可以看到一个深层次的殖民语言，或者殖民逻辑。

（三）媒介

媒介问题，讨论的是图像获得生命、成为活物的生态系统，这是在象征和规约的维度上关注与讨论图像的生产系统。米歇尔其实拒绝把图像置于一个生产的，或者政治经济学、文化研究的范式加以理解。但图像的确拥有一个生产结构，不过，这个生产结构跟我们以往的生产结构不太一样：图像的生产依赖于其他媒介，依赖于一定的物质支撑。米歇尔所谈论的媒介与我们通常讨论的媒介概念存在一定差别。受到雷蒙德·威廉斯（Raymond Williams）的媒介观影响，米歇尔将媒介定义为“将形象和物体结合到一起而产生一个图形的一整套物质实践”。由此可见，米歇尔在图像—形象的范围内思考媒介概念。同样，米歇尔摆脱麦克卢汉式的“理解媒介”模型，转向另一种姿态：强调对媒介说话，并成为对媒介说话的对象。米歇尔不刻意追求建构一种关于媒介的整体理论，而是在探索某种可以被称为“中介理论”的东西，试图以一种中等程度的、内在的方式，用案例的形式呈现媒介的作用方式。

物质性是这两年讨论比较多的一个话题，米歇尔虽然并未直接讨论这个话题，但是在他关于媒介的讨论中，很多内容可以跟物质性的一些话题产生对接。我们以摄影图片为例。现实转瞬即逝，为了记录，摄影就出现了。电影这种活动影像，以一秒 24 格或者 30 格画面呈现的时候，便跟时间产生了一种特定关系。以往我们的存在必须基于一个时间逻辑，时间决定了我们的存在方式，以及我们的呈现方式。时间逻辑是一种非常顽固的逻辑，我们的表征活动必须依附于时间逻辑。但是电影不一样，电影开始尝试对时间进行压缩，一些科幻电影还会让时间旋转、弯曲。正因为人类可以操纵时间，动态影像才得以出现：如果不让机器马达旋转快一点，不让它一秒钟转 24 格的画面，不做应对时间、操纵时间的工作的话，我们是无法看到这个动态影像的。摆脱了时间的束缚，机器马达的消失美学由此出现，这就是维利里奥所关注的内容。

在媒介这一部分，米歇尔专门列举了不同的媒介样式，如摄影集、雕塑、电影等。“生控复制时代的艺术品”显然跟机械复制时代的艺术品不一样，它的生产逻辑发生了巨大改变。机械复制其实就是一个躲在机器后面的人，通过对机器的操作，记录下来某个东西，它会把本雅明所讲的“灵韵”磨灭。但是在生控时代，操作的人不再是摄影师，而是设计师。就像在《银翼杀手 2049》这部科幻片中，复制人在出场的时候就已经被植入了一种记忆，获得了生命意识、主体意识。记忆对于主体性建构、身份认同而言非常重要，记忆里面储藏着我们关于过去的一种想象方式，而我们恰恰是在这样一个想象的结构当中，发现生命的连续性、一体感和整体性，这些东西构成了我们的主体性，即“我们之所以为我们”的那些基本的东西。当一个机器人拥有记忆，它就已经被赋予了一种意识，开始拥有生命，成了一个生命体。在此意义上，图像的生命成了一个问题。

为什么要讲“生命图像”？墓葬当中的图像，如面具、雕像，其实都是一种化身。德布雷的《图像的生与死：西方观图史》对图像最初在文化、哲学、宗教维度上的内涵进行了非常详细的介绍。图像一开始是一种蜡像，蜡像的功能就是表达、代替，它是隐喻意义上的产物。它代替国王，让国王成为一个永恒的符号。因为国王的身体会腐烂，内脏去掉之后还是会腐烂，所以，后来人们索性使用蜡像，这样国王就永恒“存在”了。这样国王的形象就获得了生命，拥有了欲望，与此同时，另一种欲望消退和死亡，这是一个同步进行的过程。与此类似，我国古代有陪葬、献祭的墓葬文化。由于献祭的残酷性，后来人们用图像来替代人的肉身。由此可见，图像一开始出现在文化结构中时，就具有一种隐喻和代替的功能，它要代替另一种对象。在这个过程中，国王其实有两个身体，一个身体切实地经历着衰老和死亡，另一个身体则以象征的形式得以永恒。图像这种恒久的媒介占据着他身体的原本位置，最终，媒介成了身体。

社交媒体时代更有意思，我们一方面生活在现实里，另一方面生活在朋友圈、别人的服务器以及算法的算计欲望当中。我们今天所处的时代，出现了更为复杂的结构，元宇宙、VR 等，其实就是米歇尔所讲的图像 3.0 时代。这个时代已经来了，图像已经开始指向现实问题。如果说以往图像解决的是信仰问题，那么现在的图像不一样了。

五、对全书十二个重要概念的解读

（一）图像转向

图像转向背后，面临的就是图像恐惧，以及语言哲学中对形象的焦虑。这种焦虑不是现在才有的，历史上一直都存在，但凡我们开始对偶像或形象产生恐惧，图像转向就已发生。从古希腊到中世纪，到 18 世纪浪漫主义，再到 20 世纪，我们都在经历图像转向。就像米歇尔在书中所讲的那样，“图像转向是从词到象的转向，并不是我们时代特有的。然而，这并不是说图像转向都是一致的：每一次都涉及一种特殊的图像，在一个特殊的历史环境中出现”。图像转向对我们的时代具有独特意义，关系到学科知识的发展，是罗蒂“语言转向”的接续。形象已经成为我们时代的话题，不仅存在于政治和大众文化中，而且存在于关于人类心理和社会行为的普遍反思中，以及知识结构自身。形象理论和视觉文化理论在最近几十年中呈现出一系列新的研究转向，伴随着电子图像的疯长，VR、AI（人工智能）等技术在图像领域的广泛应用，图像转向在今天又蕴含着什么新的内涵和启示？

（二）形象与图像

形象是一个家族。潘诺夫斯基在艺术史学范畴理解形象，米歇尔所关注的则是复杂的形象体系。

图像与形象的区别表现在：图像是现实的，形象是非现实的、精神性的、建构性的，需要我们“认领”的一种视觉形式，如集体记忆并不是直接摆放在大脑中的，其往往是因为人走到情景中，触景生情而被激活的。可以说，图像是具有某种特殊支撑或在某个特殊地方出现的形象。图像是物质性的物，即你可以烧掉或破坏的物。一个形象出现在图像中，图像被破坏了，形象依然存在。形象可以被认为是一个非物质实体，一个幽灵般的、幻影般的显现物，它依靠某种物质支持而浮出地表或获得生命。特别补充一点，在这本书后面的部分，米歇尔提出，图像也可以称为形象。比如，一些图像被媒体反复报道，已经成为社会记忆的一种视觉符号的时候，图像本身就成了形象。“9·11 事件”中，飞机撞向世贸大厦是这个事件的决定性瞬间，该瞬间的照片被媒体反复报道之后，就成了一个标志。它本身上升成了形象，因为它完成了一种凝缩。“凝缩”是一个精神分析的概念，指的是完成一套隐喻化的浓缩过程。

（三）元图像

米歇尔提出元图像，旨在解决这些问题：媒介如何向我们说话或呼唤我们，而我们又是如何想象自己，回应媒介的？元图像就是解释图像的图像。元图像如同一个巨大的黑洞，吸引我们观看，并在这个过程中完成图像的自我解释。“元图像并不是特别罕见的物。当一个形象出现在另一个形象之中时，当一个图像呈现一个描绘的场景或一个形象时，如一幅画出现在影片中的墙上，或电视节目中展示某一布景时，元图像就出现了。”它是源于自身的一种图像，理解它不需要外力介入，它是一种属于自身的图像，自身就提供了一种解释框架。例如，对于著名的元图像——“鸭兔图”，不同背景与表层切换的时候，我们就会得到不同的图像。元图像是“图像想要什么”的最好代表，元图像是具有生命力的，它在不断地吸引我们观看。元图像是可以帮助我们超越语言中心主义的一种图像学知识，是一套本体论知识，有助于我们完整地从图像本身理解这个世界。

（四）克隆恐惧

“9·11 事件”中，飞机撞向世贸大楼那张照片非常经典。《维利里奥论媒介》这本书将它称为“影像帝国主义”，意味着对特定图像的垄断，我们不知道它什么时候会被“放”出来，而一旦进入公众视野，势必掀起新一轮的情感震荡。就像海德格尔所说的，这是一个摆置的结构，它会被摆置、推送到我们面前，但是我们不知道它什么时候会被推送到我们面前。它一旦到来，我们就会感到恐惧，由于我们无法预测它的出现，这种恐惧就一直存在，这一形象因而慢慢地支配了我们的恐惧体系，此即“影像帝国主义”。克隆恐惧与此有关，和生物图像一样，都是机器以计算逻辑制造出来的，目前已经泛滥。人类克隆繁殖的可能性已进入技术层面，这种可能性会使人联想到关于形象制造的传统禁忌，即以令人不安的形式创造人工生命。“以我们自己的形象”复制生命形式和创造活的有机体的观念，把神话和传奇所预言的一种可能性变成了现实，如科幻小说的电子人等。围绕形象的焦虑已经成为形象研究的核心问题。

（五）形象欲望与拉康的“三界”

拉康的三界，即实在界、象征界和想象界。实在界就是事物的原初状态，是无法借助意识来感知的原始状态，我们可以认为它是前语言的一种状态，就像是一个暗箱，只能接近它，但是我们不知道它里面到底有什么。齐泽克（Slavoj Žižek）在《欢迎来到实在界这个大沙漠》中认为，实在界是无法被触摸的，但是它顽强地“存在”着，如薛定谔的猫。在打开盖子之前，那只猫到底是死是活，我们无法确定。这只猫躲在暗箱里面，就意味着它进入了另外一个系统，这个系统就是一个前语言系统。当我们试图把握它、赋予它死或者活的概念的时候，我们就进入了象征秩序。理解它，要靠理性，靠我们的语言，靠我们的视觉，而理性、语言、视觉恰恰是象征界里面最顽固的东西，构成了象征界之所以为象征界的内容。当我们以这样一种方式触碰它的时候，我们就已经改变了它。当它在暗箱里面，你不知道它是什么时，它便处于潜意识中，而当你通过意识去把握它的时候，就破坏了它，所以它是无法被把握的。实在界是无法被完整把握的，语言一旦介入，对象就破碎了。

象征界就是一个秩序世界，一个被语言规则所支配的世界。事物携带着社会的各种规约体系，构成了我们的现实世界。象征界就是我们的现实世界，是我们能直接把握的、所生存的秩序化的世界。维特根斯坦说，语言都携带着社会的某种总体性。世界的秩序就是语言的秩序，世界的本体内涵，就是语言的本体内涵。所以说，世界是在语言的意义上存在的，语言构成了世界唯一可以触摸的形式，一种逻辑存在物。

想象界是我们意识投射的世界。比如，你感觉你的身材非常好，这时候网上突然出现“A4 腰”，你一比较，感觉自己的身材比 A4 纸粗了一点，这时候你对身材的优越感就没了。A4 腰，是象征界的，象征界努力避免让你成为那个完美的自己，努力让你觉得自己不完美。想象界是图像的世界，是意识投射的世界，我们基于这个世界的形象去发现主体性。想象界与象征界密切关联，优越感消失的瞬间就是连接的时刻。小他者和大他者，一直处在斗争当中，小他者努力让我们成为完美的自己，而大他者要阻止我们成为那个完美的自己。

想象界是图像和视觉形象的领域，图像要什么，也就是想象界要什么。我们以自拍为例，实在界代表着真实的自己，我们没法直接认识它，如疾病、痛苦、创伤等，我们需要通过表象系统来认识，但是难度非常大。象征界就是我们在现实中的体现，身体向世界敞开，处在文化系统当中，身体接受各种意义的入侵，各种商业化对身体的操纵与包装。从历史上看，我们的身体一直处在各种话语的操控中，所以我们的身体实际上是一个既定的秩序的表征，也是这个秩序作用的结果。想象界就是在美图工具里面，躲在美颜背后的世界，是一个美学意识投射的世界。

在这个三界结构当中，实在界虽难以把握，但依然在运作，只不过我们不知道暗箱里面是什么。关于薛定谔的那只猫，我们知道暗箱里面一定是有猫的，但不知道那只猫在那一刻到底是死是活。如果我们能够知道，那就不是一个暗箱，意味着它已经被纳入象征界，而它是无法进入象征界的。实在界就是一个暗箱，是一个地基，语言在这个地基上发挥作用，建起高楼大厦，建起万千世界，而这个万千世界可以理解为象征界。想象界的功能就在于调和实在界与象征界之间的对话关系，想象界跨越其他两界，通过本能（重复、再生产、运动、解脱）与欲望（固定、稳定化、束缚）之间的交叉点与它们结盟。所以，想象界就是图像的世界，想象界要什么，就可以推知图像要什么。

（六）建基性之物

建基性之物是基于重拾之物而言的。什么是重拾之物？成为重拾之物要满足两个标准：第一，它必须是普通的、不重要的、被忽视的、（在重拾之前）无人问津的；它不能是美的、崇高的、美好的、惊人的或明显超群的，否则它早就被挑选出来，成为“寻找”的对象；第二，重拾之物的发现必须是偶然的，不是刻意的或预先安排的。在艺术史中，在绘画中有很多重拾之物，如风景画、老妪等。但是重拾之物一旦被发现，一旦经历神化过程，一旦经历普通之物的重构以及艺术的救赎过程，就变成了建基性之物。可以说，重拾之物与建基性之物之间是可以相互转化的，转化的基础就在于被发现，被艺术化或被神化。所以，在艺术学视野内，建基性之物形成过程就是一些非艺术的东西进入艺术情景的过程。例如，在1850年的法国官方艺术沙龙中，出现了一幅3米 ×6米的巨画——《奥尔南的葬礼》。该画的内容是作者库尔贝的家乡奥尔南举办的一场葬礼。这幅画一经问世就引起了轰动，在这之后，甚至掀起了席卷整个欧洲的“乡巴佬”热潮，大量法国乡巴佬的形象开始出现在画作中。后来，人们将库尔贝掀起的这种画风称为“现实主义”。从这个例子中，我们可以看到重拾之物与建基性之物之间的转化过程：重拾的是“法国乡巴佬”这一形象，建基的是以“乡巴佬”形象为主角的“现实主义”绘画风格。也就是说，当我们以前忽视的某种形象被重新重视，并被赋予一定话语的时候，它就完成了自身转化，并且成为影响他人的物。但是，并不是所有的重拾之物的转化都像发现“乡巴佬”形象那样充满偶然性，有时候这种转化带有很强的目的性。转化过程暗示着另外一种生命的消亡，并且与社会产生一种欲求关系、需求关系。可以说，有些建基性之物是在社会需求、欲望之下有目的地生产出来的。例如，“敬礼男孩”形象的生产就是一种社会话语的生产。如果我们深挖建基性之物，或者将建基性之物的转化过程了解清楚，实际上就了解了社会性话语建构的过程。

（七）冒犯性形象

冒犯性形象要回答的问题是，什么因素使形象引发强烈的反感？冒犯性形象从根本上来说是不稳定的实体，其伤害程度取决于复杂的社会语境。也就是说，不同的社会语境以及历史背景下，对“何为冒犯性形象”的理解是不同的，冒犯性形象具有一定时间性。冒犯性形象并不都以相同的方式冒犯，一些是对观看者的冒犯，而另一些是对再现之物的冒犯。例如，我们可能会对某些画面感到不适，那么这个画面对你来说就是一种冒犯之物。网络上出现的一些恶搞名画的涂鸦作品，实际上就是对名画的冒犯。如果一个形象冒犯了很多人，早晚法律会介入。为什么国家要对网络暴力等图像进行规范？实际上说的就是这个道理。物不是要使形象消失，而是要把它留在身边，以新的方式表现，从而对形象及其代表的事物形成新的冒犯。讽刺漫画实际上就是在创造一种新的冒犯方式，对形象进行适当处理，换一种方式冒犯。

（八）物性与帝国

米歇尔将物性与帝国的历史相关联，将图腾、拜物和偶像纳入帝国主义和殖民主义的话语，透过这些物来看帝国的历史和逻辑。

物与帝国之间的关系主要体现在以下三个方面：第一，物在帝国图景中作为图像出现，叙事和行动让图像运动起来；第二，帝国通过生产物性建立起一种客观性话语，并以一个理想客体为目标，动员一切力量，将其化为自身的生命；第三，帝国主义一般采取权威和客观的观点，对各种物进行分类、保护以及合理排序。

偶像与帝国主义旧的行政区一致，这是通过政府和殖民化扩展的。偶像对帝国主义行政区的作用主要体现在两个方面：一方面，它是一个被竖起或推倒的区域标志，如游牧民的巴力（一个地方之神）；另一方面，它是率领征战的殖民者的偶像或形象。作为神的象征或实际化身，偶像是最有威力的帝国象征，表现出最大的危险性，并且提出最高需求——人类献祭。死亡是惩罚的形式。

与全能的偶像相比，物崇拜把物体当作仪式表演中的道具，而不是自由自主的物。物崇拜源于葡萄牙水手在西非遇到的仪式圣物，而非洲人使用拜物的方式多种多样：护身符、咒文、死亡和签署合同等事件。物崇拜很快在非洲贸易中成为艺术术语，欧洲人带到非洲的小装饰品和小玩意儿也都有了拜物之名。拜物不是象征性符号，而是生命活力的真实在场。

图腾出现在 19 世纪，没有偶像那么危险，也没有拜物那样具有冒犯性，一般属于自然物或再现物，很少被视为具有神力。

米歇尔将帝国主义的历史看作从偶像崇拜（政府和占领地域的帝国）到物崇拜（重商主义、航海帝国）到图腾崇拜（不列颠帝国的形式，综合了重商主义和领土拓展，贸易垄断和宗教传教的拓展）的发展过程。

（九）图腾崇拜、物崇拜、偶像崇拜

这是整个第二部分“物”里面非常重要的三个问题。米歇尔首先在学术脉络中对图腾崇拜、物崇拜以及偶像崇拜进行了概念区分，并对三者的学术论断进行辨析。第一种观点认为，三者的不同表述，强调的是同一个物体根据社会实践和叙事可以发挥图腾或偶像的功能；第二种观点认为，将三个概念进行严格区分，不在于提供绝对的位置性，而在于提供一种关系感——客观的物关系。米歇尔之后又从礼仪习俗、神学、观者、语言、时期等不同维度总结了三者之间的关系。①

① 米歇尔．图像何求？形象的生命与爱 [M]. 陈永国，高焓，译．北京：北京大学出版社，2018：213.

艺术学一直关心三个概念：第一个是icon，就是圣像问题或者偶像问题；第二个是picture，图像问题；第三个是image，形象问题。圣像问题是古代的、中世纪的，图像问题是现代初期的，形象问题则是现代的。三种崇拜物——偶像、拜物与图腾，恰恰对应着皮尔斯（Charles Sanders Peirce）所讲的三个符号形式——像似（icon）、指示（index）和规约（symbol），它们都揭示了符号和意义的逻辑关系。

像似指形象维度上的一种相似关系。指示就是一种指涉关系，其实跟拜物是一样的。拜物实际上具有极强的隐喻性，如金犊，既可以被视作偶像，也可以被视作一个物、一个图腾。当金犊表示上帝的时候，它就是偶像；当金犊具有某种价值的时候，它就变成了物，就是拜物、恋物；如果金犊成为一个文化消费符号，而且当它跟一个民族的民族性、身份性联系起来的时候，它就是一个图腾。物，其实可以在不同的维度上流动，这足以体现出我们所说的圣像、图像跟形象这三者之间有内在的流动性。这跟皮尔斯符号学的三分结构比较类似：像似，就是相似性；指示，就是指向某个东西；规约，意味着一种象征性的、约定俗成的认知结构，如语言就是在社会文化意义上的一种规约。这三者又可以进一步三分：像似符，也含有指示、规约的成分；指示符，又有像似、规约的成分；规约符，也有像似、指示的成分，这便构成了一个非常复杂的符号三分结构。像似、指示、规约分别对应的是想象界、实在界和象征界。偶像主要基于转喻的结构产生，拜物主要基于隐喻的结构产生，图腾主要基于象征的结构产生。

（十）米歇尔的媒介观

米歇尔不像麦克卢汉那样讨论媒介问题，即简单地聚焦媒介的物质性，也不像雷蒙德·威廉斯那样，将媒介定义为整个社会实践整体。米歇尔追求的是两者之间的平衡。如果狭窄地对媒介进行定义，局限在中介的空间或外观，那么我们就会回到物化的材料、工具、支持等层面。如果将媒介定义得过于宽泛，那么其涵盖的范围就太宽泛了。媒介其实并不在发送者和接收者中间，它包括并构成这二者。米歇尔试图在当代媒介理论较为混乱的情况下，提出一个令人深思的问题：如何对媒介“说话”。与麦克卢汉的媒介观不同，米歇尔的媒介观旨在揭示媒介是如何向我们说话或“呼唤”我们的，而我们又是如何想象自己并对媒介“说话”的。总体来看，米歇尔聚焦的是形象问题，只不过，米歇尔在讨论媒介中的形象的时候，将媒介的语言一起纳入讨论范围。米歇尔提出了关于媒介的十个命题。

（1）“媒介是一种从一开始就活跃在我们周围的现代发明”，讲的是媒介的历史问题，并且米歇尔强调的是现代和传统的以及所谓原始的媒介如何辩证、历史地联系在一起。

（2）“新媒介带来的冲击古已有之”观点有点像媒介考古学。米歇尔认为，其对于将媒介区分为新媒介和传统媒介助益不大。新媒介的出现总是伴随着技术的发展，但是我们同时应该认识到，新媒介的出现也伴随着技术恐惧。我们不应急于简单地给某物打上新旧媒介的标签，而是要看到技术背后的逻辑问题，即新媒介或新技术带来了什么，又毁掉了什么。

（3）“一个媒介既是系统又是环境”观点强调的是媒介的整体性。米歇尔从媒介的“中介性”出发，认为一个中介不仅是一系列在个体之间进行调节的物质材料、装置设备或符码，还是一个复杂的社会机构。它是由一系列实践、仪式、习惯、技能和技术，以及一系列物质客体和空间构成的。

（4）“媒介之外，总有东西”，这个观点与第三个观点相关联。米歇尔认为，每一种媒介都构建了一个相应的即时区域。在书中，米歇尔以《纽约客》的漫画为例进行分析，指出媒介不仅区分了我们的空间位置，实际上在更大的历史以及技术维度上，它还连接了一整套系统。最后，米歇尔提出了一个重要观点：新媒介并没有对我们的感官进行重新配置或者程序改编。

（5）“所有媒介都是混合媒介”，这也是他一直强调的——不存在“纯”媒介。我们不要说“电视是一种视觉媒介”，这容易让人产生误解：似乎电视只关涉视觉，但其实电视也包含声音元素。媒介的纯粹性问题出现在它变得自我指涉的时候，它放弃了交流的功能的时候。

（6）“头脑是媒介，反之亦然”，这强调的是精神生活经过中介处理，并在整个物质媒介得到实体化。我们与媒介之间具有相互构成的关系：我们创造它们，它们也创造我们。

（7）“形象是媒介的主要流通货币”，这点非常重要。我们讲述中国故事，就是为了打造一种形象、重塑一种形象体系。形象就是媒介的一种主要流通货币，如在一些跨媒介叙事当中，为什么某种图像能有顽强的生命力，能够打开一个更大的故事世界？道理非常简单，因为图像的流动能力是不一样的。IP 就是货币。

（8）“形象居住在媒介里”这个观点中有一个关键问题——元媒介，元媒介本身不能表示形式，不能跟具体的东西联系起来。元媒介要发挥作用，要去解释“媒介的媒介”，图像就是媒介的媒介，因为它在不同的媒介中流动，有一种顽强的生存能力，它本身就已经含有演绎出媒介的潜能。

（9）“媒介没有地址，也没有定位”观点讲的是媒介的形态问题。媒介不存在于一个特定的地点或东西中，它们自身就是容纳信息生长、传播的空间。

（10）“我们通过形象对媒介说话，媒介也通过形象对我们说话。”的观点关乎形象的问题，涉及形象的霸权、支配、控制，以及我们在形象维度之上建立的交往体系等。

（十一）视觉性

视觉研究应该做什么？它应该超越美学，超越符号学来处理一些新的命题。视觉研究有三个谱系：后现代性、图像学与艺术史、文化研究。这三个谱系汇聚的点就是视觉性。

不管是拟像还是奇观，其实都映射着社会的一个特点——视觉性的在场。视觉性不是指事物的可见性，它代表的就是海德格尔意义上的世界的图像化。“世界图像”是带引号的，它就是使物从不可见变为可见的那种运作的总体，表象之物如何被摆置到人的面前而揭示一种自成体系的规则，这就是现代性之本质，这就是世界被把握为图像的意思。所以，使“看”和“被看”都能够成为可能的那些条件，其实都处于这种总体性的范畴之中，这就是关于视觉性的一种理解。

但视觉研究可能会带来一个所谓的“危险的增补性”的问题。语言有这样一个特点：总在不断地衍生、派生出一些相近的词，它们往往寄生于另外一些词当中。这样会带来一个危险：在说话和写作的过程中，我们慢慢地没有了言说的欲望。我们往往因为走得太远，而忘记了当时为什么出发，我们离开了初衷，离开了那个逻各斯，超越了某些我们所设定的边界。比如，机械复制就是一种非常典型的危险的增补，一个事物出现，就破坏了原来的那种“领土”意识，这个其实跟我们技术哲学的很多观念都是比较相似的。

视觉研究的未来是视觉性，这本书里特别讲到：视觉的社会建构和社会的视觉建构，是同步进行的问题。这两个问题会成为我们理解视觉性最核心的问题。视觉的切入就是一种危险的增补，但是它完全能够打开一个崭新的空间，这就是米歇尔在最后提到的图像研究的一个可能的面向。

（十二）生控复制

米歇尔在《图像何求？》的最后将目光聚焦于当今数字技术以及生物技术的发展对于形象的影响，继而思考数字时代的形象生产问题。米歇尔重点回答了以下几个问题：生控复制是什么？艺术实践用它做了什么？

首先，生控复制的定义有狭义和广义之分。狭义和广义的生控复制涉及结合的过程，前者结合学科知识（计算机技术和生物科学），后者结合技术媒介和政治经济结构。生控复制已经代替本雅明所说的机械复制，成为我们这个时代基本的技术的决定性因素。如果说机械复制时代统治了现代主义的时代，那么生控复制（高速计算、视频、数字影像、虚拟现实……）则统治了我们称之为“后现代”的时代。

生控复制时代的影响主要体现在以下三个方面。

第一，复制中涉及的原件与复制品问题。本雅明认为，照片复制的到来使“光晕衰退”，即原作品的独特存在、权威性与神秘性的失落。在本雅明那里，机械复制产品缺少灵韵。米歇尔却认为恰恰相反，生控复制颠覆了原件与复制品的关系。米歇尔认为，在一个连“独特的原件”看起来都像是虚构的世界里，复制品很有可能变成所谓“原件”的改良或增强版本。例如，对声音和影像的数字复制完全不会损害到原始材料的生动性或逼真度，反而可以对原始材料进行优化。照片也可以通过重新冲洗或者利用 PS 软件的相关功能进行瑕疵处理。

第二，改变了艺术家与作品、作品与新工具带来的新模式之间的关系。米歇尔借用了本雅明关于手工与机械复制时代的类比，即魔术师与外科医生、画家与摄影师。在生控复制时代，虚拟场景的使用以及技术的进步，使得机械复制时代的外科医生可以远程操控，机械复制时代的摄影师被虚拟空间与电子建筑设计师取代。艺术家与作品以及物质现实之间的关系变得紧密，通过直播、影像资料的传播等形式，艺术家的作品成为互动的窗口，观众与艺术家产生了实时的互动关系，并且观众不断地影响着艺术家的行为。

第三，改变了时间观念。我们生活的时代充满了期望与焦虑。所有事都即将发生，也许已经发生了，只是我们没有注意到。最具代表性的案例是关于战争的认知。战争这一充满戏剧性、决定性的历史事件，如何拥有不确定以及模糊的外形？在伊拉克战争中，整个美国社会弥漫着战争的阴影，敌人不在视线之中，但又无处不在，他们没有确定的领土或身份，新闻报道没有对敌人的身份进行具象描述，人们只有敌人的概念。作为媒介事件，战争又充满了不真实感与不信任感，战争行动存在，但是前线在哪里？后方在哪里？目标是什么？这些都是不清晰的。实际上，战争已经构成了一种永久的紧急状态。

六、讨论与问答环节

韩晓强：刘涛老师讲的其实不是一本书，而是三本书，他从《图像学》一直讲到《图像何求？》，提到了形象和图像的关系。米歇尔留下了一个很大空间，可能给动态的图像留了一些位置。如果从元图像出发的话，是不是可以把一些东西架构起来？比如，通过德勒兹的实在和潜在，是不是能通向元宇宙？也就是说，不光是人工图像的问题，有没有可能通过影像本身的实在性与潜在性通向元宇宙？

刘涛：这几本书当中的确可能留下了一些图像的讨论空间，可能还会有其他思考和切入点。米歇尔后面写的相关文章并没有把元图像作为一个理论话语来加以使用，但在思考图像转向的时候，他指引了一条超越语言中心主义的可能认知路径。

韩晓强：米歇尔在提元图像的时候，柏拉图“洞穴比喻”可能是最浅显、最基本的一种理解，但他谈的元图像应该不是在这个意义上谈的。米歇尔其实没有提到沃尔海姆的“视知觉”问题。那么从纯粹的图像伦理认识论出发的话，元图像到底是什么样子的？

刘涛：米歇尔在建构这个图像理论的时候其实非常朴素，他就想在语言之外寻找另一种形式，看看图像自我展现的可能性。以往的图像都处在表征结构当中，或者处在某种权力的模型中，它是被解释出来的，是被表征出来的，它的解释必须依赖于外在的某个东西，如结构主义意义上的意识形态。或者说，图像只有被纳入符号学的体系，被纳入图像学的体系，被纳入文化研究的体系，才能发挥作用。因此，米歇尔想让图像本身成为理论的载体，成为自身的载体，这就是“图像的图像”概念的由来。他可能比较关注从根本上，使得图像能够成为图像的规约性是什么。在这个逻辑上思考图像问题，图像就超越了语言，可能会酝酿出一个新的可能的中心问题，类似于语言有独立生命。我们以往基于语言中心的认知模式，其实禁锢了人对图像的理解，图像还是按照语言框架被阐释出来的。

那么，如何构建一个关于图像自身的理论？米歇尔想知道图像自己能不能说话，他使用的工具就是元图像。在我看来，米歇尔谈元图像的时候，其实主要是在强调他的这套图像理论，他需要找到一个根本性的解释模型。类似于从柏拉图的洞穴隐喻当中看到哲学元图像，他把这些东西纳入自己的认识体系，从而让他的理论体系进一步合理化。他要跟潘诺夫斯基的艺术史的体系有所区别，也要跟符号学、阐释学、文化研究拉开距离，所以，他必须找到一套让图像能够成为其自身的模型。他就在历史的图像印记当中，发现了元图像模型，然后基于这个模型进一步延伸，指出了形象的生命问题。当这个图像能够成为它自己的时候，我们才能谈到生命。为什么图像会有生命？它的依据是什么？理论可以追溯到什么地方？首先，必须让图像从语言的牢笼中挣脱出来，之后才有谈生命、谈欲望、谈活力的可能性，以及把欲望、生命、活力置于一个更大的认识结构当中加以考虑的可能性。

听众：想象界属于图像范畴，象征界属于语言范畴，是这样吗？

刘涛：按照米歇尔的观点，想象界属于图像范畴，象征界属于语言范畴。但是准确来说，象征界是由语言支配的，语言在其中具有统治性。我们的现实世界是由各种规则、规范所规约的，语言当然是最基础性的构造物。但是语言、图像和象征界、想象界之间不是一一对应的关系。米歇尔也承认，“想象界远远超越了自身的界限，充斥于象征界”。想象界是图像和视觉图像的领域，但是这里的图像和视觉图像实际上是一种意象，是一种认知图像。维特根斯坦所说的命题图像论，实际上讲的是语言和图像的关系问题。我们现在所说的概念等，也是基于对语象的认知处理后的结果。语象就是语言和图像的间性问题。大家如果对图像修辞有研究的话，会发现图像在符号学层面上也是具有象征功能的。所以不能简单地将两者看成一一对应的关系，实际上中间有很多间性的问题。

听众：元宇宙是否会撼动图像问题？它会撼动图像问题的根本，还是仅仅带来形式上的变化？它会带来何种新的图像危机？

刘涛：关于元宇宙这个话题，如果大家仔细看《图像何求？》后面关于“生控复制”的相关内容，就会知道它的生命力还是蛮顽强的。我们今天讲元宇宙的时候，其实就是说虚拟和现实深刻地嵌套在一个结构当中。我们原有的理解是，现实和虚拟是一个对立的结构，这两个世界不一样，不可能黏合在一起。但是元宇宙打破了我们原有的认知体系，现实的对立面不是虚拟，而可能是“现实虚拟”，现实和虚拟不是对立的关系。这样的话，我们可以把很多东西统摄起来。

我们可以设想一下，今天的形象，如果以“场”的方式呈现会是什么样子？这个形象可能不是通过眼睛加以认识的视觉形式，也不是我们大脑中所形成的某种精神图像的显现物，而可能是一个场景。它如果以“场”的方式存在，就可能打通了很多东西。比如，透过场景，我们可以突然间进入一个新的世界，就像电影《头号玩家》的主角一样，在戴上VR的瞬间进入另外一个世界。其实很多形象并不是单独出现的，它携带着逻辑、关系、规则、故事、细节，从而以“场”的方式存在，即形象可能本身就携带一个“场”。这样它就已经成为元宇宙意义上的图像了。

在这个维度上，元宇宙可以帮助我们更好地理解今天的图像时代。换句话说，图像是有欲望的，它是有生命的。元宇宙中的虚拟形象，尝试嵌入现实图像，并将现实纳入其中的那种欲望，恰恰是未来媒介的一种实践逻辑。就如同书中一开始所举的例子——电影里的那个女人张开嘴，将观看的人吸纳进去，未来媒介有一种强大的占据力，试图打破边界。我们会看到形象本身就在破界，它蕴含着这样一种欲望。当然，这是一个意象隐喻，但我还是强调，当形象以一种“场”、一种景观、一种情景、某种仪式出场的时候，它就可能可以和元宇宙所试图搭建的那种“场”的内容对接起来。

至于元宇宙会不会撼动图像的问题，我们可以这么去理解：在认识图像的时候，为什么我们会把雕像、建筑等纳入图像范畴？换句话说，这种场景本身也处在一个图像的体系当中。例如，在视觉修辞研究中，“场”本身也是研究内容。并非只有摆在我们面前的静态的，或者有边框的东西才是图像。行走在一个博物馆中，人就置于图像的结构之中，所观看的内容构成了连续的图像。所以我们要考虑的是一种观看结构，这是我们做图像研究非常重要的一个切入点。我们不仅看这个图像或这个画面是什么，而且研究嵌入了主体的观看结构是什么。这样的话，我们就会把很多空间问题纳入一个新的认知体系。博物馆里面的摆放，实际上是有一定语言逻辑的。你只能按照这样一个逻辑去完成对某个事物的认知，然后才能继续前进，获取新的知识，这个过程就是一种视觉实践。只不过要研究这样一个过程，需要把主体实践的维度也打开，这样的话，我们才能看到一个更丰富的图像世界，或是景观世界。

所以，元宇宙实际上创造了一种沉浸式的视觉体系。我们在现实当中的思考本身就是360度的，视觉问题本身就已经隐含了将主体的行动纳入结构的深意。元宇宙所确立的观看结构，跟我们在现实中的观看结构可能会有一点点区别。我们可以在观看结构的差异性上寻求突破，但是观看结构本身应该是相同的，只是可能在具体的内涵上会有一点点差异。元宇宙可能会带来一些新问题，因为它不再是生产或复制图像，而是在生产场景，在生产一种身体实践、一种具身关系。

【本讲回顾】

本讲围绕 W.J.T. 米歇尔的《图像何求？》一书展开，探讨了图像作为具有生命与欲望的能动者，如何超越传统符号学和文化研究的解释框架。米歇尔提出图像转向并非当代独有，而是历史上反复出现的现象，其核心在于图像如何通过相似性和元图像摆脱语言中心主义的束缚，形成独立的解释逻辑。

书中将图像分为形象（非物质性）、物（物质支撑）和媒介（象征系统）三个维度，分析了克隆恐惧、建基性之物、冒犯性形象等案例，揭示图像如何通过流动与压制他者获得生命力。

本讲还澄清了四大关键理论问题：①海德格尔的世界图像时代实为技术哲学命题（表象系统的“摆置”），非视觉泛滥现象；②米歇尔所说的图像转向源于维特根斯坦的语言焦虑与历史性形象恐惧（如中世纪圣像破坏运动）；③米歇尔的元图像理论超越维特根斯坦的逻辑图像论，旨在建立图像自我指涉的本体论；④相较潘诺夫斯基艺术史图像学，米歇尔聚焦形象的意识形态流动。

【要点小结】

1. 图像即欲望主体：图像渴求生命力，通过压制他者形象实现传播增值，其欲望机制需置于拉康三界（实在 / 象征 / 想象）中解读。
2. 元图像的自反性：元图像是自我阐释的视觉黑洞，打破语言中心主义，为图像本体论提供认知基础。
3. 物的帝国编码：图腾 / 偶像 / 拜物（如金犊）是殖民话语载体，重拾之物经艺术神化转化为建基性符号，暗含权力再生产。
4. 形象—物—媒介的三元结构：形象依赖物质载体（物）与象征系统（媒介），三者共同构成图像的生态（如克隆图像、图腾崇拜）。
5. 视觉性的双重建构：视觉性既是社会建构的产物，也是社会的视觉化再生产，指向海德格尔技术哲学中的“世界被把握为图像”。
6. 元宇宙与图像未来：元宇宙以“场”的形式模糊虚拟与现实，图像的欲望表现为打破边界、嵌入现实的实践逻辑（如沉浸式场景）。

【拓展阅读】

1. 米歇尔 . 图像学：形象，文本，意识形态 [M]. 陈永国 , 译 . 北京 : 北京大学出版社 ,2020.
2. 米切尔 . 图像理论 [M]. 兰丽英 , 译 . 重庆 : 重庆大学出版社 ,2021.
3. 克拉里 . 观察者的技术 : 论十九世纪的视觉与现代性 [M]. 蔡佩君 , 译 . 上海 : 华东师范大学出版社 ,2017.

【思考题】

1. 什么是生控复制？生控复制时代的艺术品和机械复制时代的艺术品有何异同？
2. 米歇尔对媒介有过哪些论述和观点？请通过《图像何求？》一书尝试进行总结。
3. 米歇尔所说的图像转向是什么？它与海德格尔的世界图像时代有什么样的关联？

第五讲

中介化一切：社会建构的媒介学路径及其理论

——戴宇辰领读《现实的中介化建构》

图5-1 《现实的中介化建构》封面①

领读书籍：《现实的中介化建构》（*The Mediated Construction of Reality*）（见图5-1）。

内容简介：在数据处理驱动的数字媒体和社交媒体平台中，需要重新思考社会理论。彼得·伯格（Peter Berger）和托马斯·卢克曼（Thomas Luckmann）出版经典著作《现实的社会建构》五十年后，媒体社会学家尼克·库尔德利（Nick Couldry）和安德烈亚斯·赫普（Andreas Hepp）重新审视了社会理论，追问日常世界在数字媒体中建构的过程。他们试图探知：数字媒体深入参与社会建构过程意味着什么？数字媒体导向了一个稳定宜居的社会，还是一个越来越不稳定和不宜居的社会？

站在深度媒介化时代"一切都已经中介化"的立场上，本书从"媒介为什么重要"切入，抓住《现实的社会建构》几乎只字未提"媒介"的软肋，重新回答"人类如何建构社会"这一经典问题。本书发展了现象学中的洞见，将现实中的"中介建构"理论化，勾勒出秩序受到威胁的空间，批判地审视媒介和社会的相互影响关系，对媒介与传播研究和社会理论作出了关键性的学术贡献。

作者简介：尼克·库尔德利，英国伦敦政治经济学院媒体与传播系教授、美国哈佛大学伯克曼·克莱因（Berkman Klein）互联网与社会研究中心兼职教授、麻省理工学院客座教授。他是主攻媒介与文化的社会学家，他将媒介视为实践的理论在全球产生了很大影响。他出版的主要著作有《媒介仪式》（2003）、《媒介、社会与世界》（2012）、《现实的中介化建构》（2017）、《连接的代价》（2019）、《媒介为什么重要》（2020）。

安德烈亚斯·赫普（Andreas Hepp），德国不来梅大学媒介、传播与信息研究中

① 库尔德利，赫普．现实的中介化建构[M]．刘泱育，译．上海：复旦大学出版社，2023.

心主任、教授。英国伦敦政治经济学院、法国巴黎第二大学、美国斯坦福大学等高校客座教授或访问学者。他是深度媒介化理论的奠基人，专攻媒介社会学和传播理论。他出版的主要著作有《媒介化文化》（2013）、《现实的中介化建构》（2017）、《深度媒介化》（2020）。

领读者：戴宇辰（华东师范大学政治与国际关系学院副教授）

主持人：曾国华（中国社会科学院新闻与传播研究所副研究员）

讲座时间：2021 年 12 月 12 日

文稿整理与校对：高山、葛家明

一、有别于美国传统的“欧陆媒介社会学”

本书作者尼克·库尔德利（见图 5–2）和安德烈亚斯·赫普（见图 5–3）是当代欧陆媒介社会学理论的两位重要“扛旗人”。其中，库尔德利是新千年以来欧陆媒介研究重要的学者之一，提出了媒介仪式、媒介实践、媒介化、数据殖民主义等核心理论。赫普是不来梅媒介研究学派核心成员，传播型构研究小组建立者，提出了深度媒介化、传播型构等核心概念。他们共同引领了欧陆媒介研究。

从学术脉络上来看，库尔德利和赫普所代表的欧陆媒介社会学传统与美国 20 世纪 60 年代发轫的新闻社会学有着显著差异，也与以伯明翰学派为代表的媒介文化研究传统存在明显分界。在美国的新闻社会学派中，有一批耳熟能详的代表性学者，如赫伯特·甘斯（Herbert Gans）、盖伊·塔克曼（Gaye Tuchman）、迈克尔·舒德森（Michael Schudson）等，他们主要针对新闻生产或新闻机构进行社会学层面的分析。可以说，美国的新闻社会学以具体的经验性问题作为学科界定标准。但欧陆媒介社会学传统则有所不同，是以具体的理论问题作为媒介社会学界定标准。此外，欧陆媒介社会学研究也与媒介文化研究传统存在明显区别。前者聚焦于媒介技术的物质性及其激发的社会实践，而后者多是对媒介文本内容的意识形态进行解读，如斯图亚特·霍尔（Stuart Hall）所作的编码与解码研究，都是聚焦文本层面。

图 5–2　尼克·库尔德利

图 5–3　安德烈亚斯·赫普

从中，我们可以看到，欧陆媒介社会学研究与美国的新闻社会学、欧洲的媒介文化研究之间都存在学术脉络上的断裂。但是，欧陆媒介社会学是近三十年才走入学界的，它在学术脉络上跟欧陆哲学的关联更为密切。欧陆媒介社会学的独特风格就体现为它与欧陆哲学的思辨传统一脉相承，力图在更加抽象的层面对媒介与社会问题进行思辨性的总结。

作为两位学者的代表性专著，《现实的中介化建构》这本书显著地反映了欧陆媒介社会学传统的风格，并致敬与回应了伯格、卢克曼的《现实的社会建构》一书。可以说，库尔德利和赫普两位学者在五十年后重访了由伯格、卢克曼确立的现象学社会学传统，并结合他们前期所做的媒介化理论研究，提供了媒介理论学者的洞见。

本书是媒介理论与社会理论的第一次系统性“对话”，也是近二十年媒介化研究的总结性著作。不同于经典传播学“使用—效果”范式，它努力与基础性社会理论展开对话，延续了胡塞尔（Edmund Husserl）—舒茨（Alfred Schütz）—伯格和卢克曼的“现象学社会学”脉络，是一本以媒介化为前置背景的社会理论著作，具有丰富的学术价值。

令人钦佩的地方在于，两位作者都努力跳出传播学的视野，尝试与社会理论进行对话。回过头来看，在传播学的学科框架内，媒介往往被视作各种社会效果发生的重要因素；但在社会学范畴内，讨论社会问题时研究者常常关注的是政治机制、文化机制、意识形态机制或传统习俗机制，媒介很少被看作具有独立力量的某种机制。因此，本书的两位作者其实做了跨越学科边界的事情，他们真正地尝试去提供媒介理论式的社会理论，真正地从社会本体论的层面提供来自媒介学者的理解。当然，无论这种尝试是成功的还是失败的，这种尝试本身表明他们有理论抱负。因为传播学的发展常常是以社会科学为参照的，它常常受到其他学科的滋养，很少能反哺社会学或与其他学科对话，所以说，本书探寻的理论是一种难得的学科间的对话。

此外，阅读本书也有助于培养回归理论脉络的阅读方法。

二、现实的社会建构如何变成一种中介化建构？

本书的核心问题意识是，媒介化的技术—经验现实下，现实的社会建构如何变成了中介化建构？围绕这一问题意识，作者用四个部分搭建起本书的逻辑框架。

第一部分为“绪论”，介绍了作者的问题意识和理论目标。

第二部分为“建构社会世界”，书中完成对伯格和卢克曼的“理论接棒”工作，提纲挈领地完成基础理论逻辑架构，这部分也是阐述全书核心观点的部分。

第三部分为“社会世界的维度”，这部分对社会的机制化或结构化层面作出分析，包括了空间、时间、数据等三个具体的方面。

第四部分为“社会世界中的能动作用”，这部分转向微观分析，有别于宏大的结构或机制，这里对行动者的能动作用作了剖析，落脚于个体、集群、秩序等层面。

整体看，本书的框架是非常典型的社会理论书写的框架，从机制层面讨论到行动层面。

而本次分享，主要集中讨论第一章到第四章的内容，以此厘清全书的问题意识和逻辑框架。

（一）本书的问题意识与理论目标

在绪论部分，两位作者首先发问：what's wrong with 'social world'？（社会世界有什么问题？）回到我们的经验视野，现实世界发生的最大变化就是，大量的数字媒介技术开始介入我们的生活。在很多年前，就有学者提出网络化生存、数字化生存、网络化社会等概念，其实都表明这样一个问题——技术已经与生活深度绑定。

在舒茨、伯格和卢克曼那里，社会世界是由各种各样的交互主体建构的，"此时此地"的日常互动建构了"至尊现实"，而其他现实都是"至尊现实"派生的。这也是"生活世界的现象学"的基本观点。正是各种主体的交互建构，才形成了微观层面的"social world"（社会世界）的概念。

但库尔德利和赫普发现，今天的日常互动都需要各种各样的媒介作为"中介"，在此情况下现实建构过程显示出前所未有的中介性。伯格和卢克曼的时代仍是大众媒介的时代，现在各种数字技术成为我们互动的中介后，social world 会发生什么变化？这着实是一个有价值的命题。因此，伯格和卢克曼的理论有待更新，今天所说的行动不再是伯格和卢克曼所称的微观互动，其不断地与各种媒介条件及相应的基础设施挂钩，被媒介形塑，mediated（媒介化）由此成为非常关键的影响现实建构的因素，催生本书核心概念——"现实的中介化建构"。

要达成上述的理论雄心，就必须嫁接媒介理论与社会理论。在此言路之下，库尔德利和赫普认为，传播已经成为社会建构的基石或是底座（building-blocks），那么媒介就必须被社会理论学者重新思考，因为它本身就是一种重要的社会理论。比照詹姆斯·凯瑞的"传播仪式观"理论就可以理解传播为什么是社会建构的基石了。其实，这本书要表达的是社会互动已经存在于各种各样的传播过程、传播行动以及传播意向之中了，它不再仅仅是生产者和受众之间的某种简单反馈。在此基础上，要讨论和发展社会理论，就离不开对媒介和中介的关注。况且，不能像传统社会学那样，把媒介理解为偶然性、非制度性因素。两位作者甚至认为，只有被媒介理论转换，社会理论才能继续有效。

为了嫁接媒介理论与社会理论，库尔德利和赫普提出要"走向物质主义现象学"（towards a materialist phenomenology），关注嵌入现实建构过程的物质化维度（如限制、可供性等）。需要注意的是，这里所谈论的现象学并不是"技术现象学"，不要与海德格尔、唐·伊德的理论挂钩；我们这里的现象学属于"现象学社会学"范畴，是从胡塞尔、舒茨、卢克曼的脉络一路承袭下来的。这里可以稍微解释一下"物质主义现象学"。现象学的基本观点是，现实建构是一个"社会化"过程；而物质主义现象学关注的是上述社会化建构过程中的"物质性"的维度，关心各种物质性的媒介技术是如何嵌入社会化建构过程的。所以，"物质主义现象学"的研究路径简单而言就是思考"各种各样物质性元素怎么嵌入中介化建构过程的"。

作为本书提出的一种理论框架，“物质主义现象学”不是无中生有，它需要跟前人的相关研究对话。于是，两位作者梳理了伯格、卢克曼、卢曼（Niklas Luhmann）和拉图尔（Bruno Latour）等人的讨论，并总结了他们的贡献与局限性。首先，两位作者对伯格和卢克曼观点的评价，认为他们将“中介化互动”理解为社会互动的附属。《现实的社会建构》一书中所提及的社会互动都是现实的、面对面的互动，而基于媒介或中介的互动都是细枝末节层面、非常不重要的互动，未被重视。其次，本书讨论了卢曼的思想，卢曼关注到了“技术及其功能性分化”的问题，每种技术都会带来现实的功能性分化，但卢曼的观念也较为绝对。最后，两位作者谈及了拉图尔的观点，“社会并不存在”是一个值得认同的观念。拉图尔所说的现实，不存在一个至尊的或制度化的社会，社会不断被建构或运作出来。但拉图尔的观点也有问题，就是他只作描述，没有谈及行动的意义问题。在此评述基础上，两位作者引入埃利亚斯（Nobert Elias）的“型构”概念，将其作为一种中层理论概念，来弥补卢曼和拉图尔的理论缺陷。

（二）本书的理论框架

在理论框架搭建部分，库尔德利和赫普首先分别重新界定了传播与社会世界。他们认为，传播过程是社会建构的基础性过程，并且与各种媒介密切相关。无论任何社会行动，都可以理解为一种具有传播意图或交互指向的行动。

这一部分也指出，前人所理解的“社会世界”，或是一种隐喻，或是某些狭隘的社会领域（如政治、经济、文化等），他们的理解总是落入或笼统或狭隘的误区。只有在现象学社会学的层面理解社会世界，才能避免上述的局限。在现象学社会学视野下，社会世界具有以下特点：①它具有交互主体性（intersubjective），指社会生活或者社会世界其实是人与人的世界，它是一个交互主体性的世界，这一观念主要来自舒茨；②日常现实是社会世界的根基，社会世界是由日常现实构成的，这一观点主要来自伯格和卢克曼，日常现实（everyday reality）就是社会世界的一种至尊现实；③社会世界内部是分化的，可以分化为不同领域，媒介在这个分化过程中起着双重作用，既激发了分化，又稳定了分化。

可以说，行动者本身的能动性也在社会建构中起到了重要作用。因为存在各种各样的“实践模式”，且这些模式跟媒介高度相关，所以媒介在社会世界的建构中扮演着重要角色。但是本书也指出了，现实的社会建构过程具有不稳定性或不确定性，原因就在于不同的行动者参与其中，以及存在不同模式。

在今天，当媒介和传播参与现实的社会建构过程时，社会世界就具有了中介性。库尔德利和赫普利用“中介性”这个概念反思舒茨意义上的“周遭世界”（world of consociates）与“共在世界”（world of contemporaries）。舒茨认为，人类的活动主要在周遭世界展开，共在世界其实跟我们没有太大关系；本书的两位作者则认为，当我们认识到社会世界被中介建构时，这个中介就不光改变了周遭世界，还改变了共在世界，由此，共在世界也与我们建立了联系。

具体来说，媒介通过两个物化维度——materialization（物质化，即固化许多关于媒介的客观观念和知识）和 institutionalization（制度化，即规范具体的社会实践）——来改变周遭世界和共在世界。两个物化维度在改变社会世界中发挥了重要作用，客观上推动了“物质主义现象学”（a materialist phenomenology）概念的提出。所以，我们今天所谈的现实建构就是一种媒介所主导的中介建构，而不是伯格和卢克曼所设想的那种社会建构。

（三）媒介化与中介化

媒介化和中介化是两个存在差别的概念。这里，通过以下图表可以对这两个概念进行甄别。从中不难看出，第一种互动模式，行动者 a、行动者 b 的互动可以视为实践 A，这是一种非中介化的互动；但当媒介介入行动者 a 和行动者 b 的互动关系时，就形成了第二种模式；在第三种模式里，媒介本身成为行动者，其以自身的逻辑影响了行动者 a、行动者 b 的互动，导致了一种新的实践进程，即实践 B 的出现。第二种模式和第三种模式的不同之处就是媒介逻辑在互动中是否起到作用。

互动模式	互动类型
行动者 a——行动者 b→实践 A	非中介化
行动者 a——媒介——行动者 b→实践 A	中介化
行动者 a——行动者 c（媒介）——行动者 b→实践 B 媒介逻辑	媒介化

图 5-4　社会实践的三种互动模式①

在本书的理论建构过程中，媒介化充当了现实的中介化建构过程的经验背景。两位作者认为，媒介化并非近几十年才出现的现象，而是作为一种浪潮早已出现在社会历史的进程，经历了机械化、电子化和数字化等不同层面的历史变迁过程。当下我们所面临的媒介化是一种“深度媒介化”（deep mediatization），在这种深度媒介化中，以往不同层面的媒介化过程汇聚在一起，形成“媒介组合”（media manifold）。如何理解“媒介组合”？经验层面是比较容易理解的。举个例子，手机不仅是一种通信媒介，它还可以发挥电视、电脑、电玩游戏等媒介的功能，在此意义上手机就是一个媒介组合。媒介组合带来的变化是，以往波动的三个阶段（机械化、电子化、数字化）在当下的数字时代全都汇合在一起了，这也是数字被媒介视为元媒介的原因。上述种种过程，正是现实的中介化建构在社会

① 戴宇辰 . 媒介化研究的“中间道路”：物质性路径与传播型构 [J]. 南京社会学科，2021(7).

历史中具体的经验背景。

（四）解决中观问题的现象学社会学理论

接下来，两位作者抛出了一个中观层面的重要问题——在现实的中介化建构过程中，社会链条发生了怎样的变化？出现了什么样的转译？这一点，正是伯格和卢克曼的《社会的现实建构》一书中忽略的部分。

为了“接棒”伯格和卢克曼的理论建构工作，库尔德利和赫普援引了众多理论研究者的观点，其中最重要的一位学者是卢曼。他们认为，以卢曼为代表的一批学者所秉持的是“复杂性理论”，而这种“复杂性理论”又时常表现出某些局限性。具体来说，卢曼等人所讨论的社会链条往往停留在隐喻层面，缺乏社会行动者解释的空间，论述也比较武断。此外，卢曼等人关于社会链条的讨论也只是根据一种拓扑学的思维，只讨论节点与节点之间的连接，没有看到那些“稳固的不变性”（enduring invariances）。为了解决这种局限性，库尔德利和赫普引入了诺伯特·埃利亚斯（Nobert Elias）的型构式路径，将“型构”视为现实的中介化建构过程中新的社会链。

那么，怎么界定埃利亚斯意义上的型构呢？两位作者认为，型构既不是网络化的也不是集聚式的。在他们那里，网络化与集聚式被看作理解社会链的错误方式——网络化隐喻偏向机制化的讨论，与曼纽尔·卡斯特（Manuel Castells）的网络社会理论有些接近，但网络化隐喻只讨论了行动者在结构中的位置，忽视了对行动所指向的意义的讨论；集聚式虽关注到了一部分行动意义，但缺乏对行动位置的讨论，没有深入至稳定化机制或本体论层面展开讨论，这一方式只是无穷无尽地聚集，就像德兰达（Manuel DeLanda）对涌现性聚集的关注。上述两者都是非常极端的做法，型构则是两者的中间路径，它是一种“交错化的过程形式”，是一种差不多稳固的个体互动，这种互动过程可以产生一些具体的社会意义。两位作者引入型构这一概念，就是要超越网络化和集聚式等这样的旧概念。

如何理解型构？这里可以举一个打牌的例子，打牌就是一种非常典型的型构，体现为交错的互动关系。不同行动者汇聚于牌局中，在网络和聚集之间存在着一种结构，就是打牌的规则，我们每个人都要遵循既定的规则，不能乱打。规则或结构规定了如何出牌、牌大牌小等。我们每个行动者都有一个网络中的位置，需要以这个行动位置为出发点打牌，进而进入网络。但我们也都知道，如果在打牌过程中过于循规蹈矩或是完全遵循规则，那就没办法获胜了。所以，每个行动者又会制定策略，策略往往是根据对牌局的理解、对对手心理的判断、对自己手上牌力的判断等制定的，这样看，打牌的策略其实是有很多种的，有无限的可能形式，这本身其实就是一种聚集。有时作为牌局的旁观者，会感叹这牌打得如此胶着，其实也是注意到了牌局中“交错变化的形式”，注意到了个体互动的位置及其无限可能。因此，型构的意味也就在这里体现出来了，很好地介于网络和聚集之间。

这本书进一步提到，传播参与到了现实的中介化建构，因此，两位作者认为，型构也走向了一种“传播型构”（communicative figuration）。传播型构的三个特征包括：一系列行动者、相关的指引和主题、传播实践。在社会变化过程中，不同社会分化中存在不同的传播型构，不同传播型构中也存在关系，此外，传播型构中也包含了权力与社会认同。

三、总体的评价：新路径与局限性

最后是对本书的一些评价。首先，这本书为我们提供了一条理解媒介物质性的现象学社会学路径，不同于基特勒等人从技术哲学的角度去理解物质性。今天，对媒介物质性的讨论很多，但我们需要明确我们在什么样的取向或路径下来理解物质性。其次，这本书体现了传播学者跨学科理论对话的“勇气”。我们对传播学的理解不能限定在自己学科的狭小领域，应当跨出去辐射到社会学、哲学、文艺学等学科，在更广泛的领域理解传播与媒介。再次，这本书也为理论写作提供了一条基于脉络而非观点的“范本”，它立足于理论的骨骼来书写，是一种有益的尝试。最后，这本书中提出的传播型构的概念，在一定程度上启发了研究者形成媒介化经验分析框架。

从批判和反思的视角看，本书所呈现的理论，仍然处在社会建构主义（social constructivism）脉络之中，并未实现超越，创新方面有一定局限；本书的两位作者仍是在伯格和卢克曼，或者说舒茨开创的现象学社会学的脉络中讨论问题，然后做了一些技术时代的增补，但是他们没有形成一个隶属于他们自身的库尔德利式的或者赫普式的理论。这反映出媒介化研究的根本问题，即理论和经验之间的错位，没有解决媒介多大程度上是一种独立“机制”的疑惑，在理论的“自洽性”方面还有进一步挖掘的空间。此外，书中将埃利亚斯的型构概念嫁接到现象学社会学，可能存在一些脉络上的断裂和突兀问题。

四、讨论与问答环节

曾国华： 戴宇辰老师着重介绍了《现实的中介化建构》这本书的底层逻辑，即为什么要读这本书、如何与社会学的传统理论对话、这本书的写作方式和基本框架等，令人很受启发。

结合我自己的阅读，可以做一点回应。我在 2016—2017 年讲授“媒介与社会变迁”这门课时就提出过，媒介化理论在很大程度上是一种过渡性的理论，原因在于媒介化理论的许多论述是一种表象主义的论述，探讨媒介如何作为一种广义的建制化的存在，渐渐地与社会整合在一起，然后思考这个过程的意义在哪里。基于这一问题的思考，媒介化理论的阐述实际上衍生了多个分支，如北欧、德国、英国、美国等学派，当其与主体的社会理论脉络建立起连接的时候，媒介化自身的显著性就会消融在社会理论的强大传统脉络中。通过这本书的阅读，我倾向于将媒介化理论的知识生产过程描述成这样：它不是一个单独学科所拥有的割裂性的理论，它往往是对一个非常重要的社会现象的思考，会与整个知识界不断对话，然后走向深化；其成果渐渐地会汇入整个学术脉络，成为总体性的知识生产的一部分。我提出这种看法，可能大家不见得赞成，但想提出来供大家一起讨论。

我也很同意戴宇辰老师提到的，本书虽然没有建立起库尔德利式的或赫普式的个人意义上的理论，但是它为后续的传播与媒介研究，包括中观层面的案例或实证研究提供了理论框架。例如，两位作者费了很大力气去“桥接”媒介理论和社会理论，触及媒介、社会和个体之间的关系，做了丰富的论述。再如，书中对型构概念的再阐释，可以作为一种分析工具去补充伯格和卢克曼的研究。从这个角度看，本书有其重要的学术价值。

听众：要读懂这本书，除了《现实的社会建构》，还需要阅读哪些书？

戴宇辰：如果从广义上讲，需要对社会理论脉络有一个比较清晰的了解。至少，要读懂《现实的社会建构》，要了解书里所指涉的“韦伯主义”和“涂尔干主义”分别是怎样的两种路径。很难说读完哪些书就可以读这本书了，但需要形成对社会理论的体系化梳理，再来读这本书，会更好一些。另外，我赞同曾国华老师刚刚所说的，媒介化研究具有较多分支，有不同的范式。

听众：型构为什么是一个中观概念？

戴宇辰：因为型构描述的不是个人，也不是社会。如果描述的是前者，那么就是一个微观概念；如果描述的是后者，那么就是一个宏观概念。型构在这里描述的是社会链，所以就是一个中观概念。本书的两位作者将型构作为概念工具，不仅是为了支撑他们所描述的社会现象，还是为了弥补他们对结构或机制层面讨论的不足。

听众：传播型构作为媒介化经验讨论框架的主要缺点是什么？

戴宇辰：主要是经验和理论之间的错位。其实库尔德利和赫普也做了相关经验讨论的尝试，但是让人感觉还是与他们理论的宏大目标之间存在错位。为什么会产生这样的错位？我觉得很关键的一点是，他们从媒介化出发，始终在讨论媒介从何种意义上作为一种“机制”而存在，这个机制是涂尔干意义上的，但我对这种机制在多大程度上能够成立持怀疑态度。

【本讲回顾】

本讲围绕尼克·库尔德利和安德烈亚斯·赫普的《现实的中介化建构》展开，探讨了数字时代下社会现实如何通过媒介技术被重新建构的问题。作者以伯格和卢克曼的《现实的社会建构》为理论起点，提出“中介化建构”这一核心概念，强调媒介在当代社会互动中的基础性作用。

本讲梳理了欧陆媒介社会学与美国新闻社会学、欧洲媒介文化研究的差异，指出本书通过“物质主义现象学”路径，将媒介的物质性（如技术可供性、制度化实践）嵌入社会建构过程，并引入埃利亚斯的型构概念作为中观分析工具，以解释媒介化社会中的动态权力关系与行动者网络。书中还区分了“中介化”与“媒介化”，指出后者是媒介逻辑深度渗透社会结构的长期历史进程。

这本书跨学科对话的尝试为媒介研究提供了新的分析路径，尤其是传播型构概念对经验研究的启发。其试图将媒介理论植入社会理论内核，挑战社会学中长久被忽视的媒介“机制性作用”的传统。其局限也是明显的，即未完全突破社会建构主义范式，理论自洽性与经验适配性存疑。

【要点小结】

1. 媒介作为社会建构的基石：数字技术成为日常互动的中介，现实的“社会建构”转向“中介化建构”，媒介从附属角色变为核心机制。
2. 物质主义现象学路径：关注媒介技术如何通过物质化和制度化嵌入社会现实，重塑周遭世界与共在世界。
3. 深度媒介化的聚合效应：机械化、电子化、数字化三波媒介浪潮汇聚为“媒介组合”，构成了元媒介环境。
4. 中介化不等于媒介化：中介化是媒介介入互动（工具层）的过程，媒介化指的是媒介逻辑长期对社会实践的重构（如社交媒体改写亲密关系）。
5. 共在世界的激活：数字媒介摆脱了舒茨理论中共在世界的疏离性，使其成为可交互的意义领域（如全球新闻事件引发在地行动）。
6. 传播型构的中观分析：埃利亚斯的型构概念逐步发展为传播型构，描述了媒介化社会中行动者、实践与权力的动态交错关系。

【拓展阅读】

1. 伯格，卢克曼．现实的社会建构：知识社会学论纲[M]. 吴肃然，译．北京：北京大学出版社，2019.
2. 库尔德利．媒介、社会与世界：社会理论与数字媒介实践[M]. 何道宽，译．上海：复旦大学出版社，2014.

【思考题】

1. 欧陆媒介社会学与美国新闻社会学、欧洲文化研究等范式有哪些差异？其学术传统的来源有哪些？
2. 举例对比一下中介化和媒介化的概念内涵及其具体应用。
3. 放置在社会建构主义研究脉络中，如何评价《现实的中介化建构》一书的学术贡献和影响？

第六讲

重访阿甘本的“潜能”：面向技术时代的哲学思考 *

——汪民安领读《潜能》

图 6–1　《潜能》封面[①]

领读书籍：《潜能》（*Potentialities*）（见图 6–1）。

内容简介：《潜能》是意大利当代著名哲学家乔吉奥·阿甘本（Giorgio Agamben）的代表作之一，以语言、历史和潜能为专题，收录了作者 30 年来的重要论文共 22 篇，集中体现了阿甘本的哲学论题、基本概念、关注领域和著述风格，囊括了阿甘本最关键也最著名的思想成果，如他对亚里士多德“潜能”概念的当代诠释。这些论文涉及哲学、语言学、古典学、文学、宗教、艺术史及历史等多个领域，虽各自独立，相互间又有着紧密的逻辑关联。阿甘本说：如果不是潜能源始地属于所有潜能的话，那么，就只有在实现的时刻，不简单地消除它专有的潜能，也不在与现实的关系中悬置这一潜能，而是使之完整地如是存在，并因此而不——不实现的潜能，才是真正的潜能。[③]

作者简介：乔吉奥·阿甘本，意大利当代著名哲学家、思想家，生于 1942 年，曾先后任教于意大利以及欧美的多所大学和研究机构，著述颇丰并且在欧美学界有很高的声誉。除《潜能》外，他还著有《诗节：西方文化中的词语与幽灵》《语言和死亡》《散文的理念》《开放：人与动物》等。20 世纪 90 年代以来，他的以“神圣的人”（homo sacer）为主题的系列著作体现了他在政治思想领域的建树，其中包括《神圣人》《例外状态》《至高贫穷》《神的作品》等。阿甘本曾主持编辑本雅明著作的意大利文译本，并与帕索里尼、卡尔维诺等 20 世纪法国诸多著名思想名家有过合作。

领读者：汪民安（清华大学人文学院教授）

---

* 该讲座的内容也进一步整理为论文，详见汪民安．黑色的潜能 [J]. 中国语言文学研究 ,2024,37(2):221–228.

② 阿甘本．潜能 [M]. 王立秋，严和来，译．桂林：漓江出版社，2014.

③ 阿甘本．潜能 [M]. 王立秋，严和来，译．桂林：漓江出版社，2014.

主持人： 吴璟薇（清华大学新闻与传播学院副教授）
讲座时间： 2021 年 12 月 26 日
文稿整理与校对： 高山

一、潜能从何而来？人与技术的分化史

一般人对乔吉奥·阿甘本（见图 6–2）的了解，主要集中于他所著的《神圣人》一书，这本书的影响也是最大的。但如果细数阿甘本的思想，其中最有意思的莫过于《潜能》中谈到的观点。开宗明义，阿甘本的《潜能》实际是一本论文集，而此次领读主要探讨的是其中收录的《思想的潜能》一文。“潜能”是阿甘本学术思想中最核心的概念，也是阿甘本诸多思想的起源，尽管相关论述问世较早，但其理论意义和价值并不小。对潜能这一概念的理解，则需要结合当下的社会环境与技术现实。

图 6–2　乔吉奥·阿甘本

马克思在其经典论述中提到，人类和动物最大的区别在于制造和使用工具。与之相似，柏格森（Bergson）也将制造与使用工具视为人与动物的根本差异。他写过一本《创造进化论》的书，讲了人如何从微生物进化到植物，再进化到动物的过程，提出了人从“本能的动物”进化为“智能的动物”这一观点。人跟动物不一样的地方在于，人类具有智能，而动物只有本能。那么，对于柏格森来说，什么是本能？什么又是智能呢？

本能是指能以自己的身体器官作为材料制造工具的能力，智能则是指能用外物，即身体之外的材料制造工具的能力。在这里，具有本能的动物虽然也能制造工具，但其所谓“制造的工具”实际是自己的身体与器官，也就是“将器官工具化”。具有智能的动物——人，却拥有着用外物制造工具并使用工具的技能。柏格森还谈到了“完善的本能”，这是一种使用与制造非器官化工具的技能，所谓的“非器官化”工具指的就是用外在的物质材料做成的工具。

柏格森说，动物在创造性进化（就是从无机物到有机物到植物再到动物）过程中，有一种固有的冲力；而这个冲力在物质世界要发挥作用、要驾驭自然的时候，它一定会在一个特定的时期做出两种选择：第一种选择就是发展自己的内在器官，以自己身体内的器官，即自己的有机生命材料为工具来应对外在世界，这就是本能的特征；第二种选择指向外部，它不断地碰到外在材料，不断地遇到障碍，然后不断地克服障碍，它把这种外在的无机材料制成品化为自己的工具和器官。

这里，以外界材料为工具去解决障碍的这样一种动物，就是人。对比来看，动物就没有把外在的材料转化为自己的工具，所以动物只会拼命发展自己的直觉，发展自己的本能，对自己进行彻底封闭。因此，究竟是选择外在材料做工具，还是选择自己的身体器官做工具？在这样一个选择的分化点上，出现了人和动物的基本分化。

同时，我们可以援引法国古人类学家安德烈·勒鲁瓦-古汉（André Leroi-Gourhan）的观点作为补充。斯蒂格勒也经常引用他的观点，在人和动物的差别问题上，柏格森、勒鲁瓦-古汉和马克思等都持有相近的看法，就是人能制造和使用工具，而动物不能。勒鲁瓦-古汉的观点是，人之所以为人，就在于其生命技术的外置化——人因为外在的技术而存在，技术就是人不可缺少的外在器官。人是制造和使用工具的动物，如果人没有把这种外在工具作为自己的一个外在器官，或者把自己的求生器官外置化的话，人就活不下去，人就要消失。因此，可以看出，人对于外在工具与技术的需求并不是来自内部的生命冲动，而是其赖以生存的根本。

回到马克思的观点，马克思认为人拥有制造与使用工具的潜能，人可以将潜能现实化、工具化、技术化。马克思的观点里，人制造和使用工具，并非源于生命冲动，也非生存必需，而在于人具有这种潜能。实际上，卢梭也讲过类似的意思，卢梭说人在原始森林当中自主悠闲地徘徊，人和其他动物完全不一样的地方在于，人是充满潜能的动物，可以不断地改变自己、否定自己、发展自己。对于马克思来说，潜能是什么？潜能就意味着能把自己的本性、自己的能力、自己的内在性不断地外化，这就是潜能实现的方式。

据此，我们可以这样阐述，生产过程就是人将自身的潜能现实化，产品是潜能的外在物质性表现形式。人的潜能和智能就表现在这样的劳动与生产过程中，人的本性经由劳动工具和技术产品外在于人的肉身。从这个角度看，人对于技术的使用同时是对外的潜能现实化和对内的自我空洞化与异化。人的历史便是永不停止的人的技术化过程，即人与技术不断地结合与互动，人发明技术，使用技术。这里的“永不停止”还表现在：潜能的现实化并不意味着潜能的终结，这一过程总是带来新的潜能；与此对应，技术也总是在不断地迭代更新。人与技术都不是一成不变的，而总是在彼此的变动与结合之中前行。

技术，特别是现代技术，在生命政治的两个对立层面深耕——救人，让人永生与存续；杀人，令人丧生。这也呼应了斯蒂格勒有关“技术药性”的观点——技术既是解药，又是毒药。时至今日，技术对于人类的毁灭到达了一个奇点，技术不加限制地高速发展将最终摧毁地球与人类。人发明出人工智能这一拥有潜能的非人，潜能脱离了人，栖居于其他客体中。人工智能的深度学习便是其潜能的现实化。人工智能所拥有的潜能脱离人的控制与想象，是人的潜能最大化的实现，也标志着人的潜能的终结。倘若人工智能真的掌握了创造的能力，那么人也不再需要创造，人的潜能也就因此消失。

在此情况下的人与人工智能，便陷入了黑格尔所言的“主奴辩证法”——人类与机器的主奴关系被颠覆。服务于人类的人工智能成为主人，丧失了潜能的人类沦为机器的奴隶。新的“人之死”从中出现：人本身的生命死亡与潜能消弭。人的生成离不开技术，技术塑造人类，而现代技术又可能导致人的死亡和终结。技术的两种药性同时作用于现代社会，技术的生死悖论不断展现，这便是讨论潜能这一概念的现实前提。

二、潜能的双重性：“能”与“能不”

特别是在加速主义盛行的当下，结合技术环境及其催生的技术困境，重访阿甘本的“潜能”概念，我们将开辟新的可能。阿甘本的“潜能”概念来自亚里士多德，并继承了其中潜能的双重性——有某种潜能，可以指持有某种事物/能力，也可以指丧失某种事物/能力。潜能包含着“能”与“能不”，潜能意味着有某种能力，或是有某种丧失。有能力意味着可以实现，即指存在的潜能；而丧失意味着拥有能力但不去实现，即指非存在的潜能，非潜能。例如，演奏家拥有演奏的能力，却可以选择拒绝演奏。这种拥有能力但不付诸行动的丧失就是“非潜能”（adynamia）。

阿甘本强调“所有的潜能都是非潜能”。对同一个事物而言，同时拥有着“做”与“不做”的潜能，存在与非存在的潜能。潜能的使用总是与不使用相关，拥有存在的潜能的人，也可以“非存在”。非潜能在此并不意味着潜能的缺席，而是指不付诸行动的潜能，这个观点才定义了人类潜能特别的“双重性”。双重性确立了潜能的本质。

我们还可以用亚里士多德的“质料—形式说”来解读潜能。质料的形式化就是质料中潜能的现实化，但获得形式的过程也造成了潜能的消失。木头可以被制成桌子，而在获得桌子这一形式后，木头也就丧失了潜能。由此看来，潜能的现实化使我们无从经验潜能本身，只有非潜能被留存于自身之中，方可被经验；而只有未被写满的黑板才拥有被书写的潜能。

三、黑暗的潜能：遮蔽与闭锁

阿甘本认为非潜能是黑色的，换言之，黑暗的本质就是潜能。如果说光是活动中的透明颜色，那么黑暗是没有光的，意味着光的丧失。黑暗并非没有颜色，黑色是没有显现颜色的颜色，对应着非潜能不去实现的能力。二者都不显现、不照亮、不澄明，非潜能是遮蔽的、闭锁的、不可见的。

也不难看出，阿甘本对非潜能遮蔽与闭锁的解读受到了海德格尔的影响。海德格尔提出“大地”与“世界”这对概念。其中，大地是闭锁与遮蔽的，而世界是敞开与澄明的。世界是对大地的敞开，而大地会自我闭锁、拒绝敞开。如此，大地是黑色的，但又拥有被敞开和被照亮的可能。因此，潜能的双重性于此体现：大地非潜能的闭锁与遮蔽是始源性的，为派生性的世界的敞开与澄明提供可能。换言之，没有大地的闭锁，便没有世界敞开的可能；先有遮蔽，才有可能去蔽；先有黑暗，才可能有光的澄明与白色。那么在潜能的讨论中，有了不行动的黑色非潜能，才有现实化的白色潜能。

阿甘本为非潜能赋予如此重要的地位，旨在保护黑暗与大地的遮蔽状态，也就是不打开、不照亮、不过度使用大地。相应地，是保护非潜能的闭锁，而不是将其全部现实化。今天的技术危机也是如此，解遮技术对大地的敞开已然饱和。海德格尔的思想受到老子的影响，老子说：“知其白，守其黑，为天下式。”可见白色的存在需要依托于对黑色闭锁的保护，这是天下的普遍规律。这也是“无为而无不为”的思想，不行动的“无为”潜能是始源性前提，为一切行动的“无不为”潜能提供可能。

面对今天的技术问题，我们已有的答卷几乎都来自加速主义的思想，仅仅强调潜能的实现与完成。但是，阿甘本则强调了不行动的潜能，也就是要将技术悬置，停止其现实化，以保有大地的遮蔽。这样的不作为与悬置，也可以被理解为一种“负熵”。技术对大地的使用是一种熵增，使地球走向混乱与无序，直至死寂；而对抗死亡的方式是停止技术使用，以达到减缓熵增的负熵效果。

四、超越阿甘本的潜能：第三种潜能

阿甘本将潜能一分为二，“潜能”与“非潜能”泾渭分明。但在存在与非存在之间，或许还有“第三种潜能”。沿用德里达（Derrida）的延异（différance）概念，我们可以提出既持有又丧失的第三种潜能——总是在完成之中却无限延迟、无法完成，永远在做与不做之间。例如，犹太教的弥赛亚总会到来，在实现之中，却从来没有真正现身、从未真正现实化。“知其不可为而为之”，第三种潜能尽管总是在过程之中，但依然坚持将潜能现实化。

卢梭也提出过“人是潜能的动物”的观点。其认为正是潜能，人才得以自我改造。从这个意义上来说，刚出生的婴儿是潜能最大的动物，拥有无尽的现实化的可能性。孩童的教育，特别是现代教育，就是尽早地将其潜能现实化。卢梭认为，教育儿童的最好方式应该是，不要开发儿童潜能。这样看来，最好的教育是不教育，要将孩子的潜能保存起来，将其放置于自然之中。这也与阿甘本强调的“非潜能”思想极为相似。但卢梭认为，潜能最终仍然需要现实化，只是要尽可能地延迟这一过程。

五、讨论与问答环节

吴璟薇：回到现实问题，技术问题呼应的仍然是阿甘本最为核心的思想——非潜能。那么，现实环境怎样实现这样理想的非潜能？

汪民安：哲学思考本身难以解答具体的现实问题，更多的是作为一种思考的全新思路，而不能提供办法。但是，大到国际的减排公约，小到当下流行的“躺平”观念，其实都反映出一种不做的非潜能，并对资本主义的生产关系形成抵抗。由此看来，这样的非潜能其实距离我们并不遥远。

【本讲回顾】

本讲聚焦阿甘本《潜能》的核心哲学命题，以技术时代的人类困境为背景重新审视“潜能”这一概念。导读人汪民安教授探讨了潜能的双重性——“能”与“能不”（非潜能），指出潜能不仅是实现的能力，更保留了不行动的可能。本讲追溯了从柏格森、马克思到勒鲁瓦－古汉的关于人与技术分化的思想史，强调技术既是人类潜能的外化，又导致了人的异化与自我空洞化。

阿甘本受亚里士多德启发，提出“非潜能”是潜能的本质特征，并以海德格尔的“遮蔽—敞开”理论为参照进行了阐述。其同时提出悬置技术现实化的救赎路径，即通过保护“非潜能”——守护黑暗，以负熵抵抗技术熵增。

此外，导读中还提出“第三种潜能”的设想（如德里达的延异），探讨了潜能实现的延迟性与教育中的潜能保存问题。最后，面对技术加速主义危机，阿甘本的“非潜能”思想为反思技术滥用提供了哲学依据，如“躺平”对资本主义生产关系的消极抵抗。

【要点小结】

1. 技术的构成性悖论：技术是人的“外在器官”（勒鲁瓦－古汉），但技术化导致人类自我异化（马克思），人类的潜能终结于人工智能对潜能的剥夺。
2. 潜能的双重性：阿甘本的潜能包含“能”与“能不”（非潜能），后者是保留不行动的能力，构成潜能的本质。
3. 非潜能的哲学意义：非潜能是遮蔽与闭锁的状态，如同海德格尔的“大地”，为现实化提供前提。
4. 第三种潜能：德里达的延异概念中提到潜能的延迟实现（如弥赛亚的永不到来），介于存在与非存在之间。

【拓展阅读】

1. 阿甘本．神圣人：至高权力与赤裸生命[M]．吴冠军，译．北京：中央编译出版社，2016.

2. 阿甘本 . 无目的的手段 : 政治学笔记 [M]. 赵文 , 译 . 郑州 : 河南大学出版社 , 2015.
3. 张一兵 . 遭遇阿甘本 : 赤裸生命的例外悬临 [M]. 南京 : 南京大学出版社 , 2019.

【思考题】

1. 柏格森、安德烈 · 勒鲁瓦 – 古汉、马克思如何审视人与技术的关系？这些思想对于阿甘本提出“潜能”这一概念产生了怎样的影响？
2. 如何理解阿甘本所说的“所有的潜能都是非潜能”这一观点？
3. 人工智能时代是否一个人的潜能走向终结的时代？对此，请谈谈你的看法。

第七讲

造像的力量与文化的酵素：关于图像行为的现象学

——赵千帆领读《图像行为理论》

领读书籍：《图像行为理论》（*Image Acts: A Systematic Approach to Visual Agency*）（见图 7–1）。[2]

图 7–1 《图像行为理论》封面[1]

内容简介：本书是德国学者霍斯特·布雷德坎普（Horst Bredekamp）对其 2007 年在法兰克福专题讲座内容进行大幅度扩充，并对自己在图像行为现象学方面几十年的研究成果进行汇总，最终整理而成的著作。通常，人们理解的图像，是由照相机、镜子、望远镜及显微镜等成像形成的，或者是由绘画、浮雕、湿壁画等艺术品展现出来的。本书所讲述的，则是对图像更深层次的拓展：图像作为由人创造出来的艺术品虽然没有独立自主的生命，但是它总是不断地展示出一种风貌并让人们看到，它具有更多的能量。作者据此研究出了一种图像行为理论，并把这一理论作为言语行为的配对物。

图像行为理论关注图像形式的反作用力，该视角超越了将世界解释为认知主体投影的传统观念。本书将这个领域细分为三个部分：模仿、替代和形式的纯粹效果。本书三个部分都通过从古到今的案例以及我们这个时代的反传统争议，对图像进行了思考。从这种图像行为的重构中，产生了一种新的可供性哲学元素。

作者简介：霍斯特·布雷德坎普，德国艺术哲学家，1974 年获得马尔堡大学艺术史博士学位，1993 年起担任柏林洪堡大学艺术史教授，2012 年起担任柏林洪堡大学图像知识设计研究组的联合主任，2015 年起成为柏林洪堡论坛指导委员会成员。他也是柏林高等科学研究所终身兼职教授，西格蒙德·弗洛伊德科学散文奖的获得者。因他在艺术史领域取得了突出成就，他还获得了阿比·M. 瓦尔堡奖、马克斯·普朗克科研奖以及里夏德·哈曼奖。

---

① 布雷德坎普 . 图像行为理论 [M]. 宁瑛 , 钟长盛 , 译 . 南京 : 译林出版社 , 2016.

② 布雷德坎普 . 图像行为理论 [M]. 宁瑛 , 钟长盛 , 译 . 南京 : 译林出版社，2016.

领读者：赵千帆（同济大学人文学院副教授）
主持人：吴璟薇（清华大学新闻与传播学院副教授）
讲座时间：2022 年 4 月 24 日
文稿整理与校对：高心语、高山

说明：领读所据的《图像行为理论》部分翻译与中文译本不同，为主讲人根据德文原本自行翻译。

一、背景与关联：一位“非主流”的艺术史学家

本书作者霍斯特·布雷德坎普（见图 7-2），是德国乃至欧美学界较为著名的当代艺术史学家之一，其研究在传统艺术史领域呈现出社会学导向以及文化科学与艺术科学的多重维度。布雷德坎普受到瓦尔堡、潘诺夫斯基等艺术史学家以及卡西尔（Ernst Cassirer）等与图像哲学有亲缘关系的哲学家的影响，展现出创造性的学术视野。在柏林洪堡大学担任艺术史教授时期，他已将艺术、文化、科学甚至法律和政治完全“打通”，大大拓展了传统艺术史领域，而这正是基于图像学研究领域展开的。从他的一些学术成果的名称上就能发现他视角的广博与独特：对托马斯·霍布斯（Thomas Hobbes）视觉策略中利维坦政治象征的图像形式进行探讨；探索莱布尼茨的艺术剧场、分析科学家笔记中的图例对构造思想的作用等。本次领读的《图像行为理论》，在某种程度上是使布雷德坎普真正获得国际声誉的著作。从标题来看，他提出了一套系统性的图像理论，但赵千帆老师认为，不仅如此，他还开启了革命性的视角，并且，他将惊人庞杂的、跨领域的材料收束在这个视角下进行观察与分析。

图 7-2　霍尔斯特·布雷德坎普

在学术创作之外，布雷德坎普在学科创设与学科布局上的行动也值得关注。由他领导的“技术图像”小组曾聚焦各种由技术媒介或技术装置产生的图像；由他主持的“图像行为与具身知识”项目，融合艺术史与图像科学的研究方法，横跨哲学、美学、艺术史、科学史、人类学、传播学及媒介理论等领域，对艺术—技术—图像进行综合性研究。图像是这场伟大实验的核心，图像行为理论也是此项目的结晶。2019 年以来，布雷德坎普对“活动物质”展开的学术探索，同样与“图像行为”这一概念存在关联。在此概念下，物质本身被视为活的、具有思动能力的，不再是惰性的或对象性的材料。

在这些有深远影响的学术活动背后，布雷德坎普的思想背景显得尤为复杂。首先，他处于德国艺

术史的传统中，尤其深受从瓦尔堡到潘诺夫斯基的德语图像学传统的影响，他甚至说这本书就是交给瓦尔堡的“瓶中信”。其次，他在理论姿态上有批判理论的色彩。本书德语版的副标题为“法兰克福阿多诺讲座系列”，这可以看出他的图像研究与社会理论的亲缘性。他本人属于所谓的“六八”一代。最初在进入艺术史界时，就对讲求纯粹学术性或科学性的传统艺术史研究模式提出疑问和批评。最后，他在理论层面又在很大程度上依靠现象学与存在主义哲学传统，如他的图像定义便依托于“图像学差异”，这个说法可以追溯到现象学与海德格尔的思想。

此外，当代艺术与新媒体的发展，科技史、媒介史的研究，以及后现代主义影响下的后人类与“人类世”的新视角等，都构成了布雷德坎普理论的当代背景。“图像行为”之所以成立，是因为人类不再是他们所创造的世界的主体，不再处于操控性的位置，而是与其他事物平等，如拉图尔所说的“万物议会” 的情景。布雷德坎普的这个视角在这个意义上是具有后人类的意义的。但有必要指出的是，虽然在很多方面来看，他可以说是个采用非主流方式进行研究的艺术史研究者，但就《图像行为理论》而言，大量的分析方式依旧基于艺术史传统的方式，围绕对材料的观察、描写、分析展开，具有典型的艺术史书写的特征。

二、体系与视角：图像与图像行为

（一）问题提出的情境

赵千帆老师结合自身阅读感受，以较为宏大的、基于世界观的，甚至社会诊断的视角描述了问题提出的情境。在“图像过载”的时代语境下，人们可以从社会学乃至日常经验中观察到，对图像的理解与运用、与图像的交互成为当下人们感知与行动的主要部分。其实人类一直以来都处在图像环境当中，但如今我们与技术图像的接触在比例和比重上已远超先辈，并出现失控或“窒息”的趋势，即图像过载，这是社会整体运作失调的征兆。以上如果说是相对普遍的起点，以下则为“图像行为理论”特有的情境设定。

首先，布雷德坎普的一个基本立场是，图像具有自身独立的生命与自成一体的表达机制，有其自身专属而尚待翻译与采用的语言。虽然图像从物理程序上看是人类创造的，但实际上图像已经进入人类文化的基本结构；如果没有理解图像的语言，我们就理解不了产生图像的文化机制本身。现在的全球化与技术化时代，我们已经可以认为，不同领域的图像构成了一个共同的、自相关的总体谱系；不同领域的图像所构成的共同属性，又在总体上构成对自然、文化和社会各个面向的观察与理解，为这些领域提供“话语性理论”之外的解释路径。需要注意到，布雷德坎普的大量分析是结合图像实例来进行的，他所引用的图像素材本身跟语言具有同等地位。这里的关键是，将图像作为一个分析的界面，必须有视角上根本性的革命，不能再沿用传统的图像的定义，否则无法从症状进入诊断阶段，无法将断裂、失调的征兆置入一个融贯性的框架重新审视。这也是图像行为理论与其他理论——如美国米歇尔（W. J. T. Mitchell）的图像理论——的差异之处。布雷德坎普试图以更加根本和系统的方式提出一个理解图像的新视角，即将图像视为“图像行为”。

（二）定义：图像与图像行为

图像与图像行为是跨界的，几乎无所不包。这与德语表示图像的“bild”一词有丰富含义有关，它除了有图像的含义，亦有影像、意象、形象等含义。可以通过观察其他语言的表述来理解其不同的含义，如中文的“形”（形状或情状）、“像”（各类物质或心理的像）、“图”（图片、图画），或英文的 image、 picture、illustration、icon 等不同的表述。在德语中，bild 的动词形态“bilden”及其名词化形式“bildung”有塑造、教育、教养等意思，也就是说，它体现了一种把“教育”“教化”这种精神领域、心智领域的塑造活动跟造型意义上的塑形这种物质的、感性领域的活动相结合的视角。

本书对“图像”定义背后的哲学前提提及不多，但通过对德国艺术哲学家戈特弗里德·波姆（Gottfried Boehm）图像哲学的引用，提出要从“图像学差异”去重新理解图像。“图像学差异”，即图像作为其本身而起作用所基于的差异化动因。简单来说，在波姆与布雷德坎普看来，图像之所以成为图像，是因为背后有一个更加普遍的、更加原初的结构，布雷德坎普一度把自己的工作描述为要建立“一种图像行为的现象学”。

波姆在《图像的回归》中称：“图像与我们相遇，基于一种基本对比，即一个可以概览的总体平面与其内部事件包括的全部内容之间的对比。在直观的整体与其包含的个别规定（颜色、形式、图案等）之间的那种比例关系，经由艺术家之手得以优化……因此，图像在全部历史多样性中的本质，图像所‘显示’的内容，当归功于一种视觉化的基本对比，它同时可以被称为‘一切图像意义的诞生地’”。[①]

没有这种基本对比，图像无法显现出来。不过，布雷德坎普虽然提到了图像学差异，但没有以此为重点，没有把图像行为类型还原到，或以体系化的方式倒推到图像学差异——所有图像都基于总体平面及其内部内容的一种对比性差异。他的工作方式不仅是哲学的，更是艺术史与图像学的。

如果说传统的艺术史或视觉文化研究视角下人们谈论的是一般的、基于特定物质载体与技术界面的特定图像（可以类比为传统形而上学视角下的“存在者”）及其机制与效应，那么，波姆与布雷德坎普所谈论的就是图像是如何作为图像而发挥作用（作用于知觉、认识、情感以及社会交往，甚至人类自身的形成史）的，这是使特定图像应用场景得以出现（关注的是“存在者之存在”）的理论前提。图像学差异的要点在于提出一个原初的、奠基性的图像概念，将经典意义上的图像与其他维度的图像统一起来。考察的重点是图像如

① BOEHM G. Was ist ein bild?[M]. München: Fink Verlag, 2006: 29−30.

何作为图像而发挥作用，而不是具体图像的传播效应。就此而言，即使那些影响巨大的经典图像，无论是移民危机背景下沙滩上的儿童尸体，还是希望工程照片中的大眼睛女孩，这些图像之所以会冲击我们，首先是因为它们内部基本的差异性结构产生了一种特定的冲击力，而不只是我们通过图像联想到的悲伤或希望。

图 7-3　土耳其警察站在 3 岁的叙利亚小难民艾兰·库尔迪的尸体旁边

波姆的定义是以艺术图像为基准的，而布雷德坎普进一步把图像的外延扩展到所有人为的构型或造像活动的产物，并把造像的能力视为人类的进化禀赋之一，认为造像与人类进化之间有一种基本关联。他提出，图像不是一种审美附属品，而是早期文化的酵素。此外，图像并不限于展现“图样特征”的人工制品，还可以扩展到展现一切人工制品的造型特征，而且所有图像都处于互文语境中。

（三）图像 / 造像的力量

在点明了图像的定义之后，布雷德坎普从图像与哲学的关系入手，为“图像行为理论”做了阐述准备。哲学一开始就是通过与图像的暧昧关系来确立自身论题的，图像（在柏拉图那里就是“模拟”）具有双重作用：一方面，它是思维与行动的必要辅助，如以形象化的譬喻（洞穴譬喻）或图形（线喻）来阐述哲学的核心命题；另一方面，图像又掩盖了真理。布雷德坎普以一幅根据经典的“洞穴隐喻”所绘制的图像为例，指出反图像的哲学立场本身却是通过图像才得到确切表达的。

柏拉图认为图像有一种“反哲学”的统治力量，把人拖向“幼稚和鄙俗的爱”，令其远离真理。哲学对世界的反思就是在这种与图像的双重关系中展开的：既借助和承认图像的力量，又提防和压制。这时，“哲学家在图像中遭遇了一个他无法控制的界域”，柏拉图、海德格尔与拉康都以不同的方式表现出来，既想利用图像的力量，又在这种力量无法控制之处退却。在这个界域，图像是以一种疏离、对立，甚至威胁、压迫人类主体的方式在起作用。布雷德坎普把图像视为一种“投掷器”：“在这里，图像并不是一个类似于通向高处的梯子的事物。它们反而似乎是一张深深向下弯曲的强弓，并且像马上能够射向高处的认知的投掷器。”[①] 我们就是以这种方式运用图像的力量；不是像攀登梯子那样爬上去，而是先试图压制它，然后被它突然推开。

哲学家们有时发现了这种“被推开”的力量，并在它被释放之前突然止步了。这里布

① 布雷德坎普．图像行为理论 [M]．宁瑛，钟长盛，译．南京：译林出版社，2016：28.

图 7-4　丢勒的水彩画《野兔》

雷德坎普举了一个海德格尔研讨班上的例子——文艺复兴期间，杰出的画家阿尔布雷特·丢勒（Albrecht Dürer）的一幅水彩画兔子（见图7-4）。研讨者们发现，图像的活力就来自图像中心点引发的目光的“自抑”。艺术史学家观察到的兔子形体的鲜活及其目光向内收敛之间构成了某种张力，这使得艺术作品一方面活起来，一方面又把我们弹开。图像如同弓，要把人的目光弹开，图像越是鲜活——似乎触手可及兔子随呼吸蠕动的身子——就越是难以被我们触摸到。这里研讨者们对兔子眼睛中表露的某种暧昧的自身意志的理解，已经超越日常图像经验的洞察。在图像学差异的层面，眼睛引发的这种抗拒与总体平面形成基本对比，眼睛的内敛凸显了形体的鲜活，这也从艺术史的分析进入了哲学思辨。

接着，布雷德坎普谈到“言语行为”与“图像行为”的关系。图像并不是结果，而是人类发挥禀赋、展开活动最基本的方式，是与语言同等级别的人类禀赋。在一种规则性的有声语言出现之前，身体和用身体进行造型已有 200 万年之久。随着有声语言的出现，人类文化的基础与框架发生改变。但人类造型活动的出现远在有声语言之前，而且在有声语言出现之后也并没有停止。所以，布雷德坎普认为，图像与语言不是一种竞争和替代关系，在这个它们双双遇到视觉挑战的时代，它们要相互支撑。

（四）图像行为

以上将图像视为独立的、与思想和语言同一级别且与之相互作用的人类文化活动的基本界面，由此，布雷德坎普就可以把人类定义为造像的物种。传统意义上，工具的制造、文字的运用、语言的交流象征着人类文明的进阶，而在图像意义上，人类通过自己所造的图像而与自然界区别开来，人类的实存是经由图像显示和实现的。

图像不仅是人造物，还构成了人类存在的界域，人类在此界域活动就意味着，当图像作为图像——这里的图像指的是“事物”（事件、生活）的图像方面——而显现时，它也作为一种有其自身机制的活动而反作用于人类，这种活动就是“图像行为”。这里关键的视角切换在于，图像应被理解为活动的主体，而人类是这个主体的受动者。需要注意的是“akt”在德语中除了有“行动/行为”的意思，还有“动作”“仪式”“场景/剧幕”的含义；也就是说，图像行为不仅是一般意义上的行为，还可以表示动作、仪式，甚至构成场景，这都是“akt”发挥作用的方式。

图像在解释或表达人类自身意义上与思想、语言是处在同一级别，构成了独立的作用力量，对这些力量（基于形态 、风格、谱系等）的解释更像是一种对正在生成的新语言的译解。这使得我们可以不再像以前那样从政治、经济方面去解释社会、国家，而是从图像方面去解释。在这个意义上，具有表达与塑造意义的图像，与其他思想（哲学、科学、技术）和语言（技术装置、艺术形式、媒介）构成了相互转译的关系，这也是布雷德坎普对图像寄予的极高期望。图像不仅是感性感受的对象，它还构成了一种语言。带着这样的期许，布雷德坎普展开了对“图像行为”的分析。

（五）“自行道说的图像”及三种图像行为

布雷德坎普运用大量从艺术史、技术史、考古学、传播学等领域得到的图像素材与个案，对图像行为分两步阐述：首先，举例说明图像的自主性与自身发言的“行为”；其次，将图像行为分为三类。①

从公元前 6 世纪阿提卡地区的双耳杯向人类发言的铭文模式，到文艺复兴后自我指涉的绘画传统，再到当代装置艺术在“你是我”中跨越界限的联结，我们可以看到许多图像本身在“说话”的例子。图像的自行其说也与当代“MeToo 运动”的理念——“我也是你，我也是他，我也是那个人”——产生共振。从这个角度，我们或许可以更好地理解当代许多实际上与图像传播相关的社会运动或社会事件。图像在新技术时代遭到译解、重组乃至剥夺的情形，传统视角下对图像的解释权或解读视角、叙事策略的争夺，在布雷德坎普的视角下被转化为对于图像本身所具有的自行其说的力量的聆听与学习，即将图像视为一种正在展开的独特“行动”，视为一种独特的行为和活动领域，从而接受与运用图像的力量。

公元前 6 世纪的希腊双耳杯上有铭文：“向我表示问候并喝我里面所盛的东西吧。”（见图 7–5）。

图 7–5　公元前 6 世纪的希腊双耳杯

布雷德坎普提出了三种图像行为，分别是图形式、替代式与内生式。这种分类也可以说是标志着三种图像转化为行动的途径。因为时间关系，这次领读只做些简单介绍。

第一种，图形式图像行为。这里的“图形”指的是遵循特定范式的身体（这里的身体可以是人体或某种被认为具有生命的物体）图像。当身体

① 布雷德坎普．图像行为理论 [M]. 宁瑛，钟长盛，译．南京：译林出版社，2016：223–283.

图像通过直接变得生动鲜活或激发生动的感觉而达到某种示范性的效果时，就成为图形式图像行动，具体指的是图像凭借在身体组合、自动机和生态雕塑中直接生效，或通过一种工具设置对图像活化。比如艺术史上的活动图像、真人造型等；或是对机械装置的赋灵，如机械自动装置以及现代剧场造型的机械化；还涉及画面激活与生态实景的器官学，以及当代艺术中运用绿植、细菌的生物造景技巧。

第二种，替代式图像行为。图像被用于替换实存的体块，包括物理肉身、现实场景以及政治权力的运作实体等。通过这种置换，图像行为发生。这种图像行为首先可以表现为替代性，如通过研究化石这一图像性的存在还原物理肉身，利用照相来还原实物等。在其他层面表现为对社会事物的替代，如“象征性刑罚”与“破坏圣像运动”，尤其在社会冲突当中，图像往往以此方式发挥作用。

第三种，内生式图像行为。具体指的是图像的形式本身产生作用。图像中的目光反作用于观者。在美杜莎的神话中，图像的目光与观者便形成有冲突的相互交错。与图形式不同的是，内生式强调形象发自内部的力量，或以其纯形式发出召唤。这是因为，按照“图像行为”理论，图像本身可以被视为一种超越图像界限的动力装置。从当代艺术实践来看，这种越界的动力尤其表现在崇高的艺术作品上，崇高就是一种越界的经验。内生式图像行为有一种让观者无法抗拒的、被席卷其中的“撕裂”“席卷”的力量，图像由此表现出其本身具有的抵抗、破解和消除的作用。不同于图形式活性地承载鲜活生命的状态，内生式图像行为经常是一种反生命的，甚至是一种无意识的“死冲动”。

最后，我们引用一则德语书评的结论来作为结束语。该评论质疑了布雷德坎普在旁征博引中构建系统性类型的成功程度，认为图像行为的分类本身不够体系化和差异化，不同类型之间缺乏明确的对比和张力。如果把16世纪的发条自动机械形象、20世纪20年代电影里的机器人形象与迈克尔·杰克逊在演唱会出场时的凝固姿态放到一起，那么“对象物”“摄录图像”与“现场场景”间的区别就没有了。[①] 这里应从效果美学上区分出强度的差异，而布雷德坎普拒绝从这个角度对强度进行解释，这是值得商榷的。当无法对不同的感受强度加以区分时，布雷德坎普的图像行为分类就可能会散入“追寻细节的描述语汇”。从传统美学角度提出的这一疑问具有一定力量。

但总体而言，作为读者与学习者，我们更重要的是要意识到布雷德坎普提出的具有革命意义的视角切换。不论是三种行为方式中的哪一种，图像都已经不再是我们能够轻易地当作对象来支配的了，不是我们用已有的艺术史或媒体理论的范畴和构想去定义的了。反过来，我们应该从图像本身学习一种新的语言和思考方式，用它来改造我们现有的表达与思考机制。

---

① BLEEK J, BREDEKAMP H. Theorie des bildakts: über das lebensrecht des bildes[J]. Sehepunkte,2011(4).

三、讨论与问答环节

听众：以难民危机背景下海滩上儿童尸体的图像为例，为什么说图像带来的冲击力，不是因为联想到儿童悲惨的命运，而是因为图像本身具有冲击力？

赵千帆：这个问题很典型。布雷德坎普就是想提供一个理论，让我们在个体常识所熟知的“感动”之外，在一个更原初与根本的层次上解释图像的意义，探索不同图像的共同作用机制。这张照片是什么类型的图像行动呢？我认为是替代式的。替代式图像行为的典型案例是耶稣圣容的遗图，相传耶稣受难后人们为他擦拭面部的污渍和血渍，这些污渍和血渍留在了布上，形成了这幅遗图，后来其在宗教叙事中代代流传，成为耶稣真容的见证。这在欧洲形成了一个强大的惯例，即人们相信图像连通着一个实体的身体。为什么观者会被儿童的图像打动？除了因为常识维度所理解的“幼小生命逝去”，还因为他们相信自己观看到了“肉身”，如同宗教徒相信他观看的是正在受难的无辜个体——跟耶稣一样——并联想到他整个受难的历史，以及这个历史与当下的牵连。因为我们对儿童有肉身实存经验，这种经验可能也化入了我们作为生命体、作为有限的终有一死的活着的生物对自身儿童状态的记忆，而这些因素都被激发，从而图像的替代作用得以实现，没有到这一步，它不会成为一个独立的“图像行为”。

听众：如何理解目光内敛和感知鲜活之间的张力？

赵千帆：这个问题涉及艺术史和美学领域，以上面说过的那幅丢勒的《野兔》为例，按照讨论者的说法，兔子的目光没有看向人，反而是拒绝人的看，这种内敛产生了一种特殊氛围，扩展到整个画面，并在人类眼睛追寻焦点而不得时，与周围场域的观看产生一种特殊张力。没有这种张力，我们对兔子鲜活身体的感受就会减弱。这换句话说，兔子的目光阻挡了我们观看整幅图。没有这种阻挡——其实是图像自己主动跟我们拉开了距离——的过程，我们也无法充分地感受到兔子身体的鲜活，这就是图像中暗藏的悖论。这个悖论使得我们想要操控图像的努力落空。我个人从这样的图像中想到宠物经济下的图像生产，如所谓的“吸猫”。猫恰恰因为不是人，才让我们解压。所以我们一直处在悖论当中：你认为它是人类的一员，但它又是非人的一员。当我们将宠物“人化”，认为它们是“通人性”的，这就恰恰意味着，我们心里知道所谓“人性”不只是人类之间经常自相糟践的、在某个界限之内挣扎的人性，所以我们才试图从小动物的“通人性”中去追思已经扭曲或失落的那个面向，这个面向似乎又只有“动物”比人更好地保存着。我们不触及人性另外的可能性，就无法感受到生命本身。这个心理机制可以用来类比我们对图像的感受：图像主动跟我们拉开距离，才让我们的目光越出了自身。

听众：如何把握图像对平面的界定？大量案例中平面都不能被理解为一般的平面，而是更加立体的，甚至是一个景观。

赵千帆：主要通过图像学差异的对比来界定，平面也是在对比中被感知的。比如，社交平台上大量传阅的人体图像，如腹肌、下颌线或锁骨等，虽然是平面图像，但是在立体的感知中，它呈现超越二维的效果；至于景观，我们去看风景、体育比赛，都可以构成一种景观，但在图像中它还是展现于一个二维平面中。所以平面一定是在图像凸显于我们面前的时候才被称为平面。一旦我们的观看对象成为平面，它就图像化了，只要图像化，它就不可控。因为图像是处在其自主的行为空间之中的。

从社会学意义上来说，平面在某种意义上代表着一种语境的构成。你把自己肚子上的肥肉当成图像来看的时候，你就不再作为一个完整的肉身拥有它。因为它已经在一个外在于我们的语境当中生成，这个语境就是平面，它构成我们去设想“立体”的界面，这时我们自己身体的感受倒是次要的。这就是我们会为自己的身体感到焦虑的原因所在。因为我们是立体的，我们不可能活在平面中，但我们只能在平面中看到我们的图像，这些图像展开了它们自己的“行为”，把我们的自我感知撕裂了。

听众：布雷德坎普的图像行为理论与威廉·弗卢塞尔（Vilém Flusser）的技术图像理论有何关联？

赵千帆：这正好也是我最近在关注的一个问题，我觉得两者的视角是不一样的。图像行为理论是从艺术史视角出发，所以旁征博引，以描述、分析、分类寻找共同线索的方式去处理素材；而关于弗卢塞尔，在我看来是一位哲学家，他的观念是一种构建式的，理论在先，素材在后。

【本讲回顾】

本讲聚焦德国学者霍斯特·布雷德坎普在《图像行为理论》一书中所提出的“图像行为”概念，其强调图像不仅是人类创造的产物，更是具有独立生命和反作用力的主体。

布雷德坎普从艺术史、哲学和社会理论的多重视角出发，将图像行为分为三种类型：图形式（图像通过生动性激活行为）、替代式（图像替代实体发挥作用）和内生式（图像形式本身产生力量）。

本讲通过分析丢勒的《野兔》、希腊双耳杯铭文等案例，揭示了图像如何通过“图像学差异”与人类互动，并挑战了传统图像认知的被动性。此外，领读人还对比了布雷德坎普与威廉·弗卢塞尔的技术图像理论，指出前者更注重艺术史的实证分析，后者则偏向哲学构建。

图像行为理论的核心价值在于视角的转换：图像从被解释的“对象”升格为与语言并列的“行动主体”，这在一定程度上揭示了人类在技术图像时代的主体性危机。后人类语境中，图像行为理论为理解图像过载、身体焦虑等问题提供了新路径，但也面临分类系统性不足的争议。本讲进而强调，需向图像“学习”而非操控，以此重构人图关系。

【要点小结】

1. 图像的主体性：图像不仅是人类创造的产物，更是具有自主生命和能动性的主体，能够反作用于人类的认知和社会结构。
2. 图像行为理论：布雷德坎普提出“图像行为”理论，将图像视为与语言同等级别的文化表达形式，强调其独立的行为能力。
3. 图像学差异：图像显现的基础是“图像学差异”，即图像内部总体平面与局部内容之间的对比性结构，这是图像意义的诞生地。
4. 图像的双重性：图像在哲学史上既被人们用作表达工具（如柏拉图的譬喻），又因其“反哲学”力量被人类警惕，体现了与人类认知的复杂关系。
5. 图像权力的悖论：图像越鲜活（如丢勒的《野兔》），越拒绝人类掌控，形成弹开观者的张力。
6. 图像与语言的关系：图像是人类文化活动的核心界面，与语言共同构成人类表达的基础，二者并非竞争关系。

【拓展阅读】

1. BREDEKAMP H. The lure of antiquity and the cult of the machine[M]. Princeton: Markus Wiener Publishers, 1995.
2. BELTING H. An anthropology of images: picture, medium, body[M].Princeton: Princeton University Press, 2011.
3. FREEDBERG D. The power of images: studies in the history and theory of response[M]. Chicago: University of Chicago Press, 1991.

【思考题】

1. 寻找身边的例子或中国本土文化中的例子，尝试解释一下“图像行为”的三种类型——图形式、替代式与内生式。
2. 布雷德坎普认为，图像具有自身独立的生命与自成一体的表达机制，这与其他研究图像的观点有哪些不同？可以为相关研究带来怎样新的启示？
3. 基于本书内容，尝试对比布雷德坎普的图像行为理论与威廉·弗卢塞尔的技术图像理论，二者有何关联，有何差异？

第八讲

“线”的比较人类学与“线”的宇宙生态观

——袁艳领读《线的文化史》

图 8–1 《线的文化史》封面[①]

领读书籍：《线的文化史》（*Lines: A Brief History*）（见图 8–1）。

内容简介：本书开创了“线的比较人类学”，建立起了一种新的生态人类学范式。为了理解人类文化与整个自然界紧密交织、共同演变的状态，作者想象了一种“线的宇宙生态观”：世界首先不是由“物”组成，而是由“线”组成的。人类与自然就是一团解不开的线，而生活就是沿着这些相互缠绕的线行进。生活之线的绵延与交织是一个永远都没有尽头、不断生成的过程。

本书以人类学为中心，跨越了哲学、语言学、艺术史、考古学、古典学、心理学等多个学科，分析了各种文化中形态各异的“线”，从古希腊和日本的传统音乐到中国的书法和西方的字母表，从楚科奇人的迷宫和瓦尔比里人的沙画到奥罗克人的狩猎小道……通过对丰富材料的跨文化考察，作者引导着读者走出现代西方文化主导的线性世界观，为现代人揭示了在万物交缠的世界中栖居的新生活方式。

作者简介：蒂姆・英戈尔德（Tim Ingold），当代著名人类学家，英国皇家人类学研究所赫胥黎纪念奖章获得者，曾任英国阿伯丁大学社会人类学系主任，现为该系荣休教授。早年在芬兰从事民族志田野调查，关注人类与动物、社会生活与自然环境、历史与进化的关系问题，之后专注于探索环境感知与技能实践之间的关联，建立了新的生态人类学研究范式。《线的文化史》是他的代表作，他的其他著作包括《人类学为什么重要》《制作：人类学、考古学、艺术与建筑》等。

领读者：袁艳（华中科技大学新闻与信息传播学院教授）

主持人：张磊（中国传媒大学国家传播创新研究中心研究员）

① 英戈尔德．线的文化史 [M]. 张晓佳，译．北京：北京联合出版公司，2023.

讲座时间：2022 年 5 月 8 日
文稿整理与校对：毛万熙

一、开场白：人类学家眼中的“线条”

袁老师选择领读本书是对作者英戈尔德的致敬。袁老师近几年的研究从各个不同角度与本书发生了交集，从本书得到启发，展开了一系列现象学立场的媒介与日常生活的研究议题。事实上，从去年袁老师介绍的亚当斯的媒介地理学，到今天她介绍的人类学家的“线条”，中间有一条看不见的“线”，从空间与媒介关系出发，必然会实现一个更为抽象、本质的连接，即实物的连接、思想的连接。本期讲座袁老师将她的研究思考和本书内容编织在一起呈现。

图 8-2 蒂姆·英戈尔德

蒂姆·英戈尔德（见图 8-2），早期在剑桥大学求学，最开始学自然科学，后转到人文科学人类学；毕业后在曼彻斯特大学人类学系工作。从 2001 年开始，他受邀到苏格兰阿伯丁大学创办英国最年轻的人类学系。这个工作使英戈尔德可以按照自己的想法来重新创造人类学研究的方法。

从本书的研究旨趣可以看到，英戈尔德是一个特别不一样的人类学家。他的研究方法、关注的问题让我们很难将他简单归类。阿伯丁大学在英国排名并不靠前，但是给了英戈尔德一个空间，让他独立创造出并且应用自己所理解的人类学研究方法。

英戈尔德之所以成为这样的学者，是因为他的家庭和教育背景。最值得一提的是他的父亲，一位真菌研究者，被一些人评价为 20 世纪最知名的真菌学家。本书用到了他父亲的研究。真菌和其他生物不一样，它的形状是由菌丝构成的。其形状不断变化，人们很难感觉到它作为生物和通常理解的生物个体有何相同之处。真菌本身具有的生物形态，不仅决定了他父亲的生物学研究独树一帜，而且影响到英戈尔德后来的自然科学研究以及人类学研究。

英戈尔德在 2016 年写了一篇文章《从科学到艺术再回到科学》（*From Science to Art and Back to Science*），完整交代了自己作为一个人类学家的发展历程。他觉得人类学传统、保守的物质文化研究的套路，与他父亲所关注的生物以及物质世界的研究不一样。因为传统的物质文化研究将物想象成有固定边界的僵化的事物。这与他对世界的理解相冲突。为了超越人类学的物质文化研究，他深入艺术、音乐、传统绘画、建筑艺术等领域，寻求对人的全新理解，渐渐进入物质的更深层次。他感觉自己回到了当初他抛弃的自然科学，但不是回归到以牛顿为代表的或以传统古希腊几何学、数学为代表的自然科学，而是回到了以他父亲为代表的追寻自然足迹的科学。

英戈尔德的研究遍布学术研究各个领域。他以及他身边的追随者实际上开创了一个新的研究领域，叫作“4 个 A”（anthropology, archeology, architecture and art），把原本在传统的社会科学里分属不同领域的 4 个学科带到一处。他的研究中可以看到这种跨学科追求。他从剑桥毕业之后，就开始对北极地区萨满教族群、驯鹿狩猎的生存技能进行研究。《线的文化史》中用到了大量他早期的研究，包括因纽特人如何用雪橇，循着弯曲的路去捕猎，捕猎结束之后如何用雪橇运送散落在路边的猎物。

如果给英戈尔德贴一个标签，他不仅是一位传统的人类学家，还是“生态人类学”的开创者之一。他摆脱了以人类为中心的传统，将人看作自然和环境的有机组成部分。英戈尔德的学术经历，从科学到人类学，进入艺术，又回归科学，一路走下来，对传统学科体制中的自然科学和社会科学做了一番反思。他既反对自然科学与自然脱节的科学观，又对传统人类学僵化保守的物质观进行了重造。

本书采用了一种散文式或漫谈式的叙述口吻，甚至可以当闲书来读。导言部分详细交代了成书过程。最开始是 2000 年时作者受邀参加苏格兰古物研究会，并作了题为《过去的线条》（*Lines from the Past*）的演讲，讲述来自过去的“线条”——古典时期和中世纪的书写历史、书写文化——这与本书的关于线条的考古学或人类学非常不一样。但他顺着这个“线条”慢慢思考，中间没有马上成书，被这样的一条线带着，从一座山头来到另一座山头，从一处风景看到另外一处风景，中间不断被其他工作打断，他花了 7 年时间才写成本书。

要理解《线的文化史》，不能孤立地看，要顺着线条的想象来理解。本书只是作者整个学术思考或学术旅程中的一站。对于线条的反思，他做了较长时间停留。他用线条织起了相对成形的一组思想，在《线的文化史》完成之前和之后，可以看到他在本书里谈到的思想的前身或后续。他在 2007 年写完《线的文化史》后，2015 年又写了一本姊妹篇《线的生命》（*Life of Lines*），汇集了几十篇关于各种各样的现象的研究成果，思考内容触及气象学、建筑学，范围更加广阔。本书应该放在作者整个学术旅程和思考的脉络中来理解。

二、何为线条：“线”的三种类型

从 20 世纪 90 年代末开始，随着后现代理论的解构、去结构化，“线”成为一个不太光彩的名词，因为当我们提到“线”，我们总是讲线性。当袁艳老师做媒介地理学研究时，她最要批判的就是“时间消灭空间”背后的线性历史观，反对基于社会达尔文主义的线性历史观，一直把线性当作一个批判对象来对待。线性总是和单向、一元、中心化、宏大叙事、科学主义、西方中心主义、后殖民主义关联起来。批判西方中心主义时常会将西方文化说成线性文化，不同于其他的非西方文明。人们反对线性的历史观、时间观或空间观，所以“线”被当作西方中心主义的象征而遭到批判。

但在本书中，在现代性批判中，将现代性某种程度上等同于线和线性，其实是主流叙事对线条的窄化理解。如果追根溯源，这就是欧几里得几何学里对于直线的理解。欧几里得几何学中，从任意一个点画到另外一个点，中间的连接就是直线。这绝不是线条的全部。在日常生活中，在自然界和人类社会中，线千差万别，千姿百态。

英戈尔德首先提醒，在讨论线条的源头时，为什么我们要回到欧几里得的思考方式，而不从线条本身出发？线条其实来源于拉丁语的亚麻（linen），来源于自然的纤维。除了亚麻这种特殊的纤维和线有直接联系，还有很多自然之物或人造物本身就是以一种线状、条丝状存在的。比如，菌丝、树枝，各种各样的天然或人工纤维、绳索、河流、道路、光纤、电线电缆。这是本文提出的第一种线。

第二种线是事物运动的轨迹和姿态，如水流、气流、音乐、各种各样弯曲的褶皱、行走、绘画动作、身体姿态，都构成了轨迹或姿态。

第三种线是这些轨迹留下来的痕迹。例如，水流、气流所形成的波纹，漩涡，乐谱，岩石或木材上面的裂纹，人类在大地上留下的足迹或动物留下的脚印，还有书写留下的文字，或绘画留下来的线条。

线状的物、事物运动的轨迹和姿态、运动留下来的痕迹这三种类型，能够帮助我们看到线在世界中多么千姿百态。

用这种角度打开线的世界以后，就可以看到，作者提出的研究对象，再也不是几何学的问题、物理学的问题或光学的问题，也不是人类学的问题或建筑学的问题。它跨越了哲学、物理学、化学、生物学，也跨越了人类学、历史学、考古学、地理学、建筑学。

在这个过程中，从原始或自然界的菌丝、树枝、自然的纤维、水流、气流这种自然之物，到人造的光纤、电缆、计算机编程程序的线条，这个研究对象实际上也跨越了新与旧、自然与人文、科技与艺术等学科分野的边界。很多人都觉得这不太像一个正经的、可操作的研究对象，但恰恰是这个研究对象打破了传统学科中的很多局限。

三、为何研究线条：线作为构成世界的方式

为什么作者要强调丰富多样的线条的存在？作者其实是想重新帮助我们理解世界，回答一个问题：世界究竟是由什么构成的。这是一个本体论的问题。在以往我们对世界的想象或本体论的理解中，我们想象世界是由点组成的。还有一种理解，那就是世界是由线构成的。

这里有张图（见图 8–3），左边显示的是数个圈或点。右边显示的是数种线圈、线团。作者用这张简单的图来帮助我们区分点与线的世界。

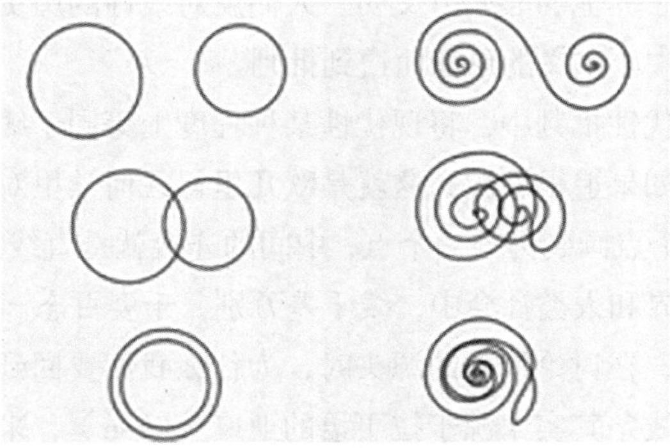

图 8–3 点的世界和线的世界

（一）点的世界

请看图 8–3 左边的图示。首先它们有明确边界，是静止状态，象征定居，有明确的中心。世界由众多的点组成。点和点的关系有三种：相互独立，部分重叠，彼此包含。不能相互附着或融为一体，只能一方包含另一方。所以这个点的世界是一个典型的两分法的世界，有明确的内与外、主观与客观、自我与他者、容器与内容。我们可以把点理解成地方，或事物、物体、人。每个个体或大一点的每个社群、城市、村庄、国家也可被视为是这样的点。

可以用这种点的特点、点与点的关系模式来理解人与人、人与自然、社群与社群、国家与国家、文明与文明的关系。它揭示了很多我们以为比较革命性的观点。比如，过去想象点的时候，是以等级化的方式来想象的。后来我们说，等级化属于传统思维，所以开始想象点是一种网络化的、平面化的或非中心化的存在。

想象点的关系的最具代表性的书籍是《广场与高塔》，这本书中描绘了两种人类的网络结构关系。一种是像宝塔一样层层递进的等级关系。另一种是像广场，是去中心化的、平等的、自由的交往关系。广场似乎是一种比宝塔更民主、更自由的关系。但作者提醒我们，这两种关系在人类文明的发展过程中此消彼长，内在逻辑是一样的。无论是什么关系，它们其实都是点的世界，都是将世界或社群想象为有边界的定居点。在点的世界里，其实也有线。线是点的边界或外围，点的内在才是核心。所以线是连接点和点的外部存在、外部干预，或附属的存在。点是中心，线是附属。

（二）线的世界

请看图 8–3 右边的图示。它在结构上跟左边类似，但不再有边界，你中有我，我中有你。当两个线圈完全融合在一起时，更分不出来哪个线圈包含哪个线圈，它们层层叠叠缠绕在一起。这种线条所组成的世界是个流动的、变化的世界。在不断生成的过程中，线与线的关系也表现出点和点的关系。比如，线条是一直绵延的，呼应了柏格森的绵延说。它是可以扭转的，可以堆积的。同一根线，可在某个地方堆积，形成一个比较大的点，线和线之间可以相互缠绕，缠绕过程中不再分得清彼此。

如果把世界想象成线，线也是有点的。线在一个地方绕多了，停顿多了，或绵延多了，或弯曲多了，就成了一个点，或它与其他线相互纠结在一起，打成了一个结。这种线条所形成的点，并没有内和外，没有自己和他人，人、物、地方在运动、变化，在相互关联中成为自身。

很多哲学家或社会学家反复谈到去边界、流动、游牧。英戈尔德实际上是把两种对世界的态度，用点和线两种基础的隐喻进行形象化说明。虽然不是数学公式，但看这个图就感觉有使用数学公式来描绘宇宙的神秘感，有物理学家用数学公式谈论相对论时的美感。

如果理论到此为止，其实也不能体现作者与其他学者相比有什么特殊之处。他无非用了一个简单的比喻，将一个已有的理论进行了再一次的形象化表述。但他的贡献绝不止于此。他并不是想创造一个关于点和线的两分法，也不是想说明什么状态是点的状态、什么状态是线的状态。进入他所描绘的线的世界的内部，就可以看到，作者实际上摆脱了点与线的两分法。要做到这一点，就要对线条进行更加细致的分类。

四、线的分类：线头、痕迹、连线

作者依据三个标准，创建了关于线的分类学：第一，线的各种状态、线的存在方式，line；第二，线的操作，操作线的人的手、人的劳动、人的技能，hand；第三，作者对于线的理解的最具创新性的一点，即引入线的表面概念，线不能脱离其表面来理解，surface。

由状态、操作、表面这三个要素，衍生出线的三种类型：thread——线头，trace——痕迹，connect——连线。那么，线头和痕迹的区别究竟在哪里？

在作者看来，事物运动本身不依赖于表面时，就是线头。比如，水流、菌丝、树枝、纤维、人的血管、动物的迁徙、人的姿态。特点是处于一个三维空间，它的存在本身、功能以及它和其他事物的关联不需要表面的支撑。

当线头遇到表面时，会在表面留下痕迹。比如木纹，是时间在树木中留下的纹理。在地壳运动的过程中，本来岩石的错位或岩浆的涌动并不依赖于任何表面，但是当大理石被打磨后形成一个表面时，就可以看到石纹。绳索、自然的或人工的纤维、线条，当把它们变成二维空间的支撑，用它织成一个平面图样呈现时，它们就成了织纹。还有人的行走、动物的行走，本不是什么痕迹，本不需要平面存在，但如果在一个平面上留下痕迹，就形成了足迹或脚印，表示人遇到了大地的表面。还有就是人的姿态，当你在空中挥舞时，你的挥舞、你的动作是线头。

作者其实更想说的是，线头和痕迹之间是可以打通的。当表面被抽离时，它可能是以线头的形式呈现。不能把痕迹和线头分开，因为它们之间的区别其实就是一个表面的存在与否，而表面的存在与否很多时候依据事件的变化或观察的视角而发生改变。当俯瞰时，表面就存在了，当与表面平行时，表面就消失了。

作者举了很多例子说明二者之间如何转换。比如，当用手握住绳索或在空中给绳索打结时，它是线头；当把它织成经纬结构时，它是痕迹。还有结绳体现了从线头到痕迹的变化。考古研究里各种古代纹饰，很多实际上就是青铜器或陶器上的纹路，也体现了从线头到痕迹的过渡。日本的新石器时期被称为“神纹时代”，就是因为当时发掘出大量含绳索纹路的陶器。这提醒我们，很多器物表面的痕迹或纹饰，最早的来源是绳索纹。当一个存在于空间的绳索或纤维被印刻在陶器、青铜或其他材质的表面时，就成了纹饰。通过线头与痕迹的转换，我们可以看到更古远的文明来源、技术的源流。

表面常会因事件和观察视角的变化存在或不存在，出现或者消失。当把表面的因素去除掉时，会在表面发现很多痕迹。这种文化现象或文化产品、物质形态背后连接着以线头方式存在的一些物质。

痕迹之所以是痕迹，是因为痕迹在很大程度上保留了线头运动的姿态和过程。比如书法，在纸上写的文字，它其实并不是运动的体现，而是字迹。为什么书写会和印刷不一样？因为在书写的过程中，人和笔的关系、笔和纸的关系不同。书法研究表明，最早的书写就是悬空的，纸是悬空的，所以在三维空间里，力量是作用于书法的，会对书法产生影响。

这种痕迹看似和线头不太一样，但实际上仍然保留着线头的运动、力量、姿态和过程，所以在本质上是一样的。比如，绣花或缝衣服，它们是连续的线头。当绣在一个布面上时，它呈现出来的经常是一个点、一个图案、一段线，或缝纫时留下来的一个个针脚，就像虚线一样。但是如果理解了针脚是丝线在织物表面上下穿梭的过程中形成的，那么就明白了无论绣花的痕迹、花纹是连续的还是断断续续的，丝线从来没有断过，是针在引导丝线，是连续的。还有足迹，大地上留下的动物的足迹、人的足迹。因为它们来自行走这个线条，所以是连续的。文字也是这样。书写的文字看起来是一个字一个字的，但如果看到线头，即书写这个动作，实际上它是连续的。不可能写一个字把笔放下来。人握笔写字时，与纸面有时接触、有时不接触，但书写动作一直是连贯的。

实际上，不同事物可能是同一种运动或事物的表现，有时表现为线头，有时表现为痕迹，取决于表面是否存在。比如，路和桥不同，但路有大地这个表面存在，而桥突然来到河流的空间，于是成为桥，但它实际是道路或路线的有机组成部分。

比如，纺织和舞剑，它们好像隔着十万八千里，但实际上，它们也是人的姿态在一个表面留下来的痕迹。

舞剑过程中发生的事情，书法、绘画、绣花这种在平面上出现的艺术，两者的背后是有相通之处的。

有这样三条线：第一条线是线条（寻路），就是笔画过纸面留下来的线条；第二条是同样的痕迹，把这条线变成数个点的组合，即虚线（聚集）；第三条线把虚线中间的各个点连在一起，是连线（组装）。

第一条线是线条，笔画过一个表面后，在纸面上留下的一个痕迹。背后根本的逻辑是人的姿态、书写的姿态。但后面的这两条线，虽然在形状上和前面的线相似，但内在逻辑根本不同。

第二条线是独立的点的聚集，模模糊糊地构成了线条。

第三条线是被连接在一起的一些线，但这些线和第一条线的状态有本质的区别，这些线条只承担点和点之间的连接，点止于什么地方，线也就止于什么地方，它们只承担着组装、连接、结合、组合的作用。这种线叫作 connector。

这三种线条代表着三种运动方式或关系：寻路、聚集、组装。线条分类学是有层次的，并不是将线头、痕迹、连线当作三种平行的不同类型进行介绍（见图 8-4）。首先，它将线分成以点为中心的线和以线为中心的点，分别来自点的世界和线的世界。来自线的世界的线条，以线为中心，将个体生命的运动都想象成一条线，而不是有边界的点，所以是先有线，点是线的缠绕、堆积后形成的。

以线为中心的世界中，只存在两种线，一种是线头，另一种是痕迹。它们的区别在于，有无表面。以点为中心的世界中，是先有点，再有线，点组合成线，线仅是连接点的外在因素。在这个点的世界中，产生了连线。

连线通常也有表面，即几何学里的平面，一个纯然的、没厚度的、没质地的抽象平面。表面是纤薄的但仍可感觉到肌理、厚度会因运动而发生变化。平面不会因线的经过或运动发生变化，起到几何学里的辅助线或辅助面的功能。在有表面存在的情况下，我们常把连线误认作痕迹，其实二者遇到的表面及其背后的深层机制、连接的线头根本不是一回事。

这样，从三种线减少到两种线，第一种是来自线的世界的线——线头与痕迹。第二种是来自点的世界的线——连线。这两种线可以帮助我们对很多当前媒介研究或传播学研究的现象进行重新理解。

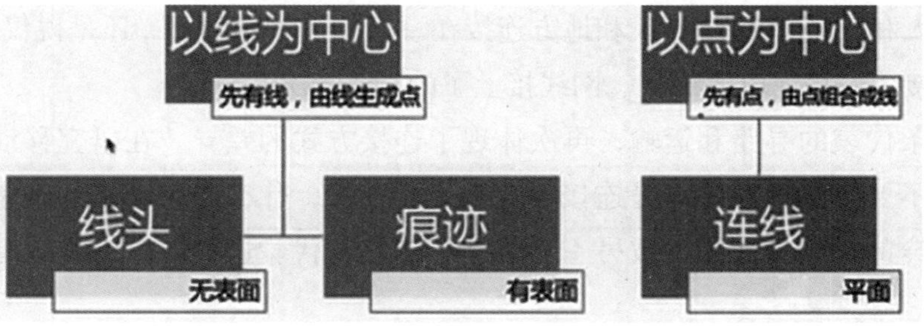

图 8-4 线的分类层次

五、用两种线的概念理解传播学

首先，两种不同的线能够产生怎样不同的关于移动和连接的理解呢？

移动和连接是媒介地理学研究的一个核心议题（见图 8-5）。人们常觉得，移动和连接是只存在连接 / 不连接，或移动 / 非移动的二元对立关系。但是，这一理论帮助我们理解了移动的多元性和连接的多元性。

图 8-5　不同的移动和连接

顺着两种线条，一种是线头或痕迹，一种是连线，来理解两种不同的移动和连接。

第一种是左边的线头或痕迹，这种运动叫作寻路。特点：整个运动的过程或连接方式就是一条线条，不存在起点和终点，连接的主体、被连接的主体在连接的过程中成为自己。这些点是连在一起的，并非有别的线将这几个点连在一起。连接线本身就是线与线的连接形成的，同时是点本身。移动的过程和连接的方式本身成为主体构成的有机元素，而不是外在于主体。这叫作联结（connectedness）。

第二种是连线。首先有了点，然后将这些点一个个连接在一起。通过这种逻辑产生的移动，叫作运输（transportation）。特点：只考虑把原本已经存在的不同地点或不同空间里的东西，从一个地方搬到另外一个地方，只取所需要的东西。

连接的虚线是像下跳棋一样的，从一个点跳到下个点，再跳到下个点，但是达到目的之后马上离开，它并不在这一个点上做过多停留。它只是占有（occupy），并不居住在里面。所以这些点、线存在于点的外部，将点和点组合、组装在一起成为一个贡献于外部的更大网络，叫连接。荷兰传播学者何塞·范·迪克（Jos é van Dijck）提出了“connectivity”的概念，提醒在万物互联的时代，一定要小心谨慎，我们身边发生的连接是哪一种连接，是真正的将人和人、人和社区、人和地方连接在一起的“networked”，还是说仅仅是注册了、上传了、连接了、插上电源线了、网线接上了的“connectivity”。

两种线条代表的寻路和运输，再次体现了连接方式的差异。在研究移动和连接现象的过程中，不要急于判断什么是连接、什么是非连接，什么是移动、什么是非移动，要观察是什么样的移动和连接，被另一种移动和连接取代。这样的思维方式有其批判性的力量。

很多时候殖民者来到其他文明时，会认为这个文明中不存在连接或移动，通过建设铁路运输网络，殖民者将所殖民的地方和外部世界连接在一起。他们假设那些地方原本是僵化的，内部缺乏联系，是孤立的、传统的，没有移动，这种想象将原本已经存在于某个地方的丰富的移动性和连接性抹杀了。

当一条高速公路穿过一个水乡时，水乡常被划为旅游景点，但是水乡、水道两侧原本是一个统一的旅游景点，现在它们需要高速公路把游客带进来，高速公路将这个地方和游客连接在一起。这里，高速公路构建的这种新的网络取代了水乡原本围绕水的运输方式所建构起来的网络。所以并不是水乡原本不存在连接，水道本身具有连接功能。但如果飞机、轮船、高速公路这种旅游产业更依赖的连接元素占主流时，人们自然就会将水乡视为中间的一个景点了，这实际是对传统连接和移动的否定。

不同的线条怎样帮助我们对地方这个概念做出新的理解？地方经常被我们想象成为图 8–6 左边的样子，地方被想象为有边界，中间是大的地方包括小的地方，地方和地方之间要连接。在地方之外，交通运输系统或邮政系统，或互联网、大众传媒等其他技术方式，将地方与其他地方联系在一起。这是一种关于地方的理解。

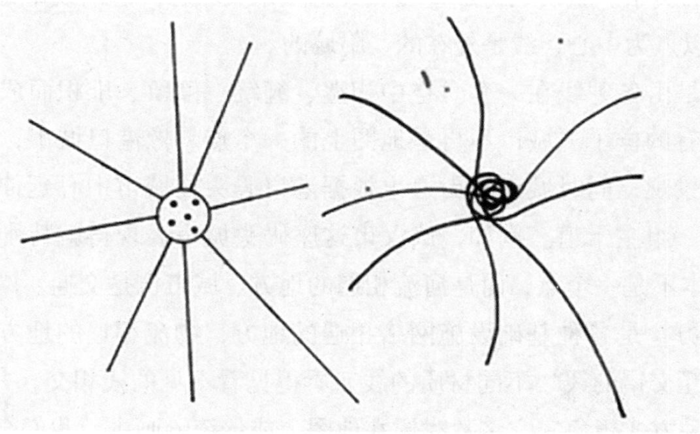

图 8–6 不同的线与不同的地方

这样的地方是基于点、在点的世界中想象出来的地方。虽然存在着线，存在着地方和地方之间的关联，但是连接是外在于地方的，在线的世界中如何重新想象地方？图 8–6 的右边，地方不是一个点，各种线在某时空相遇，又以某种方式结合形成了地方。各种线绕成了团，或有些线产生停顿、堆积，形成了一坨线团。以线团来理解地方，这个地方与外部世界的联系就呈现出了一种截然不同的景象。

就是说，地方只是不同线条相遇的时空，或相互缠缠绕绕的地方。它本身与从地方之外来的看不见的线条没有本质区别。这个地方就是由它们构成的。按照这个思路，我们对地方和地方的关系、地方特色、地理学家谈的地方感、地方的原真性、人地关系等可能会产生新的理解。如图 8–7 所示，左边的叫点质城市，右边的叫线质城市。

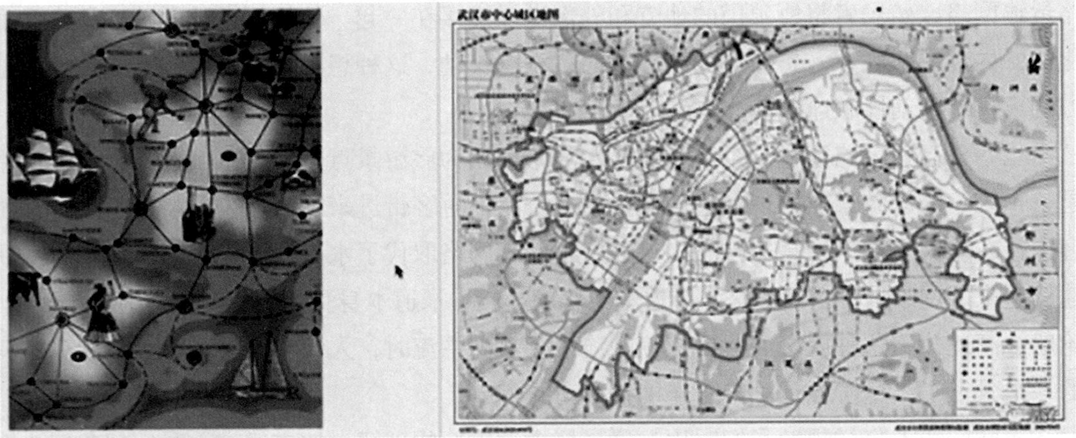

图 8-7 点质城市与线质城市

点质城市是以连线的逻辑想象城市。左图是一个棋盘似的图，列举了西班牙、法国等各个欧洲国家的城市，把城市变成了一个个点。城市和城市的关系或它们之间的关联就是用连线来连接点的关系。城市只是那些黑点，把城市关联在一起的线不是城市，点和线发生了分离，同时以点为中心，线是外在的、附属的。

线质城市则是由各种线在一个时空中相遇、缠绕、停留、堆积而成的。这样的城市更能够成为它应有的样子。城市不再是地图上的一个点。像港口城市，各种河流的相遇天然形成了沿岸景观，同时城市的街道也根据港口码头往城市中心延伸，或沿着河流形成了城市的另外一组主干道。例如，武汉市这座码头城市表现得就特别明显，河流在城市中间，城市根本不是一个点，而是河流相遇的地方。城市也是交通、网络相遇的地方，是管线相遇的地方，是各种基础设施网络相遇的地方，物流相遇的地方，人、信息相遇的地方，各种相互交错的线、不同材质的线、看得见看不见的线相交，才形成了城市。

还可以用这种方式想象家。多数时候在地图上或传统绘画中，我们会把家想象成一个房子，它也是以点的方式存在于地图上的。自上而下看家由什么构成时，有时要把家进行解剖。装修时首先要做的是铺线工作，铺水管、气管、电线等，此后这些东西被埋藏起来，在日常生活中的家里是看不到的。因此，家也是由线组成的。

如图 8-8 所示，第一种网来自点的世界，由点和点之间的连线构成的网，这种网叫作 network。第二种网即最右边的网，其逻辑与第一种网不一样，其是由线缠绕而成的网，线是构成网的主要元素，线的边界产生的节点，英语叫作“meshwork”，中文叫渔网。还有一种网叫“grid”，即网格，图中间的网就是网格。比如，棋盘构成的网，线条和线条之间是纯然的几何关系，是标准的，每一个网格及其构成的空间也是均匀分布的。比如，地球的经纬网，也是根据这种规则划分的。

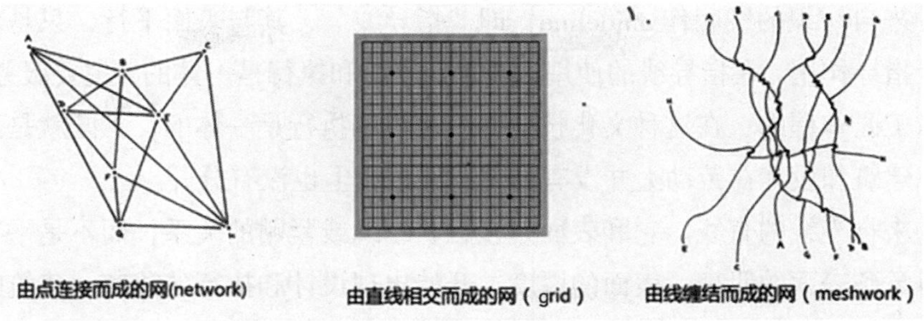

图 8-8　不同类型的网

当提到互联网时，大多数时说的是 network 或 grid，这种网是超越地方的，只承担点和点之间的连接功能。人们常会想象城市基础设施是规则排布的。

用不同的线来理解书写，也会产生对整个书写历史、传播史、媒介的新理解。这就是点状的书写和线状的书写。从打字机、印刷术开始，人类就改变了自己的书写方式，不是在于文字的内容发生变化，而是人的动作，打字、书写姿态和传统的手写、绘画的姿态产生了根本区别。这一点就是点状书写和线状书写的区别。

作者的理论有助于打破新旧媒体的界限。看似是旧媒体上出现的书写其实是点状书写，是被改造过的书写状态。袁老师关于手账的研究中就运用了这样的区分。比如，填表或签名，只需要填空，做手账时用数据化的方式来记录原本很难量化的心情。

六、狭隘的想象：线是如何变直的？

线是如何变直的，“线条等于直线”这种对线条的狭隘想象从何而来？为什么在现代性中，线总以直线的方式存在？作者用一节篇幅，梳理出一个关于直线和曲线的文化政治，解释为什么直线在现代性中获胜。

人类一直以来关于自我和他者、文明和野蛮、男性和女性的分类法，都是和直线 / 曲线关联在一起的。想象人的躯干是挺直的，想象大猩猩或人类的近亲尼安德特人、野蛮民族是弯曲的。

直线不一定代表理性主义。考古学和人类学告诉我们，两种不同的直线有不同的文化来源。自然界没有纯然的直线，人手画不出标准直线。直线有两种来源，第一个来源是纺织，借助纤维，将纤维拉直成为直线状态，或拉直的纤维留下的痕迹就是直线。木匠用墨盒将线拉开，将线一弹就有了直线。建筑工程中人们利用铅锤的重力所形成的线也是直线。这种来自纺织的直线甚至拓展到了测量学，用于丈量土地、进行土地划分，古埃及最早的土地丈量师就叫“拿绳子的人”。

第二个来源完全不同，是人类理解光的反射的过程中领悟到的直线。这种直线是欧几里得几何学中的一个点到另外一个点之间的连接线。

第一种来自纺织的线叫作 guideline，即“指导线”，其与表面平行，只是对人们的操作起到一个指导作用。在指导线的使用过程中，设计和执行是一体的，主要服务于操作者。这种线是由工匠掌握的，在这种文化技能中，设计和执行是一体的，工匠就是建筑师，边做边设计，建筑和设计在劳动上并没有分开，在过程上也没有分开。

第二种来自光线的直线。它和表面是接触、纠缠或紧贴的关系，而不是平行的关系，人不再能感觉到表面的肌理、表面的厚度，开始出现设计和执行的分离。建筑师、设计师会在纸面上将图形或建筑的结构先设计出来，然后将设计图交给工匠去操作，产生了设计和执行的劳动分工。这种以来自光线的直线为基础的文化技术占据了统治地位，还产生了设计阶层和执行阶层的区分。

如何理解线条及其理论意义？作者的人类学著作或思想构成新物质主义、后人类主义的重要分支，即人与环境相互塑造、共生共荣的思想。人不是“在世存有”，而是“向世而生”。本书从人类学、考古学视角回应了列斐伏尔、德塞都、德勒兹等哲学家关于纹理、根茎、褶子的思考。

线条理论的批判性不同于后现代主义。后现代主义思想批判现代主义或现代性的直线或结构化，而本书连后现代主义也一并批判，认为“断线不是直线的解药”，不能用敌托邦解放乌托邦，而应将人放置到环境中。直线简化了人和环境的关系与人类社会的丰富内涵，断线不能解决直线带来的问题，要回到人和环境原本存在的关系中。

本书还具有丰富的方法论意义。导言谈到了跨学科意识。当把线条作为研究对象时，作者就不再仅仅是一位人类学家了，必须还是一位古典学家、考古学家、地质学家、建筑学家、艺术史学家，但他都不是，他只能走出自己的一条路，顺着研究问题，书写关于线条的风景，并将其呈现出来。

作者提出了这个问题：知识生产到底是建高楼还是放牧？不求甚解是个贬义词，但有时我们要有一点不求甚解的勇气，即不需要在阅读或学习某个学科或某本书时对书的全部了如指掌。带着自己的问题，与书中的理论相遇，让书与自我相互丰富，让理论和研究问题相互补充，让书把自己带到下一本书，让这个理论把自己带到下一个理论。做学术研究有不同路径，不需要都是规划式研究，即把一个学科领域全部掌握，也可以像作者这样寻路式研究。这可能是一个更为持久或更有效率的研究方法。

在最后，我们来聊一下研究者和研究对象的关系：既然线和点或寻路的人本来就是相互依存的，延伸到研究过程中，研究者和研究对象之间也应建立一种相互生成的关系。《深度媒介化》中提到单一媒介与媒介组合，提倡将新旧媒介或不同材质 / 形态的媒介关联到一起，在媒介组合的状态中做媒介研究。我在做手账研究、儿童陪伴机器人研究时，也尝试了这种组合式、分布式理解媒介技术和媒介现象的研究方法。线条是缠绕的、弯曲的、折叠的，这种思想有利于我们进一步思考基础设施在媒介技术中的作用，看到原本在点和直线的世界中理解的基础设施的弯曲、褶皱。

【本讲回顾】

本次导读的书目是蒂姆·英戈尔德的《线的文化史》，书中提出了一种颠覆传统的“线的宇宙生态观”，认为世界本质上是由“线”而非“物”构成。英戈尔德通过跨学科研究（人类学、考古学、艺术学等）将线分为三类：线头（如菌丝、水流等自然动态）、痕迹（如书写的文字、足迹等表面留存）和连线（如几何学中的抽象连接），并强调前两类线的相互转化取决于“表面”的存在与否。

书中批判了现代性将线简化为直线的倾向，揭示了其背后纺织文化与光学技术的分野，以及由此导致的设计与执行的阶层分化。领读人还探讨了“线的世界观”对传播学、城市研究（如“线质城市”）的启示，指出网络社会的“连接”，本质仍受“点的逻辑”支配，呼吁回归线团式的、生成性的关系认知。

本讲还强调了英戈尔德主张的“寻路式研究”，反对僵化的学科边界，倡导研究者与研究对象共同生成的学术路径；学术应如“放牧”一样，允许理论与问题相互生成。

【要点小结】

1. 线的本体论：世界由动态的“线”而非静态的“物”构成，体现为流动、缠绕与生成。
2. 线的三重分类：线头（自然动态）、痕迹（表面留存）、连线（抽象连接），前两类可因“表面”转换。
3. 两种世界的隐喻：“点的世界”（边界 / 中心 / 控制）与“线的世界”（流动 / 生成 / 共生）塑造不同的文明认知范式。
4. 直线的文化政治：现代性将线窄化为“直线”，源于纺织“指导线”与光学“几何线”的文化竞争，导致劳动分工与阶层分化。
5. 对城市的新想象：城市是各类线（交通、河流等）相遇的“线团”，非地图上的孤立的点（“线质城市”VS“点质城市”）。
6. 对网络社会的反思：互联网的“连线逻辑”延续点的世界观，掩盖传统社区的真实连接。

【拓展阅读】

1. INGOLD T. Redrawing anthropology: materials, movements, lines[M]. London: Routledge, 2011.
2. INGOLD T. The life of lines [M]. London: Routledge, 2015.

【思考题】

1. 来自线的世界的线——线头与痕迹，来自点的世界的线——连线，这两个关于线的概念可以给传播学研究带来哪些新的启迪？请结合具体案例分析。

2. 在“线是如何变直的”讨论中，从我们对直线和曲线的追求中，可以看出哪些立场上的分殊？需要警惕什么样的思潮？
3. 结合《线的文化史》这本书的理论，基于人类学的范式，请提出一个值得研究的问题并做简要的研究设计。

第九讲

中文书写的技术化进程：对中文打字机的媒介考古

——墨磊宁领读《中文打字机：一个世纪的汉字突围史》

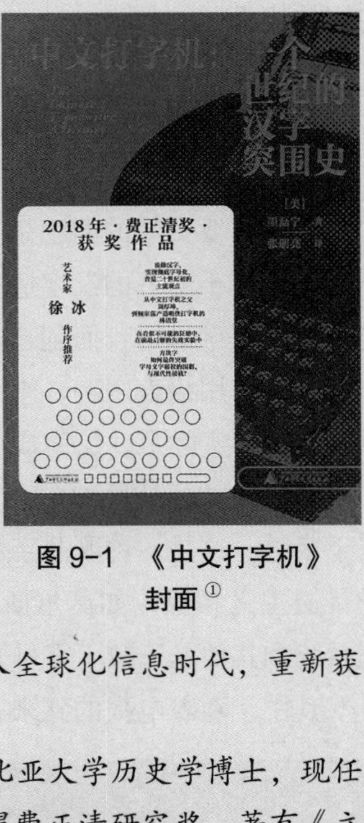

图 9-1　《中文打字机》封面①

领读书籍：《中文打字机：一个世纪的汉字突围史》（*The Chinese Typewriter: A History*）（见图 9-1）（以下简称《中文打字机》）。

内容简介：本书以中文打字机为对象，追溯了中文与现代信息技术相适应的历史。近现代以来，汉字作为非字母文字，在技术语言现代化的过程中遭遇了来自字母文字中心主义的重重阻碍，其一便是无法适应西式打字机。本书通过讲述中文打字机的发明历程，展示了汉语世界的机械革命，探索了中文寻求生存、适应且影响科技变革的历史。

书中描述了在近一个世纪中，中文使用者在发明中文打字机的过程中进行的各种尝试、经历的种种失败或成功的故事，由此展现了中文如何突破字母文字霸权而融入全球化信息时代，重新获得独特地位的过程。

作者简介：墨磊宁（Thomas S. Mullaney），美国哥伦比亚大学历史学博士，现任美国斯坦福大学历史系教授，研究领域为中国历史。曾获得费正清研究奖。著有《立国之道：现代中国的民族识别》《中文计算机历史》等。

领读者：墨磊宁（美国斯坦福大学历史系教授）

主持人：章戈浩（澳门科技大学人文艺术学院助理教授）

讲座时间：2022 年 5 月 15 日

文稿整理与校对：高山

---

① 墨磊宁 . 中文打字机：一个世纪的汉字突围史 [M]. 张朋亮 . 译 . 桂林：广西师范大学出版社，2023.

一、开场白：写给中文信息技术革命的著作

讲座伊始，主持人章戈浩老师用自己与《中文打字机》相遇的段子开场。章戈浩老师在澳门遇到了与内地不同的仓颉输入法，从而引发了他对输入法研究的兴趣，并进一步上升为对于打字机研究产生兴趣。但在研究过程中，章老师读到了墨磊宁老师的《中文打字机》一书，继而放弃了相关研究计划。

墨磊宁老师首先介绍，5 年前出版的《中文打字机》是他探讨自 19 世纪到现在的中文信息技术革命的两部书中的第一部。这一信息技术革命关乎晚期活字印刷、书法、打字机、字典检字法，甚至计算机和新媒体。第二部书《中文计算机》（*The Chinese Computer*）也将很快面世。

二、非字母的汉字书写如何适应技术发展？

本书首要关注的问题是，从 19 世纪到 21 世纪，中文书写系统如何适应技术发展，特别是要让成千上万的汉字适应一个具有结构性偏见的技术系统。结构性偏见表现为技术系统基于拉丁字母语言而创造，为英文、法语和西班牙语等语言创造技术层面的便利。中文作为主要使用语言之一，则因其非字母文字属性成为工程师、语言学家等相关人士面临的重要问题。实际上，汉字成为“问题”是一种相当现代的观念。

汉字是如何战胜 QWERTY 键盘并为今天中国信息技术的成功奠定基础的？中文写作基于字符，这是一种既非字母文字也非音节文字的文字类型。多年来，中国书面语言与字母普遍主义相遇，如莫尔斯电码、盲文、速记、Linotype（排字机）、穿孔卡片、文字处理系统和其他基于拉丁字母开发的系统。

其中，随着电报的到来，汉字才成为一种技术问题。因为电报技术的符号性基础是莫尔斯电码，它是一种完美而紧密地与英语结合的符号系统。与之对应的是，中文电码的发明，统计常见的 6000 个汉字，并将每个汉字与 4 位数字码相对应。4 位数字码通过莫尔斯电码传递，之后被电报员转译为一个汉字。这一过程实际上非常烦琐与缓慢的，也反映了汉字与现代信息技术发展之间长期存在的问题。从这一问题出发，我们关注如何创造打字机、电码、键盘、个人计算机等一系列中文书写系统中不可或缺的机械化语言输入基础设施。

图 9-2 双鸽牌中文打字机

图 9-2 所示的双鸽牌中文打字机，有一个值得注意的特点，这是一台没有键盘的打字机。它有一个“字盘”，字盘宽度有 70 个字，长度有 35 个字，共拥有 2250 个金属轻钢字模。这种打字机被称作常用字打字机，字盘中的 2000 多个汉字是经过统计在中文中使用频率较高的字。在 18 世纪到 20 世纪末，欧美充斥着嘲讽中文打字机的漫画，他们认为汉字作为一种非字母文字是根本性落后的。与此同时，中国以及周边的日本、韩国，甚至印度、中亚和东南亚地区，都在尝试发展信息技术的替代性模式。这一模式虽与欧美的模式相关，但更与之相区别。

三、技术突破：常用字法与拼形法

从汉字的角度来看，两种重要的中文打字机谱系学“祖先”由此诞生。时至今日，由这两位“祖先”衍生的诸多后代依然在中文技术输入系统中存在。特别是在中文计算机领域的重大突破，都可在中文打字机中找到源头。对于如何将不计其数的汉字浓缩在一台桌面打字机中这一问题，前人给出了两种解决办法。其一，常用字（common usage）方法；其二，“拼形”（combinatorialism）。拼音是将音节拼合在一起组成一个字的读音，与之相对，拼形则是将形状组合成一个汉字。如图 9-3 所示，汉字“流”和“海”的偏旁三点水都距离右半部分太远，整个字形也不够和谐。这是因为三点水偏旁和字的右半部分是由两块金属模型组合而成。将三点水和“每”字组合在一起形成了“海”字，这使用的就是拼形的方法。

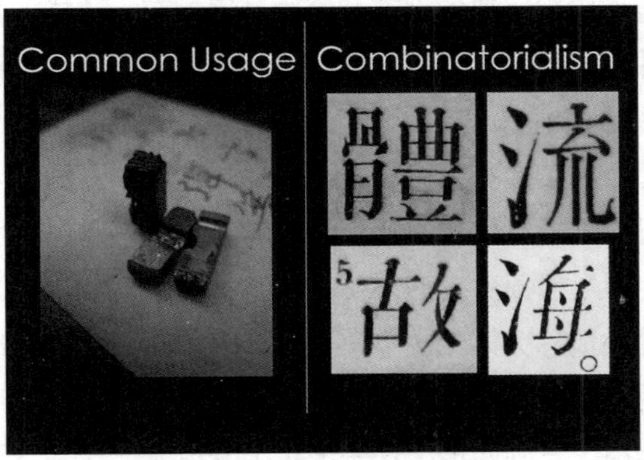

图 9-3　以拼形的方法打出的字

历史上，人们能够在商店买到的打字机全部是常用字打字机。从最早的由谢卫楼设计的第一台中文打字机原型，到周厚坤、舒振东等人设计的打字机，以及之后商务印书馆大批量生产和使用的双鸽牌中文打字机，都是基于常用字的逻辑设计的。常用字方法最早源于 18 世纪对于汉字的统计学研究，这项研究将句段篇幅中的汉字按照使用频率统计。

具体来看中文打字机的字盘，在字盘的中间部分是最常用的汉字，在最常用字的两边则是次常用字，而早期使用的字盘中，汉字的分类与排列遵循着康熙字典的设计。如此分区，是因为常用字字盘的排布逻辑遵循着最少距离的原则，打出每一个字所移动的距离决定了打字的速度，而将最常使用的汉字放置在一起无疑会缩短距离和提高速度。但是字盘并不能容纳所有汉字，于是容纳约 5000 个汉字的备用字盒应运而生，在需要时可以从中取出非常用字，并将其装到字盘中。常用字首先涉及汉字的使用频率和物质有限性带来的选择与排除，但除此之外，值得关注的是字盘本身可拆装的灵活性。原因有二：首先，常用字是一个随时间变化的相对概念，在不同时代有着不同的常用字（见图 9-4）。其次，不同语境与使用条件决定了汉字的使用频率不同，如不同的职业会有不同的常用语和常用字。

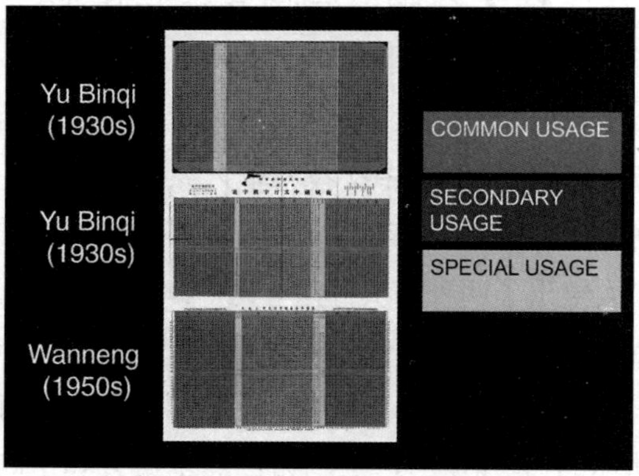

图 9-4　中文打字机常用字的变化

字盘内汉字最早遵循康熙字典的部首和笔画顺序排布，这样的排布方式实际上与汉字的自然语言使用习惯并不相符，也不符合移动最小距离的原则，在语句中，连贯使用的词语往往分散于几个字区。直到 20 世纪 50 年代，打字员开始改造字盘，将自然语言使用中常用的汉字放置在一起。与英文打字机相比，中文打字机字盘因技术设计和物质形式所具有的可修改性而成为可以管窥时代的文化切片。对打字机字盘的改造体现了“联想”的理念，即根据自然语言使用习惯预测接下来要输入的文本。

墨磊宁老师将这种改造称为第二次“白话运动”。第一次白话运动的目的是口语和书面语统一，第二次白话运动的目的是自然语言分类法和机器分类法统一。联想字盘使得中文打字机的输入速度提高了三到四倍，这一进步十分惊人，这一飞跃不仅提升了效率，更为后续的数字化信息处理奠定了基础。以拼音输入法为例，输入的拼音会关联多个备选汉字，而这些汉字根据统计学数据排列，包括汉字使用的频率和个人使用习惯。更重要的是输入法所拥有的联想能力，仅仅输入拼音的首字母就可以联想出词组或短语。例如，输入“cx”，输入法就会展示“诚信”“抄袭”等词语。打字机的常用字方法，亦影响了电脑中文字库的发展，诸多只能在备用字盒中找到的生僻字，也得以在电脑端输入和显示。

若“选定汉字”与常用字的排他性紧密相关，那么拼形方法则试图让输入更多的汉字成为可能。拼形方法不把单个汉字视作中文的基本单位，而是将汉字拆分为更小的组成部分，即汉字可以被垂直或水平分割。祁暄最早将拼形方法运用到中文打字机中，他计算出只需要 2000 个组成部分就可以组合出 3000 左右个汉字（见图 9-5）。

还有诸多实验型中文打字机继承了这一方法。尽管拼形打字机都停留在实验与原型机阶段，从未被大规模生产与使用，但是拼形方法在计算机时代依然有很多后继者，特别是在早期的计算机显示技术、打印机技术乃至数字字体设计方面。比如，在低分辨率的显示屏上更清楚地显示复杂汉字的原理就与像素打字机的理念不谋而合。

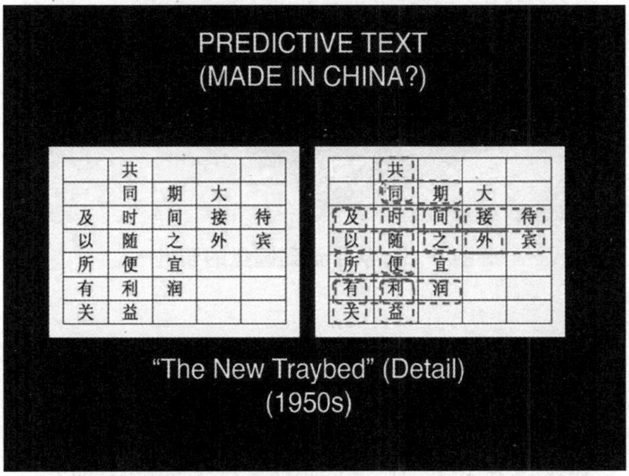

图 9-5　祁暄使用的拼形方法原理

四、创造中文键盘的技术实践

19 世纪 80 年代，中国科学家试图创造中文键盘，这些键盘往往是中型或大型键盘，按键数远超现在使用的英文标准键盘。萦绕在此的问题依旧是如何使数以万计的汉字通过键盘敲出，但这一问题早在 19 世纪 40 年代就有了答案。林语堂设计的明快打字机是第一部拥有键盘的打字机。明快打字机拥有与雷明顿英文打字机相似的外形，但是操作方式完全不同。明快打字机的键盘上并没有真正意义上的汉字，而是一系列独体字、部首和奇怪的笔画组合符号。按下按键也不会有对应的符号被打在纸上。事实上，按键操作变为了对机器的检索命令，让打字机在机械字库中寻找含有刚刚按键上符号的汉字。林语堂实际上将输入和书写的问题转化成了检索与中文检字法的问题。检字法对应着字典、电话簿的分类法，其重点是如何在中文中搜索信息。按下两个按键要求打字机检字之后，会有最多 8 个汉字出现在打字机顶端的小矩形窗口中，最后需要按下键盘最下端的数字按键来确认要打的字。在这个意义上，林语堂创造了一种非数字化的机器输入法。从此以后，输入法输入对应两个屏幕，一个是用于检索选择的输入法屏幕，一个是最后用于确认的文字屏幕。也因此，我们现在所使用的五笔、拼音等输入法，甚至云输入技术都可以被视作中文打字机的遗产，而非计算机化的产物。

图 9-6　从字盘到键盘的演进

五、讨论与问答环节

听众：在中文打字机的发展过程中，性别因素有怎样的表现？

墨磊宁：在美国和西欧等地区的打字机使用中，打字员这一工作很快成为女性的工作。但这一情况并未出现在中国。我在阅览了诸多民国时期打字机学校的学生名单后发现，女性打字员虽然占主流但仅占百分之六十到七十，仍然有大量男性从事打字员工作。直到个人电脑普及，女性打字员才进一步增加。总而言之，中文打字员的工作显然出现了性别分化，但是与世界其他地方的情况并不尽相同。

听众：回看历史，中文打字机的发明者或其同代人，是否试图为打字机系统创造一种宇宙论？

墨磊宁：在中文打字机的发展过程中，与其说建构了一种宇宙论，不如说存在一种机器的宇宙论。比如，拼形方法的发展，打字机的拼形方法，为了语言的技术逻辑化这种方法牺牲了汉字的优雅与美感。在计算机时代，这一问题得到了解决，拼形方法在像素显示中依然保持了字体的协调。由此看来，不同的机器技术中蕴含着不同的宇宙论。

听众：21 世纪初，中文输入法有了翻天覆地的变化，这一现象在文化与社会层面造成了什么样的影响？

墨磊宁：历史上，中文打字机和计算机使用有很长一段时间是重叠的。输入法的革新可能是这一输入革命中的最大亮点。因此，许多人相信汉语拼音的发明在早期中国计算机输入中十分重要。事实上，早期的工程师与开发者都认为拼音输入太慢且面临着同音字输入的问题。从林语堂到20世纪晚期，汉字输入都从汉字的结构入手，如仓颉输入法和五笔输入法。这些输入法都基于传统的汉字分类和定义，如笔画、部首等。但拼音输入法涉及应用数学、随机推理等一系列统计工作。也就是说，拼音输入法将汉字问题转化为数学问题。此前的以结构为基础的输入法被设计为每次输入一个汉字，代码总是对应一个特定的汉字。拼音输入法则从词或常用多字短语入手，通过联想的方式进行输入。通过持续分析既往输入的内容、用户创建的字库等数据，计算机得以联想用户想要输入的汉字。

听众：简体字对于中文打字机的影响有哪些？

墨磊宁：简体字的推广与使用确实影响了中文打字机，特别是要将过去的繁体字金属活字换成简体字。但如果仔细阅读更新后的打字机字表，会发现许多汉字在错误的位置，许多简体字仍然在过去繁体字所处的位置。但从宏观的技术发展史来看，简体字运动并没有那么大的影响。特别是汉字的简化是一个相对概念，简体字的简化主要表现在个人手写层面笔画数的减少。这样的简化概念在机械中，包括在之后广泛使用的输入法中都并未产生较大影响。归根结底在于，简化的概念是汉字使用中某些层面的简化，而不是绝对的简化。

听众：中文打字机和英文打字机（及其影响下的汉字输入）是否又在什么时候合二为一？

墨磊宁：中文打字机和英文打字机从没有完全地合一过。在明快打字机的例子中，看起来仿佛合二为一。明快打字机拥有英文打字机的外形，但完全不按照英文打字机的模式运作。人们并不是使用键盘“打字”，而是在“输入”。所以，中文打字机和英文打字机在1977年的明快打字机中看起来融合了，但是在技术层面、语言层面与机械结构层面都是完全不同的。

听众：英文打字机在一定程度上改变了人们的表达方式，中文打字机在使用过程中也影响了当时人们的表达吗？

墨磊宁：当打字员遇到缺字问题时，他们可以选择手写补上空缺的字，或者去铸字所定制需要的字，抑或用同音/同义字来代替。但是在我收集的诸多中文打字机时代的油印本中，这样的缺字情况十分少见。对于这种现象我更愿意认为中文打字机的常用字字盘确实影响了人们的文字使用。这种技术影响人们表达的情况在输入法时代也有发生，如输入法对于我们输入内容的建议和预测，左右了我们的文字表达。

听众：您提到的技术、语言、物质是怎么结合起来的，应该如何理解？

墨磊宁：在技术语言学的层面，我关注的是技术转化为语言的过程。比如，日本有名的机械人偶（文字書き人形），通过一系列复杂的木质机械结构，人偶可以写出汉字。但如果机械结构运作出现问题，就会影响人偶最终写出的文字。只有正确的物质排布，才能创作出可识别的文字。对我来说，这就是我所关注的技术语言学，关注那些不能直接被理解的物质结构。在这个意义上，我是一个物质主义者。

听众: 在中文打字和输入的历史中，如何划分人类输入法和后人类输入法之间的边界呢？

墨磊宁：当书写等于检索时，也就是书写变成了检索式书写，通过检索来进行书写时，就是后人类输入法。与此同时，几乎一切都变成了书写，如我们可以通过我们的语音来进行语音输入；安检中的人脸识别中，我们的脸就成了被输入的信息。后人类输入法已经存在，并且与我们的生活息息相关。我们不断地将自我输入输入法的数据库，留下我们不能读取的信息，但我们已经被书写。

【本讲回顾】

本讲聚焦墨磊宁《中文打字机》的媒介考古研究，诠释了中文与非字母打字技术适配的百年突围史。汉字作为非字母文字，在适应现代信息技术时面临结构性偏见，尤其是与西式打字机的兼容问题。著作以中文打字机为切入点，批判了西方“字母文字中心主义”对汉字的技术污名（如 19 世纪的嘲讽漫画）。

本书追溯了中文打字机的发明历程，揭示了两种关键技术路径：常用字法和拼形法。常用字法通过统计学选择高频汉字，优化字盘布局以提高效率；拼形法则将汉字拆解为部件组合，为后续计算机输入法奠定基础。

此外，书中重点剖析了林语堂“明快打字机”的范式革命，首次将键盘转化为检索指令（按键对应部首 / 笔画），实现“输入—检索—选择”三层操作，创造了非数字化输入法的原型（当今拼音 / 五笔输入法的雏形），影响了现代输入法的设计。

墨磊宁的领读同样关注到打字机这项技术的社会影响，包括打字员性别比例差异（中国男性占比显著高于西方）、简体字对机械适配的有限作用，以及“后人类输入”的趋势（人脸识别 / 语音输入使身体成为数据源）。

【要点小结】

1. 双路径的技术突围：常用字法（统计优化）与拼形法（部件组合）共同解决汉字海量字符的机械化输入。
2. 字盘的文化政治：字盘汉字排布（如康熙部首→自然语序）成为管窥时代的文化切片。
3. 拼形法的技术遗产：将汉字拆解为部件的方法，为计算机时代的输入法和字体设计提供了关键思路。
4. 后人类输入：人脸识别、语音输入等使“书写 = 检索”，身体同时成为被系统书写的数据库。

【拓展阅读】

1. MULLANEY T. The chinese computer: a global history of the information age [M]. Cambrige: The MIT Press, 2024.
2. 基特勒 . 留声机 电影 打字机 [M]. 邢春丽 , 译 . 上海 : 复旦大学出版社 , 2017.

【思考题】

1. 从中文打字机的历史来看，中文突破字母文字霸权而融入全球化信息时代有何意义？说明了什么？
2. 影响中文打字机不断演化、变迁的社会因素都有哪些？哪些因素墨磊宁谈到了，哪些因素没有谈到？
3. 结合基特勒在《留声机 电影 打字机》中对打字机所持有的相关观点，请从媒介物质性的角度分析一下中文打字机的技术实践。

第十讲

褶子创生世界：理解后人类的一条哲学线索

——姜宇辉领读《褶子：莱布尼茨与巴洛克风格》

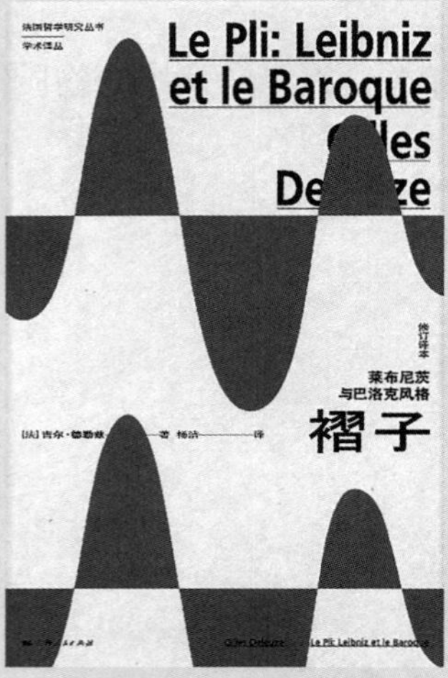

图 10-1　《褶子》封面[①]

领读书籍：《褶子：莱布尼茨与巴洛克风格》（*The Fold: Leibniz and the Baroque*）（见图 10-1）（以下简称《褶子》）。

内容简介：树叶、褶裙、皱纹、纸团、土地……小到微粒，大到宇宙，到处都有褶子。与莱布尼茨的单子不同，德勒兹的褶子是物质与灵魂的结合，是世界的最小单元。通过不断地弯曲、折叠、展开，褶子创造了世界。注重流变、运动的巴洛克风格与不断折叠、展开的褶子不谋而合。通过分析巴洛克风格的油画、服装、雕塑、建筑、音乐，德勒兹为褶子概念注入了一股艺术气息；通过分析莱布尼茨的单子概念，德勒兹创造了融合艺术、哲学、数学的褶子哲学。

作者简介：吉尔·德勒兹（Gilles Deleuze,1925—1995）（见图 10-2），法国哲学家，1925 年生于法国巴黎，1944 年就读于索邦大学哲学系，1957 年被任命为索邦大学教员，后来任教于里昂大学和巴黎第八大学，1987 年退休。从 20 世纪 50 年代初到 1995 年去世，他写了大量关于哲学、文学、电影的文章。他最受欢迎的作品是《资本主义与精神分裂：反俄狄浦斯》和《资本主义与精神分裂：千高原》，尽管他曾自称为“纯粹的形而上学家”，但他的作品影响了人文学科的各个领域，包括哲学、艺术和文学理论，以及后结构主义和后现代主义等运动。

领读者：姜宇辉（华东师范大学哲学系教授）

主持人：袁艳（华中科技大学新闻与信息传播学院教授）

讲座时间：2022 年 5 月 22 日

文稿整理与校对：高山

---

① 德勒兹．褶子：莱布尼茨与巴洛克风格 [M]. 修订译本．杨洁，译．上海：上海人民出版社，2021.

图 10-2　吉尔·德勒兹

一、开场白：用“褶子”打开人类世界

袁艳老师在开场介绍，德勒兹思想的表述是非常诗性的，有时候会让我们中文世界的读者感觉到非常难以捉摸。他的思想充满流动性，语言充满理论的张力，很难准确地把握它。在国内，很多读者实际上都是借助华东师范大学哲学系姜宇辉老师的翻译内容认识德勒兹的。此外，在对于结构主义以及现代性的批判中，他特别指出了对直线和平面的迷恋。

尽管大千世界以及人类社会中无处不充满着褶皱、弯曲，但是在我们的理解中，我们总是希望把它们想象成是直的、孤立的世界，我们一直缺乏一个理论工具来把握相对更加复杂的、弯曲的、褶皱的这么一种存在，而这恰恰是现实生活、自然界以及这个人类社会的一种更为真实的状态。所以德勒兹的褶子理论，一下子就帮我们打开了这样一个理论视角，让我们直面充满着模糊性、变动性和不确定性的世界状态。我们应该从褶子、从本体论到认识论来更新我们对于世界的认识。

姜宇辉老师认为，德勒兹这本书在整个思想体系里面是非常特别的，这大概是德勒兹最美丽、最幽深、最诗意的一本书，足以达到一种美学与思想交融的境界，读起来具有思辨的快感。第四季媒介域读书会的主题是“后人类”，那么对于“后人类”来说，有各种各样的思想源头、思想脉络，但显然，德勒兹对于理解“后人类”（及其后续的人类世和加速主义等思潮）来说是很重要的一条线索。对这本书而言，姜宇辉老师认为，第一部分已经概述了这本书的核心内容，时间有限，那不妨就挑选第一部分的三个章节进行重点分析。

二、何为巴洛克？为何是巴洛克？

德勒兹虽然写过各种各样艺术方面的内容，从音乐到文学甚至包括建筑，都谈了很多，但他并不能算是一个艺术史方面的专家。那么为什么他在晚年的时候还要专门写这么厚的一本书去讲巴洛克？况且，巴洛克貌似已经是非常过时的、很老旧的一个艺术史题目，那德勒兹又为何要将它与时代、与他晚年的思想发展密切结合在一起？比如，在我们今天的日常生活里面，大家可能有的时候还会提到“巴洛克”这个词，但往往是在装修房子的时候，而且充其量只是将它当成一种“矫饰”，不大有现实意义。那么德勒兹为什么要把“巴洛克”这个词再翻出来，而且大费周章地与一种很深奥的哲学思辨结合在一起？

大家注意，如果你仅仅认为巴洛克是一个艺术史上的主题，你肯定低估了它跟我们当下时代的关系。不夸张地说，如果真的有一个词能够概括从20世纪末到21世纪初的数字时代艺术风格的整体特征的话，那几乎就是巴洛克（更准确地说是新巴洛克）。可能很多人从来没有想过这个问题，但是如果你仔细翻阅一下国外的研究，从克里斯蒂娜·布希－格鲁克斯曼（Christine Buci-Glucksmann）对巴洛克美学的复兴，到安吉拉·恩达利亚尼斯（Angela Ndalianis）和肖恩·库比特（Sean Cubitt）将其引入流行文化和数字艺术，你会发现“巴洛克”这个词是反反复复出现的一个关键词。蒂莫西·莫里（Timothy Murray）在《数字巴洛克》一书里直接将《褶子》跟数字电影连接在一起，似乎是最有力的明证。

那么，德勒兹为什么要探讨巴洛克？很显然的一个原因，就是他写《褶子》这本书的时候，已经隐约感觉到巴洛克风格的复兴，尤其感觉到其与数字、网络艺术等时代趋势之间的呼应和共鸣。所以他写这本书绝对不是灵光一现，而是有着非常强烈的时代感，虽然他在这本书里面没有提到任何新兴的艺术形式，没有“装置”“数字”“网络艺术”“影像艺术”等，但是这本书里面谈到的巴洛克风格的所有东西几乎都可套用在今天的数字艺术上，形成一种奇妙的跨时空呼应。所以德勒兹提到巴洛克，是直面当下，尤其是直面数字时代美学与艺术特征的表现。德勒兹是一个对现实有着深刻关怀的哲学家，他谈的任何一个问题、每一个主题都是直面当下世界与社会而谈的。他不会无缘无故地去谈论一个问题，也不会纯粹出于对哲学史的兴趣去谈一个问题。

巴洛克正是德勒兹用来剖析当下时代的一个入口。在《电影Ⅱ：时间—影像》的最后，他留下了一个悬而未决的问题，就是我们怎样去直面、反思数字时代的影像。他的回答是有点悲观的，因为他似乎看不到数字影像的变革希望，而期待从电影向哲学，从影像向观念的彻底转变。但是当他在《褶子》中引入巴洛克这个概念的时候，似乎又对数字影像或者数字艺术提出了一种全新的期许。从这个角度看，《褶子》更像是《电影Ⅱ：时间—影像》的比较“另类”的续篇，在运动影像、时间影像之后，紧随而至的也许不是大家耳熟能详的“神经—影像”，而更应该是数字的新巴洛克影像。

三、德勒兹为什么要回到莱布尼茨的观点？

德勒兹在晚年为什么要写这么厚的一本书，集中处理莱布尼茨这个看上去跟他截然不同的哲学家的观点？他背后的动因到底是什么？在《差异与重复》的开篇，德勒兹其实对莱布尼茨有过非常集中，但也极为矛盾的论述。一方面，他将莱布尼茨的观点视作哲学史上的一个重要环节，但最终他还是坚持认为，莱布尼茨并不足以带来全新的起点和基础。那么，为什么在 1988 年这个时间点上，他写了《褶子》，再度回到了莱布尼茨？如果我们直接从他的哲学发展角度来看，会发现这实际上是非常顺理成章的一件事情。我在这里列出四个理由。

第一点，在德勒兹的晚年，他觉得自己需要进行一次全面的总结。他之前研究过很多流派、很多哲学家，也创造了各种各样的概念，所以他觉得需要写一本书，把他的各种各样的分支、问题或者概念组合在一起，形成一个新的综合体系。和别的哲学大家一样，他也觉得，在晚年需要写一本书用来盖棺定论，用综合的方式把自己的思想回顾、总结一下。所以，如果问到底哪本书建构了德勒兹哲学的最终系统？那毫无疑问是《褶子》。《什么是哲学？》还是一部草稿吧。

第二点，回归到德勒兹自始至终追求的一个理想。他自己在很多访谈里面说过，“我就是一个形而上学家”，所以重建形而上学体系是他毕生的追求。他认为传统形而上学的根基在当代已经摇摇欲坠，但是不能由此否定对形而上学的尝试和努力，而更应该找到一个新的基础、新的本源，去构造一个全新的形而上学体系。那么德勒兹用来建构全新形而上学体系的那个基础概念到底是什么呢？就是生命（la vie）。所以德勒兹的目的是用生命主义（vitalisme）来重建形而上学，而并不想如德里达和列维纳斯（Emmanuel Levinas）那样，跟西方的形而上学传统“绝对分离”。《褶子》这本书里面，他做的就是这样一个工作。即使你不理解这本书里面具体的论证，整体思路也是很容易看清楚的。从物质到心灵到精神，然后到内和外的、高和低的、综合的等，他其实就是在谈生命是怎么样一点点从哪怕看起来最僵死的物质里面、机械性的物质里面诞生出来，然后从无机到有机、从有机到心灵，一步步上去的，就像是一个巴洛克式的建筑，一点点搭建上去。所以德勒兹说的这个巴洛克，不仅仅指的是一种艺术风格，他多是用巴洛克来概括、综述他要重建的全新的形而上学体系。如果我们要分析德勒兹有没有创造出构造形而上学体系的方法（“建筑术”），那巴洛克就是他晚年真正找到的方法。

第三点，大家会看到在整本书里面，总体的发展过程是从无机到有机，从有机到精神的生命发展过程。如果我们用一句话来概括它内在的线索，其实就是从外部的重褶然后一点点、一步步向内折叠，然后逐步发展到人的精神、意识这个内在的焦点。在这个过程中，我们会发现折叠、再折叠、去折叠，甚至反折叠的各式各样、变幻无穷的可能性。所以，从外在到内在，从外部、物质的褶皱到内在、精神的褶皱，这是德勒兹论述这本书的线索。所以这也就呼应了德勒兹整个哲学体系里面最重要的一个概念，即内在性。德勒兹的内在性到底是什么？说到底，其实德勒兹的内在性要说的就是万事万物皆内在于生命，或者说，生命的“单义性”之“表达”。所以他虽然在别的书里面反复提到了内在性这个概念，但是如何一步步地从生命的最低处、最深层写到最高的、最复杂的层次和维度，进而描绘整个的从“内在”到“表现”的运动，没有哪本书如《褶子》这般给出了如此完整的图景。所以你会发现《褶子》这本书最终关注的还是内在性这个一以贯之的主旨。

第四点，就回到了一个更棘手或者说可能在德勒兹那里更聚焦的一个问题，就是这本书中，德勒兹最明确地、最集中地处理了一个他可能之前忽略了的问题，即主体性问题。主体性何以可能？主体何以建立？主体何以发生？我之前也写了很多文章，批判德勒兹对主体性的忽视和颠覆。但如果你仔细看一下《褶子》这本书，你会发现他整本书最核心的主题，就是要解释形而上学体系如何基于它内在性的哲学原理去重建、阐释主体性这个核心问题。那么这点是何以可能的？一个重要的背景就是他在1986年写了《福柯》这本书，那么在福柯的哲学里面最重要的问题是什么？恰恰就是主体性。所以《褶子》也多少受到了这样一个影响，德勒兹想结合莱布尼茨的体系重新去思考主体性，进而提示我们进一步思考，在这样一个巴洛克时代、数字时代，主体性又到底何以可能。他通过对莱布尼茨观点的重释将这四个要点贯穿了起来，建构起了一个气势恢宏的新图景、新体系。

四、《褶子》一书的主要内容解析

我们先看一下第一部分。它先从物质，然后到灵魂，再到巴洛克风格，是很清晰的、不断往前推进的运动轨迹。然后从物质开始，慢慢打开生命最初的褶皱式的动力。在无机物的层次，我们发现它的褶皱形态主要是外部的、机械的重褶（replis），这些形态虽然亦极尽其妙，但充其量只能在外部形成数量的增加、维度的复杂化。而在有机生命这个层次，你会发现它通过向内折叠，打开了一个完全不同的生命向度，然后通过这个关键的转折环节进一步通向主体，通向自我、精神和灵魂。但德勒兹这里所说的从物质到精神的运动，不能用传统的框架来理解。它既不是单纯的进化，也不是存在之链的等级。它更强调的是外与内的交错、缠结、互渗。折叠（folding）并非仅仅指涉二元、两极之间的关系，它尤为生动而鲜活地涉及“一”与“多”之间的关系这个德勒兹哲学的一个核心主旨。“一”之生命如何得以在差异万千的“多”之维度中展现出来，围绕“折叠”所展开的各种复杂操作恰是明证。

但是在这看似错综复杂的折叠操作之中，有两个词最关键：一个是弯曲（inflexion），一个是包含（inclusion）。所以单纯把德勒兹的“pli”译成“褶曲”，这是一个明显的误译，因为至少丧失了“包含”这另一半关键含义。但是译成“褶子”反倒是一个很美妙的译法，因为如“原子”“中子”“粒子”，褶子也正是整个世界最微小的构成单位和力量。这个从无机褶向有机褶的运动，首先是曲折的，一开始这个世界的运动轨迹就真的像袁老师说的那样，是曲线，但是仅有曲线还不够。如果我们仅仅从形态上加以区分，它只是一种外表变化，如原来是直的，我把它拉弯，或者把它拉直。如果仅仅是这样的话，没有发生任何实质性、深度的、潜在的变化，只是在表面进行了一个可见的处理。所以仅有曲折还不够，我们必须通过曲折的、可见的外表运动深入曲折之后的强度变化。那么哪一种力量、哪一个角度，或者说哪一个基础、支点能够引领我们从可见过渡到不可见、从弯曲过渡到强度变化呢？那当然就是主体，主体出现在弯曲之处，主体重新召唤起潜在的力量。最重要的是“包含”这个概念，它是德勒兹所有哲学理论里面关于主体性最集中、最核心的论述。第三章集中处理什么问题呢？就是内部跟外部、物质跟精神之间，它们是怎么样纠缠在一起的。当我们把整个世界区分为物质跟精神、有机跟无机时，好像这个世界可以被分割成两个领域，但其实不是这样。莱布尼茨的连续性被大家熟知，对德勒兹来说，他想引入莱布尼茨的连续性法则，去阐释从物质到灵魂的内部褶皱或是这样一个连续的变化。

先从全书的第一段开始。一般读哲学书，第一段是至关重要的，因为它或是开宗明义地提出问题（如《存在与时间》），或是提纲挈领地给出线索（如《纯粹理性批判》）。《褶子》同样如此。所以德勒兹在第一段里面把他要说的褶子理论中核心的三个要点都交代清楚了。首先，褶子是连续的、不断嵌套的、不断循环的、不断变化的。它是缠在一起的、交织在一起的、重叠在一起的。无尽的渗透、无尽的交织、无尽的交错，即连续性原理。通过褶子去看这个世界，你会发现这个世界没有根本的裂痕。你可以把它想成海浪、海面。你会发现海面上一个小浪花激荡起来，然后又出现下一个浪花，浪花之间不停地交织、交错、演化，大大小小的浪花此起彼伏、前后推进。这就是德勒兹给出的我们整个世界实现这种连续性的途径，是永不停息的变化。大海的海面波光粼粼，此起彼伏，各种各样大大小小的海浪交织在一起，确实是一幅无穷美妙的图景。

此外，如果你仅仅把整个世界理解为这样一个生命力量激荡的场地和大海的话，那么人的位置在哪里？主体性的位置在哪里？我们怎样在这样一个无限变化的海面上找到自己稳定的位置？难道我们只能随波逐流，做一个流浪水手？还是说我们能够找到一个固定的位置进行反思和判断？这里实际上已经为回答主体性这个问题埋下了伏笔。但还是先回来说物质的褶皱。他首先有一个根本性区分，物质的褶皱是“de（of）”，灵魂的褶皱是“dans（in）”。从外部来看，任何的无机褶总是“相关于”“相对于”（of）另外的无机褶，它们尚且没有内在（“in”）的深度和根据。由此呈现的不断折叠的过程，就像折纸一样，从二维、三维不断地产生出复杂多元的维度，但就是折不出一个“内部”，因为所谓的内部只是缠在一起的外部而已。

为什么德勒兹讲灵魂里面褶皱的时候要用“密码学”（cryptographie）这个词呢？就是告诉我们在物质的层次上是没有隐藏的东西的，是没有秘密的。物质的形态虽然也可以有错综复杂的折叠方式，折叠再折叠、褶子套褶子，但是在物质世界里面，是没有真正的隐藏的东西的。所有的东西其实最终都会被展现在可见的表面，即便有隐晦之处、幽暗之处，那也只是暂时没有看清楚的纠缠之处。比如，一个线团从物质的层面来说，它是各种各样的线交织在一起形成的。你可能会觉得，它里面包住的地方是被隐藏的东西。对啊，但是这个隐藏不是真正的隐藏，只是暂时不可见。当你把这个线拉出来的时候，把这个网络摊开的时候，它隐藏的东西、所有的东西都会逐渐被看见，会明朗地展现在这个平面之上。但是灵魂的隐藏是你用任何物质的方式都没有办法打开的，你只有换一种截然不同的折叠方式才能够深入生命的深处、灵魂的深处。所以对物质世界来说，灵魂是一个谜。如果你用物质世界的，如物理、生物学的法则去破解灵魂的话，你是进入不到灵魂深处的，你只能用哲学的方式，用“读”的方式，深入灵魂。

在德勒兹自己写的那些书里面，《褶子》这本书，它的清晰性与流畅性，可以说达到了前所未有的程度。你甚至会觉得，里面的每一个关键用词都是如此精确优美。比如，在密码学这里用到的这两个词我就觉得非常好，令人深思回味，那就是“可见”（voit）和“可读”（lit）。这两个词当然直接呼应的是《福柯》那本书里的主题，但又另有深意。比如，按照一般的科学的图景，我的眼睛看到一个物体，眼睛接收了光线的信号，然后这个信号被传到大脑，大脑再进行处理，最后产生内部意识或者认知。但在德勒兹看来，身与心的关系并非如此。就像是开篇的那个巴洛克建筑的手绘图，身体（下部的幽暗空间）传递给灵魂（上方的阁楼）的是一种力量，然后这种力量通过折叠的方式，被一层一层传上去。德勒兹的这个图虽然是隐喻，但其实跟现实建筑有密切联系。这里稍微补充一点，就是虽然他讲的巴洛克风格并不仅仅局限于建筑领域，但是他这本书出来以后，确实对当代建筑起到了尤为强烈的影响，建筑师伯纳德·卡什（Bernard Cache）和格雷格·林恩（Greg Lynn）的作品就是两个鲜明的例证。法国思想跟建筑之间的关系变化，大致有三波，先是福柯的“异托邦”，然后是德里达的解构，但之后一直到今天仍余波未平的恰恰就是《褶子》所开启的所谓“folding architecture”（折叠建筑）的前卫潮流。你甚至可以在扎哈·哈迪德（Zaha Hadid）等顶尖大师的设计中看到极为明显的印记。

还是回到文本。在物质的外部重褶之中，大家想到巴洛克的时候，首先就会想到巴洛克式建筑，但这只是理解巴洛克风格的一个入口。德勒兹讲的这个巴洛克，绝对不仅仅局限于建筑。他讲的是在数字时代，整个数字空间的具有巴洛克风格的那种建造或者流动生成的方式。他当然也是先从巴洛克建筑入手，提示我们有一个直观的印象，巴洛克到底是什么样。在这里他提到漩涡、浪花等典型形象，这些其实是逐层递进的。漩涡可大可小，最小的就是一个圈，但这个东西形成了一种力量的纠缠，也可以再发展，形成更大的浪花。无论怎么样，从直观的表象上来看巴洛克建筑，如果用词语来概括，那么就是漩涡、流动、弯曲、纠缠交错。

巴洛克的最基本特征就是连贯、流动，就像是生命能量不断向前推动。在个体身上，我们看到了弹性，而不是单纯的流动，单纯的流动是发散性的，贯穿万物。从普遍的物质到一个一个具体之物的转换中，你会发现它必须有个凝聚的东西，这个凝聚的东西是什么呢？就是弹性，就是这个力不是单纯发散的，它汇聚在某些点上，形成这个物体。当它凝聚的时候，就具有了一种再次发动的力量，这就是弹性的本质。大家可以想想什么叫作弹性，先压回去，然后让这个力凝聚，再强力释放。因为这个力在一个个具体的物质身上是压不住的，它注定要再度弹回，还要把它的潜在可能性、潜在力量释放出来。这就叫弹性。所有的物质都是如此。不是说把它压回去它就枯竭、僵死了。比如，一块木头，把它做成一个桌子，它就以一张桌子的形态存在。但这个物质背后的力量还要继续流动下去，伴随这种流动的生命、流动的能量，它还会“弹性”地突破各种各样的可见之形态、固化之秩序，进入到生生不息地流变（variation）与生成（devenir）之中。

这就得出一个结论：所有的物质，哪怕是看似最僵死、最无机的物质，哪怕只是一块木头、一块石头、一段水流，都是有生命的，而且是拥有实实在在的生命，为什么呢？在它们之中已经有最基本的褶皱运动存在。在这个褶皱里面，我们发现了生命诞生的沸腾源头。我们之所以把褶皱从精神贯穿到物质，就是要通过这样一种运动，通过重重叠叠、曲折环绕的折叠，从整个宇宙体系之中，从最低的无机物到最高的灵魂跟精神的形态中，找到一个贯穿性的生成性机制。

接下来就要从外部的弯曲过渡到内部的“包含”了。包含的机制到底如何发生？那无非是，在潜在的深度和内部有力量开始汇聚了，线就开始弯曲。那么这个汇聚的中心是什么呢？就是主体性诞生的“点”，但在这里，先验主体的规定性还没有，没有笛卡尔的“我思”，也没有康德的“先验统觉”，更没有胡塞尔的“先验我”，这里只是一个潜在的事件性位置。未来的主体、灵魂性的主体、精神性的主体，必定在这个凝聚的位置诞生。这是德勒兹关于主体性最美妙、最核心、最经典的阐释。世界在每个主体的凝聚之处重新打开，展现出不同努力的可能性。所以德勒兹这本书如果对于我，或者说对于大家今天还有什么重要的意义，就是它提醒我们重新去思考一下，在这个世界上，主体是怎么样被唤醒的、灵魂之事件是怎么样成为可能的。或者说得更直接一点，就是在一个机械的、物质的世界里，如何能够确立心灵的自由？作为一个人，一个个体或主体，“我”不可能单纯地遵循僵化的物质或者物理法则，那么，主体性的最终根源在哪里？正是在内在包含的那个事件之点上。在那个点上，直线开始弯曲，潜能开始凝聚，世界开始分叉。

五、讨论与问答环节

袁艳：之前看德勒兹这本书，并没有太理解它背后那么丰富的、与哲学一个个意义系统之间的关联，还有跟建筑、音乐的一些关联。像德勒兹所说的这样，褶子是一个绵延、持续地打开、关闭，然后在不同的主体和不同的思想旅程中不断地打开、关闭的过程，对在座的观众来说，这也打开了自己的一些思考面向。

褶子可以被视为用来解释世界的一个新方向。有没有一些用德勒兹的褶子思想得出的方法论思考？就是作为一种研究方法，它怎么帮助我们研究者去解释我们与研究对象的关系？这方面的讨论有没有？具体来说，就是有没有从褶子这个概念生发出来的方法论思考？

姜宇辉：在建筑领域的实验建筑或者前卫建筑领域，已经有很多人运用了上述概念和思想。德勒兹的概念为什么那么好用，使得当代艺术圈的艺术家都很喜欢用？因为它很形象化。什么叫隐喻呢？隐喻就是赋予思想以形象，赋予概念以生命力。所以德勒兹真的是把他的每个概念都与生命力结合在一起。最后，希望大家未来能够产生更多灵魂的褶皱。

【本讲回顾】

本讲以解读德勒兹的《褶子》为核心，探讨了“褶子”作为哲学概念如何重新定义了世界与主体性，创造后人类的认知。德勒兹将“褶子”视为物质与灵魂的最小单元，通过折叠、展开的动态过程创造世界，并与巴洛克艺术的流动性和复杂性相呼应。

导读人姜宇辉教授揭示了德勒兹回归莱布尼茨观点的深层动机，即构建以“生命”为核心的形而上学体系，并通过“褶子”理论实现从无机物到精神的内在连续性。姜宇辉强调，德勒兹的“褶子”不仅是艺术风格，更是数字时代新美学的隐喻，其“包含”与“弯曲”机制为主体性的诞生提供了哲学基础——在物质与精神的缠结中，主体性通过折叠的凝聚点实现自由与生成。

此外，本讲还探讨了褶子思想在建筑、声音艺术等领域的应用，展现了德勒兹概念的跨学科生命力。

【要点小结】

1. 褶子作为世界的基本单元：德勒兹将“褶子”定义为物质与灵魂结合的最小单位，通过折叠与展开的动态过程创造世界。
2. 巴洛克风格的当代复兴：巴洛克的流动、缠绕特征与数字时代的艺术（如数字影像、网络艺术）形成跨时空呼应，成为理解新美学的关键。
3. 莱布尼茨的哲学重构：德勒兹借莱布尼茨的“单子”与连续性法则，重建以“生命”为核心的形而上学体系，打破传统的二元对立。
4. 从物质到精神的折叠运动：世界通过“外部重褶”到“内部包含”的折叠过程，实现从无机物到灵魂的连续性跃升，主体性在此凝聚点诞生。
5. 内在性哲学的终极表达：《褶子》是德勒兹对“内在性”概念的集大成阐述，揭示生命如何在差异中保持单义性表达。
6. 数字时代的褶子隐喻：褶子理论为数字空间（如算法、虚拟现实）的流动性与复杂性提供了哲学理解框架。

【拓展阅读】

1. 德勒兹 . 差异与重复 [M]. 安靖，张子岳，译 . 上海：华东师范大学出版社，2019.
2. 斯蒂瓦尔 . 德勒兹：关键概念 [M]. 2 版 . 田延，译 . 重庆：重庆大学出版社，2018.

【思考题】

1. 褶子从何而来？具有怎样的特征？德勒兹是如何阐述褶子的主体性的？
2. “褶子”对于艺术和建筑领域带来了较大的影响，请结合相关领域的案例分析“褶子”的存在形态。
3. 为什么说“褶子”是理解后人类境况的一个关键概念？请结合德勒兹的其他相关研究谈谈想法。

第十一讲

为触觉立传：触感的哲学想象与媒介学启示

——夏可君领读《论触觉——让－吕克·南希》

领读书籍：《论触觉——让－吕克·南希》（*On Touching—Jean-Luc Nancy*）（见图 11-1）（以下简称《论触觉》）。

内容简介：雅克·德里达（Jacques Derrida）（见图 11-2）在这本书中以让－吕克·南希（Jean-Luc Nancy）的哲学为基础，对触觉哲学进行了深刻回顾，从柏拉图和亚里士多德到让－吕克·南希，并详细讨论了南希的开创性著作《语料库》（*Corpus*）。

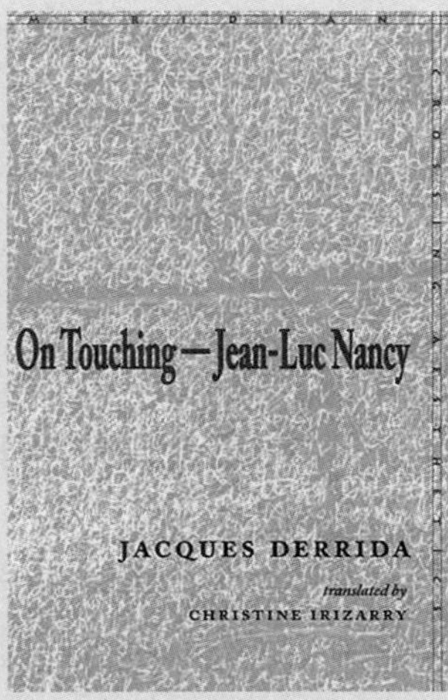

图 11-1《论触觉》封面[①]

德里达特别考虑了基督教中的触觉思维，德里达对直觉主义的批判，尤其是对现象学传统的批判，是本书的指导思想之一，本书包含大量笔记，提供了非常有用的书目资源，是雅克·德里达去世后第一本以英文翻译出版的书，是对这位哲学家作品的有益而深刻的回顾。

作者简介：雅克·德里达，当代法国哲学家、解构主义思潮创始人。在他发表的八十多部著作中，《论文迹学》《书写与差异》《明信片》《给出时间 1. 假币》被认为是他的代表作。他所涉及的领域包括哲学本体论、语言学、文学批评、美学、心理分析、女性主义、伦理学、政治学。

德里达以其“去中心”观念，反思西方哲学史上自柏拉图以来的占主导地位的“逻各斯中心主义”传统，认为文本（作品）本身自带的异体性永远都在对抗逻各斯中心。他的思想在20世纪中后期掀起巨大波澜，不仅使他成为欧美知识界最具争议性的人物，还使他的观点成为后现代思潮最重要的理论来源，其核心概念“解构”被广泛引入艺术、社会科学、语言学、人类学、政治学、建筑学等领域。

领读者：夏可君（中国人民大学文学院教授）

① DERRIDA J. On touching—Jean-Luc Nancy[M]. Stanford: Stanford University Press, 2005.

主持人：刘海龙（中国人民大学新闻学院教授）
讲座时间：2022 年 6 月 5 日
文稿整理与校对：林子禹

图 11-2 雅克·德里达

一、开场白：当今社会对触觉概念的强调和丰富

在开场白中，刘海龙老师分享了一则自己关注的新闻：据外媒报道，特斯拉首席执行官埃隆·马斯克（Elon Musk）于 2022 年 5 月 31 日晚发送了两封内部邮件给员工，要求员工“必须每周至少在办公室工作 40 个小时”，并且这个办公室必须是“你的同事身处之所”，而不是什么远程的“假”办公室，“如果你不出现，我们将默认你已辞职”——有意思的地方在于，当大家都已经习惯远程办公时，作为全球领先高科技企业的领军人物，他反而要强调身体的在场。实际上，新媒体技术往往强调虚拟与离身，而相对地，屏幕又是一个特别依赖触觉的媒介，如我们用手去“刷”短视频。近年来，“接触”的概念得到了丰富（如气溶胶传播），因此在当下，触觉是一个特别具有现实意义的话题。夏可君老师对此表示赞同，并希望今天的讨论也能够回应一些现实问题：一方面，彼此之间的接触不被允许，另一方面，我们又是如此需要接触，这就是触感的悖论。

二、“手触为真”：本书的主题及其与媒介的关联

首先，《论触觉》一书可以被简单划分为三大主题。

其一，这是一位伟大的哲学老师向一位伟大的哲学学生致敬之书：在彼此都还活着的时候，以对方的名字和对方的核心概念——触感，书写一本书，这是比较罕见的，而且这是酝酿了 10 年之久的书。从南希 1992 年做心脏手术开始，德里达写了第一篇文章，1993

年又写了一些段落，这个著作的写作持续了 10 年，是友爱的见证。因此，第一部分主要是回应南希对于触感的思考，从其思想触感的准确性出发。

其二，这是德里达回到自己哲学的开始，即回到了现象学。德里达的思想开始于《胡塞尔的几何学起源》以及《声音与现象》中对于内在自我赋予的语音中心主义的解构，走向了时空的延异与外在化，而这本书的内容再次回到了现象学，但主要集中于法国的现象学神学转向，触及了那神性火焰的手指，再次以触感的外在性与间隔性解构了神学的内在性，而且在写作上以五根“手指”的触感“形象”来展开现象学的解构过程，使得文本本身充满触感。甚至这是德里达后期唯一的专著，20 世纪 90 年代之后，德里达出版的著作基本上是演讲集与教材，而这本书是专著，这是他精心写就的。

其三，对于南希思想以及宗教回归的解构，德里达的解构思想是既要肯定对方，又要解构对方，而解构乃是对方的自身要求，如同南希对基督教的解构，恰恰源自基督教作为宗教本来就有着对自身解构的要求。南希的系列著作已经在解构基督教的基础上思考一种有限的触感，并且涉及了触感的侵染与污染，进而探讨了自身免疫与一般免疫学的危机。

在此基础上，我们的讨论将围绕三个方面展开。

其一，我们将围绕“触感”进行哲学性的探讨，就是看看这个词，如何可以解构哲学史，重构哲学，以非常简明又感性的方式来展开哲学思考。这本书为我们提供了一个很好的训练实例，因此以下将尽量不用外语词汇，以示范一下如何做哲学，乃至于解构神学。

其二，与本次讲座相关，围绕媒介理论展开，在我们这个触屏的数字时代，还有什么比触感更为体现我们这个时代的本体特征的？在数字图像时代，时空间隔消除之后，现代的人是更接近还是更远离人性了？是否可以以触感来建构一门新的媒介学？触感的媒介学的基本特征是什么？这是我们后面要讨论的内容。

其三，与我们当下境况相关，还有什么时候比现在更让我们对接触保持敏感？一米距离、口罩与洗手等，都体现了人们接触的恐惧与自我保护。触感是最为保护人性的免疫方式，如何在保持接触的同时保持适当的间距？触感是否有助于我们建构一种新的一般免疫学、新的共通免疫？这是不是南希所思考的太人性的病毒的方向？

如何用触感或触觉来做哲学呢？所谓“哲学”，就是把简单的说复杂，同时把复杂的说简单。就后者而言，“触”这件事如此简单，我们每个人都会“触”，即使不去接触别人，每天早上起来也都要接触自己。可为什么是触感或者触觉呢？因为这不是“眼见为实”，而是“手触为真”，根据南希与德里达的思考和解构，西方文化并不是纯粹的“逻各斯中心主义”，甚至不是视觉的“太阳中心论”，而是一个深层次的“触感中心主义”（haptic centrism），当然，在类比意义上，中国文化也极其重视感触与感通（所谓“天人感通”或“感应”）。

在开头，夏老师列出了一系列与触感有关的外语词汇，其中就囊括了我们将重点讨论的 auto-affection（自身感发）、hetero-affection（他异感发）与 tele-affection（遥远感发），

tactful(得体)与contagion(传染),以及南希使用的法语词pensée(思想)和pesée(称重)。

三、触感的外在、间隔与原初

(一)触感的心灵,重建主体理论?

每天我们一大早醒来,眼睛触及周围,手触及床,脚触及鞋子,身体触及衣服;经过洗漱,然后我们触及餐具,触及手机和电脑……触是一种再切身不过的日常体验,我们跟其他人打交道,一见面要问候,可能就会握手。触感不是隐喻,而是真正的感知,是物质的、颤动的,甚至是灵魂的感触与触感——那么这种心灵的触感是要重建一种主体理论吗?我们平常其实感知不到自己的身体,就像我现在坐在这里,我说话可能有点累,但我就没怎么感觉到我身体的重量,只有当我真的疲惫了,跑完步瘫倒在地上,或者当我跳舞,把自己的身体打开时,我才能感知(而不是认知)它。

其实从亚里士多德的《论灵魂》那里,灵魂与触感就有所关联了,在希腊语中点燃与触感有着相同的词根hapx,"烛光点燃睡眠,就如同醒着的人触及睡着的人",这可能影响了整个基督教神学的圣灵观,但南希的讨论并不是主要直接从亚里士多德开始的,而是从弗洛伊德一句鲜为人知的话开始的:"心灵是广延或者延展(ex-tend)着的,她对此一无所知。"(Psyche ist ausgedehnt, weiss nicht davon)。南希试图打破自柏拉图以来的感性—知性、身—心二元论传统,心灵就是身体的外延,思想(pensée)就是身体的称重(pesée),并不存在一个摆脱身体的虚拟灵魂,也不存在一个先于任何主体的主体。相反,身体向外展开,与其他身体产生互动与张力,这种力与力的关系,即相互的推动、支撑、排斥、平衡、动摇、干涉、转移、修改、结合和融混的力,因接触而具有强度上的差异却不是一个固体已有的某种属性,因此我们可以说,南希用自己的语言和触感的概念将德勒兹的"无器官的身体""欲望机器""力"阐释得更加清晰明确。

心灵是关于其本有(身体)之广延的非知识,是对"重量"的感知而非认知,心灵(psyche)是身体的别名,是"一个正在运转的身体的形式"。身体既没有之前,也没有之后,既没有根基,也没有表层,身体是无对象的主体,不作为一个主体存在,心灵也不是一个主体,剩下的只是身体及其多样的展开,进行着偏离的运动。在此基础上,德里达对"心灵已经是一个死者等待被哀悼"进行了解释:一方面,心灵就是在自身身体上的延展;另一方面,心灵也可以寄托在他人那里,成为一种外在化的虚拟灵魂,就像我们所说的幽灵和鬼魂,就像我们去世的亲人和朋友以图像的形式存在。这种两面性其实可以与汉语中的"神"相对应,所谓"神"就是身体在天地间的伸展与打开。

让我们以"口"这个并非器官的器官为例,用南希和德里达的方式做一个现象学的游戏训练:"口"是如何成为灵魂的"开口"来表达的呢?

首先,婴儿最初的口依赖于母亲胸脯的哺乳,其全部的感知乃至生存都系于此,所以一开始，婴儿原初的感知就来自母亲这个他者的触感，这非常像拉康所说的镜像阶段，甚至更早。因此断奶是婴儿的第一个也是最彻底的创伤，就此产生了距离、间隔和外化。

其次，婴儿的口就像动物小兽的口，一切都可以吃，什么都通过口来感触和区分，能吃的就是可以接触的，不能吃的就是不可以接触的。

最后，婴儿开始说话，开始自我表达，指向外物，识别外物，其一开口说话，好像“人”就出现了——这就是间隔化，而非二元论，把一个动物小兽的口表达为能歌唱的口腔，最初的语言乃是歌唱与灵魂的开口，这或许就是为什么 ego（自我）或中文中的 wǒ（我）与口腔张开的形状如此相似。

在漫长的历史进程中，随着上肢和口被不断解放出来，人类可以用手去处理食物而不必依赖口齿的撕咬，整个口唇、口齿、口腔乃至喉咙、胸腔、腹腔，跟手所形成的整体都向外打开了，这就是身体的外延、灵魂空间的敞开。灵魂就是这个具有共鸣腔的开口，一个身体向外展开的形式，而不是某种不可见的内在性。

口腔的打开总是关涉外在化的技术，如乐器和录音机。在这里，南希用自己独到的洞察力把海德格尔的自由的敞开、德里达的外在化的间隔融为一体，在身体开启了灵魂的新形式，甚至用触觉把康德整个三大批判体系、十二个范畴都还原和重写了。

（二）心脏移植：《闯入者》

德里达讲过一个故事，说他在南希做心脏移植手术之前从来没有拥抱过南希，直到 1992 年南希完成手术之后，他才第一次拥抱了南希，并开始酝酿此书，将其作为一个余存和友爱的礼物。夏可君老师也讲了一个故事，说自己在跟南希认真相处的一年里，每周都去他的家中进行一次学习和讨论，却一直没有跟他行过一个法式的贴面礼。夏老师一直想弥补这个遗憾，2015 年去欧洲的时候想要见一面南希却未能成行，因为每年的 5 月南希都必须到医院接受治疗，处理因心脏移植排异反应导致的淋巴癌。移植心脏对于南希来说是独特的个人经验，用他自己的话来说：

“我的心脏正成为我自己的陌生人：它之所以成为陌生人，正因为它居于我的内部——但这种陌生感只能来自外部，因为它最初是由内部而生的。在我的胸腔里，在我的灵魂里——这两者实为一物——被打开了一个洞，这时有个声音对我说：‘你必须进行心脏移植……’……这颗半是心、半不是心的心脏只有一半是我的。我早已不在我之中了……从今往后，这颗心脏闯入了我……多么奇怪 / 陌生的一个我啊！奇怪的不是他们将我打开，给我换心脏；奇怪的在于，这个打开的切口再也无法合上了，而且每一次 X 射线都在告诉我，我的胸骨是用绕在一起的铁丝缝合的。我是封闭的，但我又打开着。事实上，在那儿有了一个开口，有一股不息的陌生之流从中穿过：免疫功能抑制剂，用来抵抗所谓“副作用”（如肾衰竭）的其他药物，其实谁也不知道如何去抵抗，反复监控与观察，通过多种指数对生命进行扫描和报告，每一项指数都记录了其他死亡的可能性。于是在这些结合又对立的方式当中，我自己成了我的闯入者。”

南希在此篇《闯入者》中记叙了很多细微经验。在这里，南希所反对的就是福柯、阿甘本他们所谈的生命政治，持久的生命与存活就需要他人，需要外在技术，如果没有生命技术，南希就只能活到五十岁。一颗心，据说是一颗来自黑人女性的心脏，从外而来与南希接触，随即引发了排异反应。

“我有两个免疫系统”，排异的可能性造成了双重的陌生：一方面，移植的心脏是陌生的，因为它是外来的，主体识别出它并攻击它；另一方面，为了保证移植的心脏不受排斥而进行的药物治疗，降低了主体免疫力，以便他的身体可以更好地接受外来器官。因此，医学操作使接受移植心脏的主体成为自己的陌生人——正是在这个过程当中，南希开始思考同一性（identity）的问题。此外，因为基督教整个信仰来自保罗神学的新的割礼，即将人个体的、私域的、人世间的有限的心献给无限的上帝。所以要对心实施象征性的割礼，对于南希而言，一颗救命的心脏无异于他者之心，但也是来自技术移植的拯救，并非基督教意义上的绝对他者的上帝之心，而是技术带来的他人有限生命之心，技术与生命，他者与自身，重新以心的切割与给予得到了触感。那么这就是另一种的给予经验，以此就可以解构触感神学。

（三）触感的法则：Touching Without Touching

如果要理解从南希到德里达的思想，就一定要把握住他们解构的句式或手法：X sans X（X without X），在这里，就是触而未触的吊诡——没有触及，就没有关系和共在，一旦触及，就会产生过度，出现冒犯，这就像一颗心拯救了南希的生命，却又成了一个闯入的陌生人，或者就像两个哥们儿不打不相识，只有触到彼此的痛处才能了解对方，可是这种触痛又会造成伤害。

图 11-3 《最后的晚餐》图像

那么，是否存在某种恰切的（tactful）的触及呢？什么可以触、什么不可以触，只有触及了边界，我才知道是否合适，而一旦触及对方就是触及底线才可能感受到问题，如此就会导致伤害，就又为时已晚。因此，有触及，就有传播，就有疾病传染的可能。一个典型的图像是《最后的晚餐》（见图 11–3），耶稣一只手打开，另一只手收回，既给予触碰，又避免回报，既要求吃他的身体，又在复活场景中说：不要触摸我。而且就至高的信仰而言，不是手触为真，而是不去触及耶稣的伤口，还相信耶稣的复活，这才是复活真理的真正含义。

让我们继续以手为例，将手向爪子还原。

首先，婴儿的手是动物性的爪子，就好比婴儿的口是动物性的口，手所抓住的一切都可以吃、都可以触。其次，孩子的手是在可触与不可触之间，被大人所打的手之疼痛，玩火的乐趣与苦恼，一切的一切都在可触与不可触之间形成原初的感知区分。再次，不去触的自我约束和伦理意识，达到了一种内化和戒律化——但在更本源的层面来说，人的手是怎么从爪子里长出来的呢？手乃最初的姿势与姿态语言，是指向世界的原初姿态，在语言出现之前，手势是最初的语言动作，因此每一个领袖都说宗教仪式需要一个最基本的动作和姿势。这就不再仅仅是一个简单的动作，而是向世界敞开的大门，是构建人为世界的开始。人为什么要去创造事物，或者手如何就从爪子里真正地长出来了呢？触及什么样的物才可能？最初的手要触及什么样的物，才可能成为手？答案或许是乐器。最初的物，是器物也是乐器。手之为手，要成为手，保持其生长的态势，从无到有的触感萌生，必须与其他身体器官一道，形成整体的和谐节奏，但这是在与器物互动中形成的：劳动时的操作节奏的内化与可塑性。此外，手之为手总是具有一种指向性，乃是一直要保持一种向远方的追求，甚至要抓住月亮、摘取星星，向着遥远的空间去伸展，意义（sense）自在感知乃是方向性的去远趋势（tendency）的触感，因此，要去触摸远方，实现不可触及的触及，这才是人性之手最初长出的意志力之表现。

四、解构现象学的触感中心论

（一）德里达—南希触感现象学的三元结构

与德勒兹《差异与重复》中的三重综合相对应：自身感发（auto-affection）就是持久的、习惯化的、具有同一性的对自身的感发；他异感发（hetero-affection）就是没有被经验的潜在，或者来自他者的陌生经验；遥远感发（tele-affection）或者无感之感，则来自未来或者神秘之域，如同预感或者算命，某种心灵感应或神秘的遥控，就好比大数据的监控，一如本雅明所说的“一代人梦想着下一代人”。

实际上，触感并非源自自我，而是应该倒过来：一开始可能是遥感，是无感之感，是遥感技术出现，是技术塑造人性，并打开了人性与远方的无限关系；进而出现了陌生的他异感发，一旦我们走向远方，遭遇陌生人，我们就会遭遇异质的他者，甚至是敌人；但经过长久的适应，他异感发便融入了自身感发——因此他异感发比自身感发更重要，甚至可以说所谓的“自身感发”只不过是一种他异感发，这也就是为什么我们需要持续地与陌生的，甚至是强加于自身的力量接触，不然就会走向封闭和保守；进一步而言，最初的新感知都可能来自“无感”，如同人性的原初感知来自石器打磨，人由此生出了“义肢”或“代具”一样的新感知，使得人性的手可以从动物的爪子中生长出来，并孕育出了新的感知——在这里，我们又回到了对生命技术而非生命政治的强调。

（二）对现象学神学的解构

我们在开头就介绍过，德里达要借此书回到现象学，对从胡塞尔、海德格尔的现象学到现象学神学过去 30 年的发展予以回应。德里达认为南希抓住了基督教的核心，其整个神学的秘密就在于触感的悖论：“一方面，这是我的身体；另一方面，不要触摸我。”这就像《最后的晚餐》当中，耶稣的左手忘掉右手，“这是我的身体”，不断地向外打开和给予，与此同时，右手表示回撤，“不要触摸我”，这是彻底的告别。希腊语的 hapto（haptein）在向法语的转译中产生了触摸（toucher）与阻止、制止（retenir, arreter）的双重含义。这一悖论同样体现在《基督和抹大拉的马利亚在坟墓前》与《怀疑者托马斯》这两幅画作的对照中：马利亚的触摸是出于对耶稣的爱，但耶稣拒绝了；托马斯的触摸是出于对耶稣的怀疑，耶稣却接受了。信仰的秘密恰恰在于不需要触也相信，在于一种无感之感。托马斯要把手指伸到耶稣的伤口里寻找证据，这就是怀疑，这意味着耶稣要再痛一遍，甚至是耶稣要再死一次，他才能相信。只有触到了才相信这就是知识、认知，而不是信仰。

南希借伦勃朗（Rembrandt Harmenszoon van Rijn）的画作解构了基督教对复活的理解：复活不是重生，而是真正的告别。整幅画被光影割为两半，这是一个完美的生与死的交界，耶稣的身子一半在黎明中，一半在阴影里，而马利亚的脸一半在黑暗里，一半在光线的照射下：“不要触摸我，因为你已经触摸过我了，而我在我的身上保留（garde）你的香膏，这一切就如同它在死亡中护着（garde）我，就如同你的香料把我保存为死，并且保护着坟墓这一荒诞的真理；不要触摸我，这做过了，你那珍贵的香膏溢出来了，让我离开，而你也离开吧，去宣布我的离开。生命与死亡、女人与男人、轻巧与重力、这里与那里，不是从这一端走向另一端，而是通过一种自制的触摸，彼此分享却不混淆，或者让它们互相对立。不要试图去占有，不要去挽留，不要在死人里找活人，每个人都无尽地、不停地到来和离开，没有死亡就不会有关系，有的就仅仅是一种普遍的连接、一种紧密的一致性和一种全然的凝结。关于死亡的分享，是一种不可触摸的触摸。”

最后，德里达以他异感发乃至遥远感发对现象学神学精神性的直接在场进行解构，对米歇尔·亨利（M.Henry）、让－吕克·马里翁（Jean-Luc Marion），以及让－类思·克里蒂安（Jean-louis Chrétien）三位最具代表性的天主教现象学者之内在触感研究进行解构，因为他们都假定了精神之火的自身点燃，可以直接传导，不需要中介，没有距离和位置，并且走向了内在的神圣生命。他们并没有触及真正的外在性和当前的技术，没有真正面对个体的有限性的死亡，尤其是没有认识到为什么上帝要化身为人，为什么需要肉体的中介，为什么还有着历史的偶然性——正是这个历史的偶然性，这个需要肉体的中介，那个所谓的“永恒的自身”，点燃了作为自因的精神之火，它其实是需要脆弱的、有限的人性，而不只是一个纯粹的内在性。这就是德里达、南希对整个基督教内在性神话的解构，但这并不是说我们要通过其回到一种更深的内在性。

（三）走向“一般免疫学”

所有的接触都与法则相关：一方面，没有接触和适宜（haptic）的东西，就没有法则，接触是法则的本源；另一方面，法则是不允许接触的，否则就失去了神圣性和禁止的特色，并且将在接触中被污染。是否所有的媒介或中介都在打破了触感边界的同时产生？反过来说，如果中介不遵守一个界限，它是否一定会导致疾病的传染？这就是我们为什么能够把触感与媒介或者中介连接起来，媒介不单纯是一种技术，更是关乎触感与生命的技术。

或许接触就是法则的根源——人们无法设想在缺乏接触一类事物的情况下有什么事物可以成为普遍的法则。难道这样一种法则不是致命的诡计吗？它在两种秩序之间建立了一种既是连接又是分离的关系。更为糟糕的是，它将接触（contact）与非接触连接（污染与传染）起来了。污染（contamination）因而变成了关系的中断。法则实际上是在没有对它有所触感的情况下要求触及。不过分地触及朋友，就是在接触上有所缺乏，如出于谦虚，抑制自己不要去送给他礼物，不要将自己奉献给他，然而过少的触及与过多的触及一般不得体（tactless）。我们不得不谈论抚摸或爱抚（caress），尽管这爱抚不能划归为简单的接触,但它被这种矛盾的命令所分化,而这命令再也不完全是接触的命令了: 触而不触(touch without touching），按压而不压上，总是多了，总是太多了，但似乎又不足够多，这就是触感的吊诡。

免疫问题或自身免疫危机，其实是德里达后期讨论的核心。在“9・11”事件之后，他曾讨论美国自身免疫所导致的自我摧毁，就是说美国在境外培养了一批反对恐怖主义分子的恐怖主义分子，可恰恰就是这一批要保护自己、抵御恐怖主义分子的恐怖主义分子把世贸双塔摧毁了，这样一种自我摧毁，恰恰是所谓的“病态化的免疫”的过度保护而导致了自我摧毁；与之相反，南希通过心脏移植手术的生命技术来寻求生命的幸存，却最后导致了免疫系统的自我弱化，甚至导致了癌症。这些都是关于自身免疫的悖论——要么是过度保护所导致的自身破坏，要么是过度接触导致的自我消亡。这也导致了关于自身性与他者性的一个非常现代性的关系。关于拯救，因为“免疫”这个词尤其与“金刚不坏”(indemne）相关，所谓“金刚不坏”就是不受损害，只有不通过接触才能真正达到完美保护。所以“神圣”（sacred），原初的含义就体现了神与人的分隔，象征不可侵犯、不可接触，一旦接触就会被污染。

五、《论触觉》可以为媒介研究带来什么？

（一）触感的媒介论

首先，从 touch 与 contact 来思考媒介：我们这个时代，人与人的关系，到底是更为接近了，还是更为远离了？技术导致的数字敞视监狱或普遍窥视，到底是让一切都可见了，还是让一切都不可见了？时空的消除，也是接触的消失，从而失去了界限？没有了心灵感应，或一切都成了心灵感应？元宇宙也许就是触感的虚托邦，彻底虚拟地触及我们的一切？把我们仅仅还原为某种二维化的皮肤？元宇宙不就是技术触感在当下的一个梦想，以实现不接触的接触和遥感的接触吗？

其次，触屏时代与世界图像的重叠？这是一个金手指的时代，这是一个点赞经济的时代。如同韩炳哲的反思。我们都在触，超越时空界限地点触，但可能我们根本就没有触及什么，图像世界的触及，只是图像的复制与转发，触及的仅仅是空无与消耗？触及的增熵与消耗？哪些图像可以真正地触及我们？色情？暴力？重大事件，如“9·11”的全球直播。真正的接触在于仅仅接触间隔——对于间隔的接触，对于间隔打开的空无之保持，接触，仅仅是打开通道。在通道上并不接触，而保持通道敞开。

再次，从自身感发、他异感发到遥远感发的三重性来思考媒介：技术之具与身体过于融合，导致自身感发的媒介物——技术的代具——成为身体的一部分，形成了自身感发与他异感发之间的张力关系。哪些是一直保持着的他异感发——激发新的反思或感知潜能，哪些是无感之感或是遥远感发——数字监控的敞视现在变得可感了。

最后，关于事件的感触与媒介空间的形成：一旦被巨大的历史事件、创伤性事件所深深触动，就会形成事件的触点。触感与感动：触感是一种接触，是关系的形成。情动（affection）的译法并无不当之处，只是要注意本体与体现的本体论差异。接触的适当与否决定了一切媒介学的原初伦理：我们仅仅只能接触界限吗？但界限的边界又在哪里？只有接触才可能知道边界，只有接触到边界才可能知道边界，但这已经构成冒犯。所谓触感的媒介论可以很好地关联边界伦理、媒体中介、政治权力这三者，形成一个新的反思空间。

（二）触感的一般免疫学

没有接触，就绝对安全吗？但有一种没有接触的接触正在发生。宗教的梦想都是试图保持绝对安全，所谓的“金刚不坏”。但越是追求绝对安全，越可能导致自身的破坏，如美国“9·11”的发生就体现了美国式自身免疫系统自我摧毁。世界如同一张皮肤，而且是一张脆弱的皮肤，这是人性脆弱皮肤的外展，与电子化表皮的外接，它们都同样脆弱，并且皮肤的外接导致了界限的模糊。

我们进入了一个触感恐惧的时代？只要接触，就有闯入，就会有传导、传染与浸染，甚至不可控制地播散，可触与不可触的边界何在？其边界需要不断地调适，接触把人性世界皮肤的脆弱性显示出来，我们在接触中保护生命，这是传播的生命伦理。

触感，总是试图触及那不可触及之物，既是遥远感发，也是无感之感，但一旦触及不可触及的，就可能出现危险。在我们触及自身之前，我们就已经被触摸了。比如，在母腹之中，这是来自母体的保护，还有所谓“神秘的心灵感应”。我们一直试图触及自身——追求不死的幻想。越是触感，生命越显脆弱，越需要保护。

面对传染，面对病毒，我们的生命处于一个普遍的缺乏保护的状态。如何保护生命？一种是来自技术的免疫注射带来的保护，但是它可能会导致免疫的逃逸，技术本身并不是完美的——因此我们需要自然的保护，可是婴儿与老人哪里还有来自自然的生命本身的保护能力呢？于是，又出现第三种来自权力的保护。可是这种保护的限度在哪里？难道出于保护的名义，就可以采用任何的力量来进行保护吗？所以这个权力本身，它的限度和界限在哪里？有什么样的媒介可以保护我们的生命，甚至是形成一个全球的免疫共通体？

触感的免疫理性核心在于：神圣之所以不可触，是因为它必须触及污秽或者感染之物，不可能不通过触感实现共在，但共在时如何保持间隔距离，距离的测量还是要通过接触来展开——触感中是否有保护？从接触到爱抚，进而关心的保护；权力的保护，有触感的伦理吗？

六、讨论与问答环节

刘海龙：如何理解元宇宙在触觉方面复制的困难或障碍？

夏可君：元宇宙的梦想只有通过触感化才能实现，实际上，技术的触觉已经可以做到高度仿真，但在更深层面上，心灵的触感和交流或许要通过类似剧集《上载新生》中的“数字永生”才可以实现，但这种依靠虚拟技术的接触还是不能取代我们自然化、生物性身体的接触。

吴璟薇：夏老师刚刚从本体论角度提到了媒介的中介与边界伦理问题，中介意味着二者之间建立联系，那么中介的边界又何以可能建立？中介性是否意味着一接触就会产生传播，那么停止传播是否就必须终结中介功能，切断媒介？

夏可君：一个“好”的媒介的功能主要不在于连接，更在于二者之间打开并保持某种间隔和距离，遥相呼应，只有在对话的同时不去占有对方，才能开启一种“没有共通体的共通体”的交往模式。

听众：电子书和纸质书在触感方面有哪些差别？

夏可君：纸质书只是三维空间中的传递，电子书却可以做到在四维空间快速穿越和扫描，并具有复制、粘贴、重组的特点。

听众：如何区别埃斯波西托的免疫学与德里达的自身免疫理论？

夏可君：首先可以把它们放在生命政治与生命技术的分野上进行区分。其次就是埃斯波西托对于自身免疫的讨论比德里达更加复杂，如献祭牺牲的问题，自身免疫的暴力问题还有共同体问题，而这些其实可以去弥补南希和德里达在讨论上的不足。再次就是埃斯波西托并没有像德里达那样触及宗教信仰与“金刚不坏”的问题。最后埃斯波西托的论述受到南希共通体思想的影响，却更加强调自然免疫而非技术免疫的作用——实际上，我们应该把技术免疫、自然免疫、权力免疫放在一起讨论，把生命政治与生命技术结合起来，走向新的思考：

我医治故我在。“医治”（panser）在法语中，既包含思想与关心（penser）的含义，也有包扎与医治的相关含义，这就使南希的思想之为身体的触感称重，与“生命技术”的免疫保护之医治相关了！

我医治故我在，就是我们有待于进一步思考的哲学命题！

【本讲回顾】

本讲围绕德里达的著作《论触觉》展开解读，探讨了触觉作为哲学核心，是如何重构主体性、技术与生命的关系的。德里达通过解构西方“触感中心主义”，提出“触而未触”（touching without touching）的悖论法则，揭示了接触既建立关系又引发过度侵入的矛盾。南希的心脏移植经历成为一个关键案例：外来心脏的“闯入”打破自我同一性，凸显了技术介入下生命与免疫的辩证关系。

本讲还提出“三重感发”媒介模型：自身感发（习惯性触屏）、他异感发（陌生技术冲击）、遥远感发（大数据监控），解释数字时代触觉异化。在数字时代：技术既可以消弭身体接触（如元宇宙愿景），又依赖于触觉操作（如刷屏手势）。导读中还讨论了触屏的“遥感”模糊了真实接触的边界，“无接触”的需求暴露人性对连接的渴望与恐惧等问题。

基于此，本讲提出的“一般免疫学”框架，主张在技术、自然与权力的交织中寻求生命保护的伦理平衡，并以“我医治故我在”指向触感哲学的现实意义。

【要点小结】

1. 触感的哲学本体地位：西方文化隐含“触感中心主义”，中国“天人感通”传统亦强调触觉的本体性。
2. 触感法则的吊诡性：“触而未触”是触觉的核心法则——恰当接触需保持间距，过度触及导致伤害，不触则丧失连接。
3. “三重感发”的模型：触觉的发生依循“遥远感发→他异感发→自身感发”的倒置逻辑，技术中介（如石器、乐器）塑造人性原初感知。

4. 一般免疫学的伦理框架：接触必然伴随传染风险，需在技术免疫（疫苗）、自然免疫（体质）与权力免疫（管控）间寻求动态平衡。
5. 触屏媒介的三重异化：自身感发（成瘾性刷屏）、他异感发（暴力图像冲击）、遥远感发（算法监控）消耗真实触感。
6. 边界媒介的新命题："好媒介"应保持间隔而非连接（"没有共通体的共通体"），以"我医治故我在"作为生命技术时代的主体重建路径，统合技术—自然—权力的免疫。

【拓展阅读】

1. 南希 . 无用的共通体 [M]. 郭建玲 , 张建华 , 夏可君 , 译 . 郑州 : 河南大学出版社 , 2016.
2. 王琦 . 当代西方书写思想之环视 : 以让 – 吕克 · 南希的研究为中心 [M]. 杭州 : 浙江工商大学出版社 , 2023.
3. 克拉森 . 最深切的感觉：触觉文化史 [M]. 王佳鹏 , 田林楠 , 译 . 上海 : 上海人民出版社 , 2022.

【思考题】

1. 在今天的触屏时代，关于触觉的研究有何意义？领读人提出了关于触感的媒介论，这对于丰富媒介本体论的相关研究，可以带来哪些新的认识？
2. 对触感的间隔或阻隔会带来怎样的感官体验？如何在学理层面进行深入剖析？请结合案例讨论。
3. 基于《论触觉》这本书的主要观点，设计一个传播学中的研究触觉的选题，并简要介绍研究问题和方法。

第十二讲

走出人类中心主义：探究动物问题研究的思想脉络

——庞红蕊领读《动物志：从海德格尔到德里达的动物问题》

图 12-1　《动物志》封面①

领读书籍：《动物志：从海德格尔到德里达的动物问题》（*Zoographies:The question of the animal from Heidegger to Derrida*）（见图 12-1）（以下简称《动物志》）。

内容简介：作者在书中称："要在观念和实际生活中公正地对待动物，这于人类而言是一个巨大的转变，哲学在其中所起到的作用十分微弱。尽管如此，我依然认为哲学是不可或缺的。如果在'动物性'以及人与动物之界线（界限）等传统概念之外，我们仍能另辟蹊径来思考动物的话，或许只有哲学才能够实现这一可能。"

本书引用了动物行为学、进化论以及海德格尔的研究，讨论了列维纳斯关于伦理学的性质和范围的问题、阿甘本的"人类学机器"观点以及德里达所开创的非人类中心主义伦理学，以挑战欧陆哲学传统的人类中心主义，从政治、伦理以及本体论等方面论证：人与动物之间的界限可以并且应该被抹去。卡拉柯呼吁废除人与动物相区别的固有观念，为看待动物以及与动物共处开创了一种新的方式。

作者简介：马修·卡拉柯（Matthew Calarco）（见图 12-2），加州州立大学富勒顿分校人文社会科学学院哲学系教授。主要研究方向是当代欧陆哲学、动物哲学。著有《动物志》《动物的死亡》《激进主义列维纳斯》《通过动物思考：身份、差异以及无区分性》《与动物的邂逅：哲学、文化、历史之维》《超越人类学的分歧》等。

领读者：庞红蕊（河北师范大学文学院副教授）

主持人：曾国华（中国社会科学院新闻与传播研究所副研究员）

讲座时间：2022 年 6 月 19 日

---

① 卡拉柯 . 动物志：从海德格尔到德里达的动物问题 [M]. 庞红蕊，译 . 武汉：长江文艺出版社，2022.

文稿整理与校对：王文羽、高山

图 12-2　马修 · 卡拉柯

一、人文社科研究的“动物转向”

21 世纪以后，人文社科领域发生了一次新的转向，即“动物转向”（animal turn）。在《认识动物》（*Knowing Animals*，2007）一书中，菲利普 · 阿姆斯特朗（Philip Armstrong）以及劳伦斯 · 西蒙斯（Laurence Simmons）如此说道：“‘动物转向’这一事件可与 20 世纪中叶人文社科领域的‘语言转向’相提并论。‘动物研究’是一个跨学科且涉及多学科的领域，除了对一些熟悉的知识领域进行颠覆，它还为人文社科领域的学者提供了崭新的契机，使他们介入并探讨‘自然世界’的诸方面问题。”①

“动物转向”在人文学科诸领域呈现百花齐放的态势。近年来，动物史研究方面的专著层出不穷，正如著名的动物史研究学者陈怀宇老师在《动物史的起源与目标》一文中所言：“（历史学科领域的‘动物转向’）大约出现在（20 世纪）80 年代，在学术的内在理路上讲正是史学内部不断反思新问题新方法的结果，在外援因素上受到 70 年代以来席卷全世界的动物权利保护运动影响。它的起源与目标，与传统史学和现代史学对动物的关注非常不同。”② 为了与传统史学的动物研究区分开来，陈怀宇将动物转向视域的史学研究称为“新动物史”，“因为它受到欧美地区风行一时的文化研究（cultural studies）理论影响下的动物研究（animal studies）理论影响”③。在传统的历史书写中，动物要么被忽略，要么被压制，它们从来都是沉默的存在。新动物史的创见在于历史学者试图发掘动物的历史主体性，站在动物的立场上，以动物的利益和权利为出发点，为动物在历史长河中

① ARMSTRONG P, SIMMONS L. Knowing animals[M]. Leiden: Brill Academic Publishers, 2007: 1.

② 陈怀宇 . 动物史的起源与目标 [J]. 史学月刊 , 2019(3): 115.

③ 陈怀宇 . 动物史的起源与目标 [J]. 史学月刊 , 2019(3): 115.

赢得一席之地。[①] 在欧美学界，近年来，动物史学者希尔达·基恩（Hilda Kean）出版了多部发人深省的动物史专著，包括《动物权利：1800 年以来英国的政治与社会变化》（*Animal Rights: Political and Social Change in Britain since 1800*）、《猫和狗的大屠杀：二战不为人知的悲剧实录》（*The Great Cat and Dog Massacre: The Real Story of World War Two's Unknown Tragedy*）。2019 年，她又与菲利普·豪威尔（Philip Howell）共同编辑出版了《劳特里奇人与动物史指南》（*The Routledge Companion to Animal–Human History*）。在《猫和狗的大屠杀：二战不为人知的悲剧实录》中，基恩详尽探讨了 1939 年的伦敦"九月大屠杀"：1939 年 9 月 3 日，英国向德国宣战，在此后的一周内，伦敦地区的人们采取了一系列措施，如把孩子送到相对安全的乡村、制作遮光窗帘、挖菜窑等。但还有一个不太被人提及的细节是，在短短几天内，伦敦约有 40 万的动物（猫和狗）被实施安乐死，其数量占了伦敦猫和狗总数的 26%。值得注意的是，这并非政府所要求的举措，而是人们自发的集体行为。在战争期间，人们更在乎的是物质保障，而非精神需求，人们往往从功用性角度来衡量动物，更愿饲养兔子、鸡等，因为这些动物可以成为人们的食物。相比之下，猫和狗是纯粹消耗性的动物，在战争期间会成为家庭的负担。1939 年的秋冬时节，伦敦并没有遭受纳粹的轰炸，这一场"虚假"的战争却深深地影响了人类与动物的关系。

近年来，英语世界的中国史研究领域也掀起了"新动物史"写作的浪潮。2002 年，剑桥大学中国史教授胡司德（Roel Sterckx）出版了专著《古代中国的动物与灵异》（*The Animal and The Daemon in Early China*），考察了古代中国的动物观念。2004 年，中国环境史研究专家伊懋可（Mark Elvin）教授出版了专著《大象的退却：一部中国环境史》（*The Retreat of the Elephants: An Environmental History of China*）。本书的书名虽为"大象的退却"，但并未专注于探讨大象这一物种的地理变迁过程。它是一部巨著，概述了中国环境史，大约纵贯 4000 年，但重点在最近的 1000 年。[②]

在文学领域，兰迪·马拉默德（Randy Malamud）的《诗意动物与动物心灵》（*Poetic Animals and Animal Souls*）一书具有借鉴意义。他指出，人们总是从自身角度来框定动物，而无法做到从动物自身角度来理解动物。[③] 人们应跳出条框来思考动物问题，突破人类中心主义的思考方式，建构一种物种间的崭新关系。在这种情境下，他重提文学的价值：文学作为一个独特的审美领域，它凭借自身的情感强度可以突破一切僵化的界限，从而最终改造人与自然、人与动物之间的关系。在此基础上，兰迪·马拉默德从动物视角重点分析了马利亚安·穆尔（Marianne Moore）、加里斯·奈德（Gary Snyder）、菲利普·拉金（Philip Larkin）以及谢默斯·希尼（Seamus Heaney）等诗人的诗作，令人眼前一亮。

---

① 陈怀宇．动物史的起源与目标 [J]. 史学月刊，2019(3): 115.

② 伊懋可．大象的退却：一部中国环境史 [M]. 梅雪芹，毛利霞，王玉山，译．南京：江苏人民出版社，2014：1.

③ MALAMUD R. Poetic animals and animal souls [M]. New York: Palgrave Macmillan, 2003: 5.

此外，凯莉·罗曼（Carrie Rohman）的专著《追踪主体：现代主义与动物》（*Stalking the Subject: Modernism and the Animal*）也极具启发意义。在书中她指出，动物问题研究的热潮推动了文学批评界对动物问题的关注。她将英国现代主义文学置入动物问题研究的理论视野，重点分析了在进化论和精神分析理论的冲击下英国现代主义文学的人本主义困境。在这一语境中，凯莉·罗曼详尽分析了赫伯特·乔治·威尔斯（Herbert George Wells）、D. H. 劳伦斯（David Herbert Lawrence）、杜娜·巴恩斯（Djuna Barnes）以及刘易斯·卡罗尔（Lewis Carroll）的小说或诗歌文本，为英国现代主义文学赋予了崭新生机。

在哲学领域，后人类理论以及动物研究领域的领军人物卡里·伍尔夫（Cary Wolfe）于2003年编辑出版了《动物学：动物问题》（*Zoontologies: The Question of the Animal*）一书。该书收录了8篇动物问题研究方面的文章，包括德里达的《动物有回应吗？》、卡里·伍尔夫的《在维特根斯坦之狮的阴影下：语言、伦理学以及动物问题》、厄休拉·海斯（Ursula K. Heise）的《从灭绝到电子产品：死青蛙、活恐龙以及电子羊》、保罗·帕顿（Paul Patton）的《语言、权力以及驯马》、朱迪斯·鲁夫（Judith Roof）的《从原生生物到DNA（及反之）：弗洛伊德的单细胞生物精神分析》、史蒂夫·贝克（Steve Baker）的《舍弃人类》、阿方索·林吉斯（Alphonso Lingis）的《动物的身体，非人的面容》以及查理·乐达夫（Charlie LeDuff）的《在屠宰场，有些东西是不死的》。这些文章中既有演讲稿和学术论文，也有调查性新闻。卡里·伍尔夫将它们聚集在一起，意在表明动物问题既是一个需潜心研究的学术问题，也是一个迫在眉睫的现实问题。近年来，动物研究学者马修·卡拉柯也建树颇多。2004年，他与列维纳斯研究专家彼得·阿特尔顿（Peter Atterton）编辑出版了《动物哲学：欧陆思想读本》（*Animal Philosophy: Essential Readings in Continental Thought*）。两位主编邀请了彼得·辛格作序，该书出版后，在学界引起了不小的轰动。该书选取了10位哲学家的动物研究文章及相关的评论文章，共分十章：尼采、海德格尔、巴塔耶、列维纳斯、福柯、德勒兹和加塔利、德里达、吕克·费里、埃莱娜·西苏、伊利格瑞。在此后的几年里，卡拉柯一直专注于动物问题研究。2008年，他出版了专著《动物志》；2015年，他出版了《通过动物思考：身份、差异以及无区分性》（*Thinking Through Animals: Identity, Difference, Indistinction*）一书；2018年，他与多米尼克·奥瑞姆（Dominik Ohrem）共同出版了《与动物的邂逅：哲学、文化、历史之维》（*Exploring Animal Encounters: Philosophical, Cultural, and Historical Perspectives*）；2020年，他出版了《超越人类学的分歧》（*Beyond the Anthropological Difference*）一书。其中，《动物志》是他在动物问题研究方面的集大成之作，他之后的哲思都以此书为起点。该书问世后，学界好评如潮。卡里·伍尔夫称赞该书对“动物问题研究领域进行了批判性的综述以及敏锐的审视”，是一部“难能可贵的著作”。生态女性主义以及动物研究领域的著名学者卡罗尔·J. 亚当斯（Carol J. Adams）称赞该书是“一项非凡的成就”，因为它将“欧陆哲学从人类中心主义的禁锢中解放出来，并由此指出，欧陆哲学在动物问题研究方面的重要性”①。

二、从《动物志》的副标题谈起

《动物志》一书的副标题中有“The question of the animal”。为何作者会选择“动物问题”这一措辞，而不是“动物研究”或“人—动物研究”等措辞呢？在《动物志》的导言部分，作者归纳了如下三个原因：首先，“动物问题”这一措辞实际上来源于德里达的文本《因动物，故我在 / 追随》（1997），作者援引德里达的这一措辞意在向德里达致敬；其次，动物问题始终具有敞开的特质，其中的术语、概念和研究内容都具有敞开性，是不明确的，且需要很多的补充；最后，把动物“问题化”便于我们去质疑“动物”的命名，质疑“动物性”这一本质概念。《动物志》选取了四位哲学家：海德格尔、列维纳斯、阿甘本以及德里达，后三位哲学家在动物问题方面都深受海德格尔的影响。特别是德里达和阿甘本，他们对海德格尔的动物思想进行了拓展和批判。《动物志》将动物问题聚焦到欧陆哲学视域进行讨论，我们需注意，在当代欧陆哲学视域，动物问题研究绝不仅限于以上四位哲学家，尼采、福柯、德勒兹等哲学家也与动物问题有着千丝万缕的联系。以福柯为例，他的生命政治思想在动物问题领域具有相当的研究潜能。例如，探讨作为家畜的动物时，我们注意到一个现象：过去的人们为了获取食物需要动物“死”，如今出于同样的目的却要让动物“活”，且要大量地活。福柯的生命政治概念便可在此处运用。综上，动物问题始终保持着一种敞开性。

卡拉柯质疑人与动物之间的界限，并主张取消这一分界。他认同唐娜·哈拉维在《赛博宣言》中的观点，认为人与动物之界限的消弭不仅是一种应然状态，也是一种实然状态。从取消界限这一基本立场出发，卡拉柯对海德格尔以来的欧陆哲学思想进行了批判性审视。

此外，需要廓清的是：动物问题研究绝非身份政治研究的一个分支。动物问题研究不同于动物权利运动。动物权利运动与身份政治密切相关：它主张用人道主义的方式对待动物，但又不得不采用身份政治（主权、权利、人权等概念）的诸多术语，这反而会成为探讨动物问题的巨大障碍。此处可举三个例子。

首先，汤姆·雷根（Tom Regan）认为，动物和人一样都是生命的主体，然而“主体”概念只适用于某些较高级的动物物种。从伦理角度来考量，“主体”概念无法容纳全部的动物（如某些“低等动物”）。

其次，1993 年，彼得·辛格（Peter Singer）和保拉·卡瓦利里（Paola Cavalieri）创立了“大猿计划”（The Great Ape Project）动物保护协会。次年，二人共同编辑出版了论文

① CALARCO M. Zoographies: the question of the animal from Heidegger to Derrida [M]. New York: Columbia University Press, 2008.

集《大猿计划：超越人类的平等》（*The Great Ape Project: Equality beyond Humanity*）。在该书序言部分，两位哲学家说道："我们不应将重点放在我们是人类身上，而应关注如下事实：我们是拥有丰富多样的社会和情感生活的智性生命。这些品质不仅是人类的共性，还是我们的'同类'类人猿的共性。因此，我们应使这个更大群体的成员有充分权利被纳入道德平等的范围。我们寻求的是一种平等的延伸，不仅包括我们自己的物种，还包括在能力和生活方式方面与人类最近似的物种。"① 在此，"大猿计划"运用了同类逻辑，将"人类"的权利拓展至某些近似物种身上，其仍具人类中心主义色彩。

最后，2014 年，加拿大学者休·唐纳森（Sue Donaldson）以及威尔·金里卡（Will Kymlicka）出版了《动物社群：政治性的动物权利论》（*Zoopolis: A Political Theory of Animal Rights*）一书，他们说道："动物保护运动目前正陷入困境。在过去 180 年，围绕着动物福利发展起来的那些用来阐述问题和调动民意的传统策略与论证，在某些问题上取得了成功。但是目前看来，这些策略的内在局限性已经变得越来越明显，它们无法解决，甚至无法让我们意识到自己与动物的关系中存在某些最严重的伦理问题。"② 在该书中，唐纳森和金里卡反思了三种主流的动物伦理话语，即动物福利理论、生态论以及基本权利论。在此基础上，他们指出，我们应将消极权利和积极权利相结合，建立一种拓展版本的动物权利论，其解决之道是将政治哲学中的"公民身份"概念拓展到动物身上。这实际上是一种改良版本的动物权利思想，唐纳森和金里卡的动物伦理话语实际上与雷根、辛格的逻辑是相似的，它们都以人为标准，用这种标准来甄别动物，从而扩大伦理关怀的范围。这种逻辑强化了人类优越论，其人道主义思想其实是一种人类中心主义话语。

三、理解《动物志》的脉络：从海德格尔到德里达

（一）此在中心主义——海德格尔的动物思想

这部分的核心要点：海德格尔对动物之本质的论述及其对形而上学传统的批判。在此基础上，卡拉柯反思了海德格尔动物书写的局限性。作者认为，海德格尔并未取消界限，而是用自己的哲学术语来重新确定界限，其哲学话语仍然是人类中心主义的。在 1929—1930 年的课程讲座"形而上学的基本概念：世界—有限性—孤独"中，海德格尔援引了诸多生物学研究成果来论证动物生命的本质，如汉斯·德里施（Hans Adolf Eduard Driesch）、威克斯库尔 (Jakob von Uexküll) 的研究成果。他汲取了威克斯库尔的"周围世界"概念，从"世界"角度来定义生命，从跨学科的视域批判了笛卡尔以来的"动物机器"说。

---

① SINGER P, CAVALIERI P. The great ape project: equality beyond humanity[M]. New York: St. Martin's Press, 1994: 1.

② 唐纳森，金里卡．动物社群：政治性的动物权利论 [M]. 王珀，译．桂林：广西师范大学出版社，2022：1.

书中，他通过比较性的考察突出动物生命与人类生命的差异，并提出了如下观点：石头没有世界、动物贫乏于世、人类建构世界。什么是动物贫乏于世？所谓“贫乏”（armut），指的是同时“有”又“没有”世界。所谓的“有”世界指的是动物有能力与周围的猎物、天敌等形成某种特定的关系；所谓的“无”世界指的是动物不能将某物作为某物来领会。相应地，人类拥有世界，一方面，他们有能力与周围的世界形成密切关联；另一方面，他们又能够将某物作为某物来领会。如此看来，人类比动物多一种“领会”的能力，就此，人类就比动物要高级吗？在此处，“能”和“不能”并不对应于好与坏，丰富和欠缺并不对应于优与劣。“动物贫乏于世”对动物问题的贡献在于它反对生命等级论，动物与人类之间的差异是本质的差异，而非程度上的差异。卡拉柯认为，海德格尔继承了形而上学传统中的某些面向，在人与动物之间划界，用“绽出之生存”来区分人与动物，他并未思考“本质”之思的合理性，其对动物之本质的思考忽视了动物物种的多样性和差异性。此外，海德格尔探讨动物生命的目的是考察人类此在的生存本质，带有一种“此在中心主义”倾向。

（二）列维纳斯的“他者”之思对动物问题的启示

在《总体与无限》中，列维纳斯明确指出，动物不是“他者”。在他看来，动物无法从伦理之维来回应他者，也自然无法引发人们的伦理回应。这种观点是对形而上学传统的教条式继承，是一种自动化的接受，是一种思维惯性的延续。但他的生命体验却不断冲击着这一观点。在第二次世界大战时期，列维纳斯参加了反纳粹的战争，不久便被纳粹逮捕，被关进了战俘营。囚禁期过半，一只流浪狗走入了他的生活，战俘们给它取名叫“Bobby”。Bobby 对他们很友好。列维纳斯说，这只狗比看守集中营的哨兵更具人性，“他”是纳粹德国的最后一个康德主义者。但他接下来话锋一转，补充说，狗毕竟不是人类，因为它缺乏智慧的头脑。由此，列维纳斯以一种思维惯性否定了这场具有伦理色彩的邂逅。1986 年，在访谈中，列维纳斯体现出“不可知论”的倾向。采访者问列维纳斯：“动物是否拥有面容（face）？”列维纳斯的回答很犹疑，他说他不知道蛇有没有面容，但他认为伦理可以延伸至所有的生命身上。此处，列维纳斯一方面将所有生命纳入伦理关怀的范围，另一方面持一种不可知论的立场。卡拉柯认为，在生物中心主义和不可知论这两种观点之间，后者更具备研究和发展前景。生物中心主义是一条死胡同，因为它旨在寻求终极答案，寻求答案的方式也是以人为基础向外拓展。不可知论则代表一种“敞开”，它破除了答案、场所和领域的封闭性，容纳各种差异。正是在这一点上，卡拉柯认为，列维纳斯关于动物问题的“不可知论”更具激进性和研究前景。

（三）从划界到取消划界——阿甘本的动物思想轨迹

阿甘本在动物研究和坚守“界限”方面存在思想的断裂，其早期文本延续了海德格尔的传统，坚守人与动物的“界限”，我们可从《语言与死亡：否定性的场所》《幼年与历史》中看到浓重的海德格尔主义色彩。在这两本著作中，阿甘本探讨语言问题，重新确定了人类与动物的界限。阿甘本认为动物和人都拥有语言，人的独特性在于他们丧失了语言，不得不在自身之外接受它。正是因为人类丧失了语言，正是因为有幼年，才使得人类向他异性（文化、政治、历史）敞开。2002 年，阿甘本出版了《敞开：人与动物》一书，这表明他思想的断裂，书中，他不再坚守人与动物之间的界限，呈现出鲜明的反人本主义立场。阿甘本延续了此前《神圣人》的思路：共同体建构的基础是 bios（政治生命）与 zoē（动物生命）的区分，也因此是人与动物的区分，这一区分是人本主义共同体的根基所在，正是在此意义上，他主张取消界限。在《敞开：人与动物》中，阿甘本提出了“人类学机器”（anthropological machine）概念，该概念指的是诸学科话语通过“包含和排除”的双向过程将人与动物区别分类的运作机制。如何摧毁人类学机器呢？在此问题上，阿甘本转向了本雅明的思想。在他看来，本雅明的“救赎之夜”“定格辩证法”“弥赛亚政治”等概念可以终止人类学机器的运作。阿甘本对未来的共同体有一种期待，即不再有 bios 与 zoē 的区分，不再制造赤裸生命。

（四）动物的苦难与人的原初情动——德里达

在古代社会，人们对待动物的手段通常有两种：狩猎和驯化，前者针对不易管束的动物，后者针对易被驯服的动物。人们驯化动物，一方面是为了运输和耕种，另一方面是为了献祭和屠宰。德里达指出，两个世纪以来，人们对待动物的方式发生了巨大变化。随着生物学、行为学以及遗传学等知识的不断进步，人类对待动物的方式发生了改变，如利用各种技术手段令一些动物过度繁殖，造成物种的过剩；篡改动物的基因组，改变动物的身体构造；给动物喂食激素，使其迅速成长，破坏它们的生长规律；将大批量的动物送往现代化的屠宰厂，将它们降格为“供人类消费的肉类”。除此之外，动物还另有他用，如药物实验、动物园展示等。可以说，与古代社会相比，现代人造成了动物的大批量生产和死亡，在现代社会，动物的处境更加悲惨。

在《动物在，故我在/追随》中，德里达将人类对动物的暴力与纳粹大屠杀进行了类比。他认为，一方面，人们不可唐突轻率地在两者之间进行比较；另一方面，我们绝不应因为一个先验的理由（人类优于动物）而摒弃所有的比较，我们需挖掘其独特之处，留心其相似的运作逻辑。

在《道德与立法原理导论》中，边沁提出了一个关键问题：动物能不能承受苦难（Can they suffer）？德里达指出，边沁改变了问问题的方式，在他看来，重要的不是搞清楚动物是否具有某种逻各斯的能力，而是搞清楚动物是否能够承受苦难。“动物是否具有理性？”与“动物是否能够承受苦难？”这两个问题都以“can they”开头，但有着本质不同。前者是一种理性的探寻，聚焦于客观的求证，然而最后的答案充满独断论色彩，动物往往被剥夺了它们的“can”，它们总是“不能”（can't）地存在，以此来凸显人类的独特性和优越性。“can they suffer？”虽然也包含“can”，但问句中的“suffer”已经消解或转变了“can”的含义。这一问题不是一种理性的探寻，而是一种由同情所引发的情动式关怀，它聚焦于“suffer”，这一问题本身便蕴含着答案：动物正在遭受苦难，它们无法承受苦难，动物的遭遇令人类产生恻隐之心。

四、案例解析：路易十四观看大象解剖实验

庞红蕊老师探讨了德里达《野兽与主权者》中的一处细节：路易十四观看大象解剖实验。2021 年 10 月 12 日至 2022 年 2 月 13 日，法国凡尔赛宫举办了“国王的动物”艺术展，展品包括油画、雕塑、动物标本、壁毯、牛皮纸、陶瓷等，值得注意的是，路易十四所豢养的这只大象的骨骼也在此次艺术展中被展出。

在《野兽与主权者》的第十一讲，德里达分析了 1681 年路易十四参观大象解剖实验这一事件。这头大象原是葡萄牙国王于 1668 年送给路易十四的礼物，在 1681 年去世之前，它一直被豢养在凡尔赛动物园中。在德里达看来，这一事件具有多重内涵：

首先，路易十四观看被解剖的大象，这一图景有一种“corps à corps”（“身体对身体”，译为“短兵相接”“肉搏战”）的感觉。一方面，这两个庞大的身体面对面遭遇，路易十四自诩为太阳王，“国王中的国王”，而大象是“最大的动物”；另一方面，活着的太阳王面对死去的大象，一个身体面对一具尸体，这是肉搏战之后的结果，是“诱惑、狩猎、捕获、骗取和捕食的事后场景”，大象是这场捕猎中的战利品，它被国王的随从捕获，远赴重洋来到凡尔赛动物园，成为国王的玩物。①

其次，科学解剖实验原是一种知识性的场景，然而一旦有了太阳王的参与，知识便与权力相互渗透。在柏拉图笔下，“太阳”是善的象征，它从至高处照亮事物，使事物显现，太阳王同样如此，他站在至高处凝视大象的尸体，“这位国王持有、拥有、占有这头巨大的野兽，他可以摆布这个巨大的尸体，它是他的权力对象、知识对象、占有对象和凝视对象，也是他的享乐对象”②。大象的解剖工作由法兰西学院的某位科学家主持，而这个科学院是由路易十四建立的，大象生前生活在凡尔赛动物园中，而这个动物园也是由路易十四于 1662 年建立的。身处“至高处”的路易十四可以随意操纵这根知识的链条，知识即权力。

再次，法国大革命以后，精神学医生皮奈尔建议，取缔奢华的凡尔赛动物园，建立一个“不奢华”的动物园，这里的“不奢华”有政治和经济上的双重意味：一方面，君主专制政体下的凡尔赛动物园只允许君主和权贵参观，而“不奢华”的动物园应向大众开放；另一方面，君主专制下的凡尔赛动物园讲究排场、铺张浪费，而“不奢华”的动物园应注

① 德里达．野兽与主权者：第 1 卷 [M]. 王钦，译．西安：西北大学出版社，2021: 452.
② 德里达．野兽与主权者：第 1 卷 [M]. 王钦，译．西安：西北大学出版社，2021: 452-453.

重经济上的收益，经济亦即家政学（oiko-nomia），“家政学很重要，因为生态学考虑或经济考虑要经历一个为野兽提供住所和栖息地的过程，而这一过程摇摆于家畜化、驯服、驯养、饲养等模态之间，有时则是将这些模态同时叠加”①。换言之，如果说皇家动物园充斥着权力、凝视、捕猎、知识，那么平民化的动物园同样带有这些元素，只不过前者不考虑收益等因素，而后者需考虑经济收益等因素。从 1662 年的凡尔赛动物园到 1792 年要筹建的“不奢华”的动物园，尽管更换了主权者，但这一知识—权力的装置在结构上并未发生根本改变。

最后，大象这一庞然大物在主权者路易十四的凝视之下被解剖，“人们的兴趣不仅在于解剖中的厚皮动物的皮肤所透露的解剖学知识，不仅在于涉及动物器官运作方式的生理动物学知识，而且已然是一种比较性的知识，它要澄清人类解剖或人类生理学与动物解剖和动物生理学之间的种种类比。问题已经涉及一种人类动物学（anthropo-zoology）”②。也就是说，人们通过解剖大象的尸体，其实是想获知人类身体与动物身体在构造方面的不同，从而建构关于人的解剖学和生理学知识。这种比较性的知识领域能够通过对比差异来区分人与动物，从而获得关于人的独特性知识。没有人问询过这头野兽的意见，它任由手术医师摆布，在主权者的凝视之下，人们想在这头庞大生物身上辨认出一种解剖生理学的人类动物学知识，从而建立人对动物的主权。

由此，我们可以看到，在路易十四观看大象解剖这一图景中，有双重的主权确认。一方面，人们通过捕获、凝视和解剖大象而获得了对大象的支配权，通过比较性的解剖知识学获得了关于人的解剖学知识，奠定了人的独特地位；另一方面，主权者路易十四参观这一解剖场景，“这位矮小的国王盛大入场，后排坐着的大臣们、医生团队和学术团队成员向他深深俯首致敬”③。这一图景又带有政治意味，路易十四用其姿态宣告了他对所有人的主权，宣告了他对一切知识的支配权。

五、讨论与问答环节

听众：感谢庞老师的领读，非常精彩！我不禁想到曾国华老师领读的《文化技艺》，其中的一章就讨论了制造人与动物人类学差异的文化技艺，作者西格特也在序章中特意比较了英美后人类主义和德国去人类中心主义取向的差异，认为德国文化技艺的旨趣并不像美国方面一样致力于通过微妙的解构主义和强烈的伦理聚焦来消除这一差异，而是更加关心这背后技术或媒介所发挥的作用，“人类和非人类动物总是递归地交织在一起，因为人

① 德里达．野兽与主权者：第 1 卷 [M]. 王钦，译．西安：西北大学出版社，2021: 455.

② 德里达．野兽与主权者：第 1 卷 [M]. 王钦，译．西安：西北大学出版社，2021: 455.

③ 德里达．野兽与主权者：第 1 卷 [M]. 王钦，译．西安：西北大学出版社，2021: 456.

类学的不可简化的多样性和历史性总是被文化技艺与媒体技术处理”。这里想请教两位老师如何理解这两种在动物问题上研究取向的差异与勾连，尤其在历史性的实践、技术和媒介网络的方面？

庞红蕊：我尝试回答一下这个问题，并不一定妥当，请多包涵。当然，这两种路径都很重要，在动物问题研究方面，美—德路径的区分或许有些偏颇。在哲学视域，德里达的解构之维和伦理之维的探讨对动物问题研究非常重要，然而与此同时，他也在强调对动物问题进行历史、政治、技艺等层面的挖掘。美国学者哈拉维的《灵长类视觉》旨在探讨作为人类替代品的类人猿是如何被科学、文化、政治、经济、技术等因素所建构的，哈拉维一方面有很强烈的伦理聚焦倾向，另一方面做了福柯式的知识考古工作。阿甘本的“人类学机器”概念一方面有很强烈的政治伦理聚焦，另一方面从多学科的视域探讨人与动物之界限的人为建构。这些哲学家对动物问题的探讨都是多面向的，并未聚焦于一个层面。

听众：请问如何理解近年来科幻作品中的动物异形现象及其本质，如克苏鲁神话中的章鱼人，是否要从神话和原型的角度去把握？

庞红蕊：科幻文学中的动物或怪物形象非常有趣，神话和原型视角的解读当然可行，这要回归到作家作品的细节中去阐释。在此问题上，我想补充一个小点，当代很多理论家都从科幻小说中汲取灵感，如哈拉维对阿西莫夫（Isaac Asimov）科幻小说的探讨，凯瑟琳·海勒对菲利普·迪克科幻小说的解读。后人类议题与科幻小说的关系尤为密切，因为后者关涉人与动物、人与机器、虚拟与现实等界限的消弭。

听众：请问在生态批评的视域下人与动物的关系是类似佛教众生平等还是一方占主导地位？

庞红蕊：首先，动物问题研究与生态批评有一些关系，但又有所不同，因为生态批评从环境整体和生态链角度来审视动物的生存现状，或许会忽视动物个体的价值。至于人与动物的关系应怎样？我比较赞同德里达的说法，在他看来，人与动物之间应突破家政学关系，使动物成为陌异者，成为某种意义上的“无家可归者”，只有如此，动物方可是其所是。将动物视为“他者”，但这里的“他者”又不同于列维纳斯意义上的“他者”，因为在后者那里，“他者”是宾客，是君主，是上帝，在“我”之上俯视“我”，他将“他者”摆在至高处，建构了一种新的等级秩序。德里达认为，人应解除对动物的统治权，向动物致意，与它们建立一种没有等级关系的关系。

听众：我们人类再怎么思考动物问题，都是从我们人类的角度出发，我们不是大象，我们永远不能真正知道大象在想什么，那么是不是再怎么做还是人类中心主义？哈拉维提出和动物建立亲缘关系，但是就算如此，有一些动物会引起全人类的恐惧以及远离情绪，如有剧毒的蛇、传染疾病的猴子，这个时候我们似乎不能建立人类情动伦理关系了。这种情况该怎么看呢?

听众：从您的讲座中，我发现哲学家们探讨动物问题其实往往都是在探讨人类自身的问题，如知识、权力、暴力等。我在想这是否以人类中心的方式致力于“打破人类中心”，是一种悖论式的尝试？如果是，在我们的动物研究中应该如何减轻或避免这种悖论呢？谢谢庞老师！

庞红蕊：这两个问题都涉及“人类中心主义”话题，可并作一起回答。美国哲学家托马斯·内格尔（Thomas Nagel）有一篇知名的文章《当一只蝙蝠是什么感觉？》（*What Is It Like to Be a Bat？*），他在文中以蝙蝠为例对意识的本质（the nature of conscious）提出了自己的看法。他指出，我们可以设想拥有蝙蝠的身体，昼伏夜出，倒挂洞顶，以虫为食，以声音辨别方向，然而，只能从人的角度来感受蝙蝠的行为方式，至于“作为一只蝙蝠对蝙蝠来说会是什么样”，人类无从知晓。在内格尔这里，人类无法设身处地地为动物着想。他提出的疑问跟以上的问题有相似之处。

庄子与惠子的“濠梁之辩”也涉及此问题。惠子的“子非鱼，安知鱼之乐”与内格尔的观点是一致的。面对惠子的诘问，庄子说：“我知之濠上也。”在濠梁之上，庄子看到了鱼儿的“出游从容”，感觉到了鱼儿的快乐与生机，快乐之流沟通了他与鱼儿。我想说的是，生命的基底是生机，若某物使生命的生机增强，便可产生愉悦，若某物使生命的生机减弱，便会导致悲苦。生命的悲苦和受难定会引起人们的情动（伦理回应），这是处于基底的东西。

听众：动物问题是当代数字资本主义时代总体问题的一部分，人已越来越被数字化——赤裸生命化，人类的选择已非常有限，请问庞老师，动物在此种困境中会有什么位置和未来？

庞红蕊：这个问题涉及动物与技术，就如德里达所说的，近两个世纪以来，人们对待动物的方式发生了巨大的变化，这跟技术的革新和应用有很大关系。在现代社会，人们利用各种转基因技术、遗传生物技术等制造了动物的大批量生产和死亡，动物的处境更加悲惨。这些都是人为制造的，所以反思人之所为是非常有必要的。在此问题上，我想到了阿甘本对“创制”（poiesis）一词的解读，在他看来，“创制”即“潜能的实现”与“潜能的悬置”之争执，他将这种“能为却不为”的争执称作“无为”（desœuvrement）。“无为”是人类活动的最高形式，它旨在使人摆脱有用性的役使和自动化的思维方式，使人回撤到自身。

【本讲回顾】

本讲主要导读卡拉柯的著作《动物志》，重点探讨欧陆哲学如何突破人类中心主义框架，重构动物研究的相关问题。本讲梳理了人文社科领域的“动物转向”趋势，指出新动物史、文学及哲学研究正挑战传统人类中心视角。

书中重点分析了海德格尔的“动物贫乏于世”理论所隐含的“此在中心主义”的局限，列维纳斯从否定动物他者性到转向“不可知论”的伦理敞开，阿甘本提出“人类学机器”，批判并主张取消人—动物界限，以及德里达通过边沁“动物能否受苦”的命题将焦点转向情动伦理。书中分析了路易十四解剖大象的案例，揭示了知识—权力如何借动物确立人类的主权。最终，本书指向了一种本体论革命：突破“家政学”思维（动物作为资源），建立无等级的人兽关系。

在本讲讨论环节，领读人进一步反思科幻异形生物、生态批评中的平等悖论，主张通过庄子“鱼之乐”式的生机共感与德里达“致意动物”的伦理实践，构建去等级化的生命关系。

【要点小结】

1. 动物转向的跨学科浪潮：人文社科领域兴起的“动物转向”挑战了传统史学与文学的人类中心叙事，新动物史强调动物的历史主体性，文学研究聚焦物种平等的美学重构。
2. 海德格尔的界限重定困境：“动物贫乏于世”理论虽反对生命等级论，仍以“绽出之生存”重定人—动物界限，延续形而上学传统。
3. 列维纳斯的伦理敞开性：从战俘营与流浪狗 Bobby 的遭遇出发，其“不可知论”立场突破生物中心主义死胡同，为差异敞开伦理空间。
4. 阿甘本的人类学机器批判：《敞开：人与动物》标志其思想断裂，主张摧毁以 bios/zoē 区分为基础的“人类学机器”，构建无界限的未来共通体。
5. 德里达的情动伦理转向：以边沁“动物是否能承受苦难”取代理性追问，揭示人类对动物的系统性暴力，将伦理根基置于共情与苦难感知之中。

【拓展阅读】

1. 段义孚 . 制造宠物：支配与情感 [M]. 赵世玲 , 译 . 上海 : 上海人民出版社 , 2022.
2. 西蒙东 . 动物与人二讲 [M]. 宋德超 , 译 . 桂林 : 广西人民出版社 , 2021.

【思考题】

1. 近年来人文社科领域研究所出现的“动物转向”有哪些思想来源？从中可以捕捉到哪些研究的动向？
2. 在今天，动物伦理方面还面临哪些问题？作为传播学的研究者，可以做些什么？
3. 在数字技术的浪潮下，人和动物的共存会走向何方？请结合观察和思考畅想一下未来人和动物的相处模式。

附录一

圆桌论坛：煮酒论媒介

论坛时间：2021 年 12 月 19 日

主持人：清华大学新闻与传播学院副教授　吴璟薇

与会嘉宾：中国人民大学新闻学院教授　刘海龙

南京大学新闻传播学院教授　胡翼青

中国传媒大学国家传播创新研究中心研究员　张磊

复旦大学新闻学院教授　潘霁

暨南大学新闻与传播学院教授　刘涛

澳门科技大学人文艺术学院助理教授　章戈浩

中国社会科学院新闻与传播研究所副研究员　曾国华

华东师范大学政治与国际关系学院副教授　戴宇辰

西南政法大学新闻与传播学院副教授　韩晓强

吴璟薇：

我们今天借这样一个平台来和大家一起探讨媒介研究、媒介技术研究以及当下在中国语境下的相关话题。在媒介研究和教学当中，我们会发现很多理论面临着和西方对话，或者是只停留在理论层面的问题。

很多同学提问：我们应该如何把理论和中国当下的研究实践结合起来？如何进一步发展研究领域？理论的引介如何指导实践？这些话题延续到今年，出现了引入媒介本体论视角和强调中介化的新趋势：媒介化和中介化有什么区别？如何理解中文的所谓“中介”的概念？如何把媒介化和中介的概念放到中国的语境中讨论？今天的论坛将就这些话题展开讨论，先由戴宇辰老师开始。

戴宇辰：

我们今天谈的物质性或者媒介物质性转向和媒介本体论转向，是有特定的理论溯源和理论语境的。比方说我们在思辨实在论或哈曼的物向本体论的视野下，把物理解成隐退与显现之间的二元张力，在拉图尔那里是这样一种定义，在基特勒那里可能是另外一种。所以我个人的理解是，如果我们要理解媒介，或者说由媒介派生出的中介化和媒介化的概念，首先我们要回归到概念创设所依赖的理论语境。

我自己这几年的阅读更多地集中在社会理论领域，所以当我去谈论中介化和媒介化的时候，是在社会理论的理论语境中，讨论媒介作为一种具体的技术、物质的载体或者技术的配置，怎样充当特定社会行动和社会实践的中介，怎样对行动者的实践产生某种改变和触动。所以不妨先澄清自己的理论语境，在理论语境中做进一步的概念甄别。

同样，我们今天理解中介所依赖的社会理论语境绝对不是唯一的或者是“正确的”。比方说基特勒的柏林学派或者更早的麦克卢汉，他们多是在技术理论或者技术哲学的语境中讨论中介，此时中介是形塑知识系统、使知识系统产生分殊的一种技术配置，而在政治经济学语境中的中介可能和社会理论或者技术理论中的中介又不太一样。所以我的想法是，当我们去界定概念的时候，应该先去澄清语境。

刘海龙：

我觉得不要把媒介或者中介看作一个实体的东西。过去我们把媒介和中介理解得太“实”了，受信息论的影响，我们往往又会把媒介和信息联系在一起，这就导致了我们在讨论媒介的时候存在一些思维障碍。应该打破对于媒介的思维定式。

首先，媒介未必是表征性和信息性的。彼得斯谈到的一个很重要的观点是，数字媒介实际上帮助我们回到媒介最初的含义，即人的存有的重要环境和条件。它不是大众传播时代所理解的信息传递的载体。大众传播是整个媒介发展中的一个特例，偏离了最初的媒介含义，数字媒介其实帮助我们重新回到最本质的对媒介的定义上，从定义上讲，叫媒介也可以，叫中介也可以。

在二元论的前提下，我们应该认识到还有一个“三”。杨联陞 1957 年有一个演讲，题目叫“中国文化中的媒介人物”，我看到那个文本的时候觉得还蛮有意思的，因为那个时代麦克卢汉的《理解媒介》还没有出，他非常敏锐地谈到了这个问题，他说在中国的文化里，“中间人”一直以来都是特别丰富的，如教师、商人和媒人。作为一个历史学家，一旦从中介或者媒介的视角切入中国文化，就打开了不一样的思路，而这种中介的视角可能是无师自通的。我们今天来谈媒介或者中介，我把它理解为一种观念，这种观念是可以输出的，新闻传播研究一旦引入这种第三方的思路，就能打开看世界的一个新角度。

克莱默尔用赫尔墨斯的意象来看媒介，赫尔墨斯除了是一名信使，还是一个商人，商人不再是克莱默尔所说的完全不修改传递内容的人，而是杨联陞所讲的媒介人物，他会对内容进行加工，对他要传递的东西进行转化。拉图尔也在讲 mediation 和 mediators，一种是进行搬运的简单的中介，另一种则具有转译的功能。这其实构成了我们在讨论中介和媒介的过程中两个比较重要的意象，即媒介当然存在单纯的连接作用，但任何媒介在连接的过程中总是在转译，总是在创造新的东西。所以中国文化中的“三”，按照老子讲的“三生万物”，是不断在创造的。它并没有产生新的“东西”，但是通过连接会产生新的关系，这种新的关系是有创造性的。这就是谈论媒介的一个重要切入点：媒介不是无中生有地产生什么物质性的东西，而是在连接中创造，就像商人一样。商人并不生产任何东西，但他们会创造新的关系，创造一种新的社会结构。我觉得一旦把这样的思路引进来，不论是看媒介也好，还是用媒介的视角去看问题也好，思路一下就打开了。

我们过去的知识结构还是比较单一的，中国文化资源非常丰富，关键在于我们是不是有想象力和理论创造能力，所以我想最后还是回到提高我们的理论创新能力上。

吴璟薇：

谢谢刘老师。刘老师也提到了隐喻相关的研究，今天在场的刘涛老师和韩晓强老师都是从事图像研究的，也请这两位老师谈一谈我们如何来理解媒介，以及图像是否也面临着本土化的问题。那么刘涛老师先来吧。

刘涛：

我们在思考中介性的时候要把它放在社会场景当中去理解，考察我们所在的实践场景和社会场景。在西方文化中，中介的资源是很丰富的，特别是在宗教实践当中。但是在中国语境之下谈论中介性，我更想问的一个问题是，我们为什么要去谈中介性。是为了讨论中介性而需要找到一些来自实践的解释，还是我们在现实当中遇到了问题？我个人的观点是，关键不在于中介性在中国有什么表现，或者有什么不同于西方的特点，关键在于我们在思考传播的时候遇到了什么中介问题，以此为起点，我们对中介的理解才会是有价值的。

关于图像，也应该将图像放在社会场景当中来看它所回应的中介问题。在西方，图像一开始是蜡像，它的功能是隐喻，因为它代替一些东西，代替其实就是隐喻最基本的一种思维方式。比如，国王死去了，人们用蜡像代替死去的国王，就是找到了图像这种方式保持国王的永恒。在这种背景之下，偶像崇拜就成为可能，当偶像崇拜成为可能之后，帝国性、神学等很多问题就能联系起来了。所以当我们研究图像的中介性的时候，实际上它帮助我们打开了认识历史、社会、文化和哲学的一条视觉意义与隐喻意义上的路径。

我相信在不同的场景当中，中介的内涵是不一样的，只有理解社会问题和社会关系才能更好地理解中介。就像基于图像看到了偶像崇拜和图像史学，我们在谈中介性的时候，最好能够从中国的一些问题出发，然后再去寻找回应这个问题的中介的内涵。或许有时候不需要使用中介和媒介的概念，有其他思考问题的方式，但只要能够解决问题，这样的思考就是有意义的；而不是先推出一个概念，然后将概念作为研究的目标，这样的话可能恰恰缺失了对问题和社会场景的关注。

韩晓强：

刚才刘涛老师提到一个词语很有意思，就是说我们谈中介的时候，其实多是在一个连接的意义上，比如说我拿一根杆子去够一个东西，那根杆子就是一个中介，这是一种最古朴最原始的意义，但是我们现在的媒介化，还包括嵌合、耦合、催化、包裹、集成等很多东西，这些东西其实已经超越了单纯的中介的意义，甚至在媒介化的过程当中，组成它的物质性可能会发生变化，所以再把媒介化理解成一种不改变物质本身的中介意义是有点狭隘的。所以“mediation”这个词的译法，我觉得在最单纯的意义上可以叫中介，但是在更加复杂的一些面向上，这种说法是否成立是需要大家去探讨的。

大家都提到赫尔墨斯，对赫尔墨斯的研究并不是研究他的肉身，而是指派给他的功能，就像我们生活当中的邮递员一样，当他具有了邮递员的工作时，他才成为信使。米歇尔和汉森编辑的《媒介研究的关键术语》中提到，媒介有两重面相，一种是所谓“物质性”的媒介物，还有一种就是它的功能。比如说一个杯子，不是杯子本身而是它装水的功能决定了它意义的构成和我们的对它的基本认知。当你谈论单数的 medium（媒介），你可以说是在物质层面去探讨，但如果是“media”（媒介）这个词。我觉得不管如何理解，它都同时包含这两种不可剥离的属性。比如，中国古语讲“形而上者谓之道，形而下者谓之器”，“道”和“器”就可以很好地把媒介的物质层面与功能层面嫁接起来。

我们后来谈的媒介是一个很晚出现的东西，是从报纸、无线电开始流行之后，最开始关注传播功能的问题。在媒介成为显学之后，大家才追溯到一些古老的莎草纸、石板等，在往回推的时候我们发现其实一些古老的原理原本就在那。媒介并非西方的遗产，我们研究的媒介具有很强的西方属性是因为现代传播的发明都是舶来品，包括在电影研究领域大家也在谈“中国电影学派”，这些都是因为我们在认知任何一个陌生事物的时候，总会从我们自己的角度出发，寻找一种相似的类比对象来谈论这个东西。这本身就是一种媒介化思维。比如，对于电影，中国人最早把它叫作影戏，日本人叫它映画，这种思维其实都是从古老的本土资源当中找到论点式的东西，然后去重构这个概念。所以对于技术，我们也会从本土的理论资源当中寻找一些意象与全球化的理论视野相结合，我觉得这就是媒介研究精神非常好的一种表达了。

吴璟薇：

谢谢两位。那我们接着这个话题，其实还涉及相关研究的就是潘老师，潘老师一直在从事媒介地理的研究，地理作为一种重要的媒介其实也发挥着非常重要的中介作用，那么潘老师是如何从媒介地理的视角来理解媒介和中介作用的呢？

潘霁：

我在思考，中国人讲的“介”是什么意思？比方说，介石，凤凰只会落在介石上，那么中介就是处在中间的那块石头，是引别的东西落下来的。我在美国读书时候的老师说，传播学的人总觉得自己在所有学科的中间位置，什么都发生了传播的转向，但其他的学科总是说传播学处于边缘，所以大家在讨论传播学到底是处于边缘还是中心。于是有一个聪明人，他说，你们都是一座座的城堡，我们恰恰是在诸多城堡中间流动的东西，把你们都串联起来，于是大家相安无事。

首先，中心必然有物吗？我写了四个字，叫“空无一物”，因为中介和媒介未必要有物的。比如说拿钱作为中介的话，货币现在显然已经“去物”了。如果未必有物，那么它究竟是什么？我后面写的是，“它搅动了四周”，它通过连接物、非物、人、非人，连接不同的系统来搅动、连接和通融。媒介通过“空无一物”的运行方式连接融通周围异质性的系统，这种融通使得生活能够继续下去。所以我认为媒介做两件事情：第一叫连接，第二叫融通。连接就像刚刚讲的信使和商人，连接也未必完全不改变内容，连接的时空尺度会决定连接本身产生的意义；更多情况下是融通的作用，在融通的过程当中，连接的机制和被连接者形成了新的东西。我不喜欢“融合”这个词，因为有多样性才有“融”的前提，而“合”会消灭多样性，所以我讲的连接融通是使得整个系统运转起来，连接过程当中会出现齐泽克所说的短路，出现裂缝，进而形成新的东西。

其次，关于本土化的问题。讲到本土化，大家就会想到儒家、道家，但是儒家、道家流传下来的东西已经经过了极大的中介化的符号抽取，所以以儒家、道家作为本土化的标杆恐怕也有点问题。另外，我认为“化”这个字存在问题，“化”是把西方的东西化过来。我赞成刘涛老师的观点，“少讲点主义多讲点问题”，去关注在中国当下的社会和历史当中关于媒介与传播产生了哪些问题，从中国式的问题和中国本身的经验出发来建构理论，如此建构出的是本土理论。“化”是无奈之举，是拿了人家的概念做一个拐杖。况且，大家说“反二元论”，但是东方和西方的讲法其实本身就带有一点二元对立的色彩。

再次，媒介是不是社会关系。我在想，如何把媒介作为提问的角度，而不是一个固定化的物。如果把媒介视为一种连接异质性系统的运行机制，那么很多其他专业领域也能看到媒介的参与。所以当你把媒介作为一个提问的角度，一种思路，或者说一种方向的时候，才有可能立足于媒介，产生与其他学科的对话。我们学科的地位在所谓的“强势”的文史哲学科面前是非常低的，所以需要和其他学科有对话，对话不是依附于别人，而是把媒介作为独特的提问角度，把原先的旧材料、旧经验或者已有的范式做媒介化的重新展示，展示的东西才能够成为与其他学科对话的基础。

最后，我做了一些地理媒介和空间相关的研究，主要是希望弄清楚空间究竟空还是不空、如何变空以及这种空如何使得一系列的社会交往、一系列人和物的搅动成为可能，我觉得这个可能会比较有趣一些。

吴璟薇：

谢谢潘老师。章戈浩老师和张磊老师关于物质性研究其实也提到了潘老师讲的“本来无一物”，那么二位对这个话题是怎么看待的呢？

章戈浩：

我们思考媒介的时候，可能也要重新思考传播。我们过去谈传播的时候一直讨论的是沟通和传播，但实际上传播还有另外一种情况，就是阻断和隔绝，或者想传递的东西没有传递到而没有想传递的东西被传递到了。弗卢塞尔已经讲过一个很有趣的例子，他说犯人被关在监狱里面，墙对他来说是隔绝他与外界传播的最大阻碍，但是如果他拿起一块石头在墙上敲打出莫尔斯电码和他隔壁房间的人密谋如何越狱，那么墙在此时就变成了一个媒介。这个例子让我们重新思考媒介和传播，除了我们过去认为的媒介之外有没有用于传播的non-media（无媒介）、有没有某一种传播是不需要media的，除了我们过去所研究的传播，是不是还可以研究一下mis-communication（误传播）。

我也很认同前面几位学者所提到的观点。其实不应该有一个东西方的二元对立，哪怕是从中国的语境出发也是非常多元的。举个例子，有一种武术流派叫心意六合拳，在河南流传所适用的体系是伊斯兰教，但是在山西和河北会被用道家来解释。也就是说，中国，或者放得更远一些，东方和世界，它们本身就是多元的。

我们本土的经验对于讨论传播现象和媒介可能有一些独有的贡献。比如，在我们的本土经验里，有大量的想象性媒介和想象性传播，这个在过去的传播研究中几乎都被忽略掉了，如思念。比如“千里共婵娟”，月亮是不是一种媒介？我们可以从本土经验出发，也可以从传统文化里面找到一些解释。我突然想到，这个恰好又呼应了目前在传播学领域谈到的另外一个概念——凯伦·巴拉德的“纠缠”，它不是过去5W模式下的传播，或者像“信使”概念中需要中介的传播，这种人与人之间的传播是不需要媒介的，这是我的一些思考。

张磊：

我们通常思考的media是在两者之间的具象的存在物，但是实际上就像刚才章戈浩老师谈到的non-media，提醒我们在理解媒介的时候，思考的不一定是一个具体的物，而可能是一种状态。回到一开始提出的媒介化和中介化的问题，以及后来提到图像的问题，我想用四个关键词谈四个观点。

第一个关键词是图像。刚才戴宇辰老师提醒我们，要回到社会语境当中去寻找对于媒介化、中介化，或者笼统地说对媒介哲学的理解，我想当前我们面临的最直接的社会语境就是图像过度充裕地涌现，我们可能就生活在海德格尔所说的图像世界当中，并且生活中的图像世界彼此是复杂交织的。那么如何来理解它呢？第一，我的观点是世界上本来没有图像，看的人多了就有了图像。之前张敬平老师做分享的时候讲到了一个地方我觉得很有趣，就是一个原始人在石壁上画了一幅画，因为有了这幅画，也有了看的人，所以我们就有了“the moment of separation”（分离时刻）。其实就像刚才刘涛老师所讲的国王的蜡像，这种分离变成了一个代替和隐喻的过程，实际上是在进行一次与自己所处的世界的分割，这是人类早期发生的一件非常重要的事情。所以我们在现在的语境中理解图像的不断生成变成一种拟像、一种超真实的时候，可以从整个人类的文明史上去思考。

第二个关键词是媒介和中介。它是怎么诞生的呢？其实就是在“the moment of separation”，也就是分离的时刻，需要有一个东西把我们再连接起来，这个连接起来的东西就是媒介。我们把它称为“东西”而尽量不称为“物”，主要是回应刚才章戈浩老师所说的观点，有没有一个具体的物其实并不重要，重要的是我们有一个连接性。所以从这个角度来说，我的观点是，媒介就是中介，它们只不过是我们在不同语境之下所使用的两个不同的概念而已。它可能是物，也可能是人，但它更可能的是一种连接的可能性。

第三个关键词我想谈一下“化”这个问题。刚才潘霁老师说我们可以把“化”理解为把别人的化成自己的，但是另外一个方面，我们也可以从德勒兹的理论角度来理解，“化”其实就是一个 becoming（生成）的过程，一个生成的过程，它不必然是这个样子，它是在不断变化和生成之中的。这样也就把海龙老师所谈到的“关系的创造性”，与章戈浩老师提到的“想象性”，包括韩晓强老师提到的“功能”联系在一起了。既然它处在不断生成和演化的过程当中，那么我们也就有了创造的可能性。比如，对于中国当前的学者来说，我们其实不必非得按照西方理论的原典或者原教旨主义来形成我们的媒介观，更多的时候，我们应该回到现实的语境以及历史的语境，在各种资源当中去寻找我们重新理解媒介的可能性，让我们关于媒介的理解本身也是不断生成的。

第四个关键词就是“物”。刚才潘霁老师提到一个观点，他说，就像货币一样，我们现在越来越变得“空无一物”，我想回应的是，物已死，但物质性永生，虽然我们可能会减少对于具体的物的使用，然而媒介物质性研究不叫“媒介物研究”，我们研究的是物质性的东西。从这个角度来说，物质性可能是打通人和非人之间的一种痕迹的可能性。我们分离了，但我们还是共享着同一个物质世界。所以在理解物质性的时候，我们需要重新把人和非人连接起来，连接的过程就是寻找一种新的媒介、一种新的中介、一种新的居间。这种居间状况的找寻跟数字技术的发展是密切相关的，如果说一开始的技术是一种模拟的技术。我们对应着每一个物质的情景都会发展出一个特定的物质工具和媒介呈现状况，但是之后，在数字化的状况当中，我们会把一切都归结为数和算法，它们是不是会有一种普遍性的中介意义来重建我们的连接的可能性呢？这是我想回应的四个点。

吴璟薇：

谢谢张老师的四个关键字，其实做物质性研究的还有曾国华老师，那么接下来请曾老师来聊一聊物的问题。

曾国华：

谈到物质性的概念，我在想，只有实在的物才能算是物吗？虚在的观念的物可能远远超过了人们日常生活里能够接触到的范围。这种虚在的物，如数码的物，并不是我们传统观念中的物，但是它的存在是毋庸置疑的。如何以与传统经验不一样的观点去看待“物”是需要重视的一个点。

我们回过头去看，中介和媒介的概念是怎样一路发展起来的，其实最早在传播领域正式提出这一概念的不是北欧学派，在更早的时候，写英国工人阶级的安德森以及对安德森影响很大的社会学的系列，他们关注的角度是完全不一样的，他们继承了社会学的重要视角，关注到媒介在人与人沟通之中的重要性。也就是在早期，研究者也是从日常生活的实践中产生了问题和概念。后续的分歧和媒介概念的泛化，一方面是“万物皆媒”，另一方面是“媒中介万物”，那么在后者的思路中，“万物”的经验和体验究竟是不是一样的？会不会有分群的概念？如果从智识的生成的角度去看，会不会有范式的转型？其实我们可能还是忽略了观念的存在，也就是虚在的物的影响。

我近几年关注的问题是，我们怎样从媒介的角度进入“ethics”（伦理道德）这个关键概念。20 世纪 90 年代以来，所谓的“伦理学转向”发生在几乎所有的学科，现在可能已经快过气了，但恰恰这个时候，我觉得它变得非常重要，因为我们现在面临着一个与以前不同的情境，数字媒介技术已经发展到了一个新的阶段，让我们去探讨人与人、人与物、人与物和广义的宇宙之间的关系，它是一个元问题，就是人和物如何在我们生存的宇宙中存在的问题。我们希望探讨的是在千差万别中能够共处的可能性。

我非常紧张的一点是，在中国的日常生活中，我们的思想资源、理论资源以及行为资源都已经高度复杂化了，各种理论资源共同影响着我们。和实践经验融会在一起，在这种情况下，我们如何去探讨媒介问题是非常值得思考的。最近几年我自己的期望是融会现象学和社会学的一些方法去考虑，并且把虚在和实在的东西一起去做。比如，我们用“流”的概念，把万事万物的共存看成不同的“流”，这种“流”不一定有一种本质化的、统一的、静止的瞬间。从这个角度去看，mediation 和 communication（传播）才是无处不在的，不仅是“万物皆媒”或是“媒连万物”，media 有的时候就是生活的经验或者是生活本身。

吴璟薇：

谢谢曾老师。刚刚很多老师都提到媒介对人的感知的影响，今天是一个图像大行其道的时代，我们也会关心图像是如何影响人们对世界的认知和人与世界的关系的，那么就请图像研究的两位专家来谈一谈吧。

刘涛：

我觉得首先有三个比较重要的前提：第一个是概念问题，就是我们在研究图像的时候，对一些概念的使用还是要去把握它的内涵。今天我们看到很多的研究不是特别严谨或者严格。其实我们也不一定就是要从原本的概念框架当中衍生出一些东西，也可以完全绕开西方的一些概念，根据我们当下的一些经验进行抽象和提炼，因为今天的这些图像形式，包括它的形态、语言，包括它与人的关系，已经远远超出了以往的一种景观体系。所以如果提炼出一些属于自己的观念去研究图像问题或者人的图像意识，我认为也是完全可以的。

第二个是虚拟和现实的问题。我想这是一个大的背景，不仅是说现在我们出现了很多虚拟的图像，其实这是一种生活方式。一直以来我们都是在二元对立的维度去讨论虚拟和现实的问题，我个人的观点是，虚拟和现实都是一种感知的现实。我们完全可以把这两个概念统一在一个认知系统当中，不要对立开来。所谓的“虚拟”其实也是现实的一种延伸或者是现实的另外一种样式，就像你戴上 VR 眼镜进入另外一个世界，这本身就是非常真实和鲜活的一种生命形式。今天我们很多的认知是基于一些技术系统，当技术语言发生巨大变化的时候，我们应该重新理解虚拟和现实的关系。数字化本身也是一种生命的形式，所以我们把虚拟和现实统一在感知现实这个维度上，这个问题就好解决了。

第三个是图像跟形象的问题。我们可以在视觉形式的层面把握像的各种形式，有些是物理性的，有些是精神性的，有些可能是反逻辑的，它们都是像的家族。幻象其实也是一种视觉形式，可以把它统摄在视觉性的逻辑框架中去认识。比如，梦跟原本意义上的基于表征的、在线的、图像学意义上的形象是不太一样的，它是反语言的，但是我们依然可以把它纳入像的维度来考虑，因为这样一种反语言状态的形式也是在诉说着一些东西，这就是精神分析思考的一些内容。

这是我所谈的三个背景，第一个是概念的问题，第二个是虚拟和现实的关系问题，第三个是图像和形象的问题，那么同时我也谈一下我自己的观点。第一，形象确实成了我们认知的中介。传统的“言意之辩”在思考：我们的语言到底能不能表达意义？有两种代表性的观点，一种观点认为“言以尽意”，语言完全可以对意义进行承诺；还有一种观点认为“言不尽意”，语言去触碰意义的时候显得无能为力，那怎么办呢？“圣人立象以尽意”，把像作为一个中介去弥补语言跟意义之间永恒的断裂。今天我们处在像的海洋当中，有些像不是作为对象存在的，而是和水、空气、环境一样。我们说中介是“在中间”，但可能有些时候不是“在中间”，而是“在其上”“被包裹”。今天我们的很多概念已经被视觉化了，比如，说到“自由”你的第一反应可能是自由女神像，说到“抗争”你大脑中可能浮现一张一个人对抗一群人的图，这些东西慢慢就会形成一种表征体系，我们恰恰是基于这样的一些图式来形成我们对世界的理解。进一步我们应该思考，在图像化的过程当中，像掌控在谁的手里面？像的解释体系又是什么？解释像的语言系统是什么样子？这些问题可以帮助我们思考今天人与像之间的生命形式。

另外，今天的很多内容都转化为了一种可视化的图像，如数据新闻会把数据关系转化为一种图像关系，这个过程中会嵌入中介的加工模式和框架，通过 excel 表达的时候，我们能发起的是这样一种现实，而以图像化的方式呈现出来的是另外一种现实，也就是说语言维度上的现实与数据维度上的现实可能不是同一个现实。这是我们今天面临的一种背景：一方面，我们需要基于像建立知识和认知体系；另一方面，我们可能又受制于像。很多时候，强调主体性不仅仅是在主体与客体的对立结构当中确定我们的位置，更是需要摆脱那些匿名的、看不见的、无处不在的像的支配，从像的控制体系中挣脱出来，获得一种完整的主体性，找到生命应有的形式和交往法则。

第二个我想谈的问题是，今天被制造的各种各样的图像已经超越了本雅明所讲的复制的逻辑，就像米歇尔所讲的生物图像，是基于某种视觉欲望或者视觉生命的原理构造出来的，我想探讨的是人在这种图像意义上的存在方式。这个话题也可以回应海德格尔的图像时代，当然这两个图像可能不是同一回事。在像的维度上，我们能够重新识别我们自己，能够去找到某种高贵的人与人之间的对话，或者某种终极性的生命形式。我们能够进一步去理解我们的生命为什么能够成为这样一种生命，现实为什么能够成为这样一种现实，它们底层的、来自视觉和形象的解释体系。我想这里面可能有两个概念是非常重要的，一个是视觉性，一个是修辞性，在这两个概念之间找到某种对话的结构，可以帮助我们去理解生命的存在形式，也能够让我们找到更有意义的一种生活，更有意义的一种生命，更有意义的一种传播和交往。

吴璟薇：

非常感谢刘涛老师。那么谈完了图像和符号，刚刚各位老师也提到物质性的话题，今天我们也整理了很多读者朋友提的相关问题，包括未来的物质性研究还会涉及哪些话题？如何理解媒介与基础设施？如何对媒介技术、基础设施等做概念的区分？希望各位老师能就这些问题谈一谈自己的观点。我们先有请章戈浩老师和张磊老师这两位物质性会议的发起者谈一谈。

张磊：

我想谈两个观点，第一个观点就是：媒介物质性研究不等于媒介物的研究。最近几年很多的同学都开始对媒介物质性研究产生兴趣，有很多人选择了一些通常不被认为是媒介的物来开展它作为一种中介角色的研究。我想我们更需要思考的其实不是那些通常不被当作媒介的物的媒介性，而应该思考我们通常认为是媒介，而又过于符号化、表征化、内容化的一些东西的物质性。

第二个观点是我和章戈浩老师最近讨论的一个问题，就是如何把媒介物质性研究进行批判化，能够让它直面现实当中的关怀和问题，不把媒介物质性研究当作意识形态的避难所，而是把它当作一个可以真正产生激进思想的场域。除了传统的政治经济学关于劳动的批判之外，我们还需要去进一步思考如何纳入新的反思，如对时间作为人的生存境况的基本单位的反思，以及我们对于自然、生态、环境和整个世界的反思。

章戈浩：

我就延续张磊老师所说的，媒介物质性并不是一个特定的研究对象或者研究领域，它应该是一个思考问题的角度和方式。其实对物质性概念的讨论不只存在于传播学领域，它背后有整个社会科学的主体性的转向，有新物质主义、后人类主义的一些思潮，从某种意义上来说，新物质主义和后人类主义中的一些脉络是当代激进思潮的一种发展，或者至少存在一些联系，这实际上是借助物质性来思考当下问题和未来与生存状况有关的问题的潜能。我们目前所做的对这样的一些理论的梳理还比较粗糙，可以把很多具体的问题进一步思考得更加透彻，然后用我们现实生活的经验和理论相互观照，我觉得这可能是进一步发展的方向。

戴宇辰：

我觉得章戈浩老师和张磊老师讲得非常对，我们今天要重申的一点是，研究媒介的物质性绝不等于研究媒介物。不是说以前研究报纸的内容，今天去研究一些铁道或者基础设施就是媒介物质性了，这是两个问题。那么我想谈的是，在何种意义上，媒介的物质性不等于媒介物呢？我觉得有一个理解的手段。首先，媒介物是什么。我们对于媒介物的定义大概有两种，一种是经验意义上的定义，也就是作为对象的非人的客体。所以第一点是，并不是研究非人的对象、非人的客体就是在做媒介物质性研究。还有一个角度可以理解媒介物，就是把媒介物理解成一种属性的集合，包括物的质料属性和功能属性。所以第二点是，研究媒介的物质性，也不等于研究诸种媒介物的属性，无论是它的质料属性还是功能属性。

做出了这两点澄清以后，就可以抵达第三点：什么是媒介物质性研究。我个人的理解是，媒介物质性就是研究这样一种物质性的在场是怎么样对于特定的行动产生扰动和对特定的情境产生影响。回到刚才说的两点，就是我们并不是要把物质性理解成人的对立面或者诸种属性和功能的集合，而是要理解成一种对于特定情境产生的影响，无论是行动的情境还是其他各种各样的情境。还原到具体的研究主题，像张磊老师提到的平台研究、基础设施研究，其实都是这样一个逻辑，平台提供的 specific contacts（特定触点）对于所谓的“劳动”造成了怎样的影响，不管是剥削还是控制，这些影响都可以纳入物质性研究。

吴璟薇：

非常感谢戴老师。那么接下来的一个话题也是我们的读者提问：如何把理论应用到实践中去。问题主要是针对媒介地理学来提的，读者的提问是如何用实证的方法或者是地理学科的研究方法来研究传播学领域的媒介地理研究。这位读者认为过去传播地理研究多是阐释性的，没有见到用实证的方法来研究这个领域，这是什么原因，以及如果有此类研究，是不是适合实证的方法。我们请潘霁老师来回应一下这些问题。

潘霁:

实际上方法理论是不可能不结合的，当你把方法作为一个中立性的工具，就像把技术看成一个中立性的工具一样，实际上已经有意无意地接受了方法背后的理论前设。所以如何应用实证方法，最简单的回答就是要提实证经验方法能够回答的问题。当问题提清楚，该用什么方法来解决就非常清楚了。广义的社会科学研究当中，方法和理论之间的关联取决于提问的方式。你看到大多数是阐释性的方法，是因为在这个领域的人大多提出的是阐释性的问题，也就是如何产生意义的问题。

当然，所谓的“实证方法”也要看我们怎么去理解，如果是到经验当中转一圈与理论发生回环穿梭这种意义上的 empirical study（实证研究），那么我认为传播学中是有用实证方法研究媒介地理领域的；如果你说的实证方法是量化的建模的方法，那实际上城市规划领域是有很多人用实证方法研究媒介和地理的关系,但是你说它是不是传播学的实证方法，我又有点犹豫。

我自己上研究方法课的时候经常会说，当你讲到 survey（调查）的时候，看一看它要提出的推论是怎样的，它的经验场域是怎样的，问题的提法和经验的具体特性是什么。中国是 high context（高语境）的，很多 survey（调查）的理论前设是无法满足的，不是说不能用，而是要注意方法、理论以及经验之间的关联。经验、理论和方法，它是一个联动的三角形，其中经验的变化通常远快于方法和理论的变化，现在理论概念的创建大家很积极，方法好像停在那里不动，但所谓“新的方法”实际上应该是新的方法论，也就是当经验变成了数字传播或者媒介地理的经验的时候，理论概念变化了，那么为了回答理论概念所照射到的问题，方法背后的前设有没有发生变化，以及一些混合方法背后的理论前设之间的矛盾冲突也需要仔细分析。

关于基础设施，“基础设施”这个翻译真是糟糕，一讲到基础设施同学就只能想到网络基站，难道基站就是基础设施？基础设施是 infrastructure，是在诸多传播底下结构性的过程，我说它不叫 infrastructure，是“infrastructuring”，是在下面进行结构化的过程。就像刚才讲的媒介物质性不等于媒介物，基础设施牵涉物，但不等于物。这是我对于基础设施的想法。

关于人地关系和地方感。第一个是人地关系。人和地之间需要建立起人能够被场景卷入并构成场景的融入的联系。地是由人构成的，人也是地的一部分，人和地的纠缠过程当中形成了地方感，也就是在社会、文化、审美上具有一定辨识度的场景，这个过程中媒介技术起到了驱动的作用。媒介地理中有很多以人为中心的研究，但大家容易忽略的是“地”作为一个分析单位，当它把不同的人吸入后，“地”本身所有的旧的社会、文化、审美的辨识性在异质性的引进中发生了变动。第二个是地方感，地方感本身就假设了流动速度，在一定的速度下成为“地方”，当身体运动和符号运作的速度以及物与人的相对关系改变时，什么是地方感以及如何生成地方感都需要重新讨论。

吴璟薇：

谢谢潘老师，那么话题又推回了物质性以及进一步发展的批判的研究里面来，请张磊老师和章戈浩老师做一个回应。

章戈浩：

刚刚戴宇辰老师说出了媒介物质性研究很重要的一个方面，但这个应该不是媒介物质性研究的全部，如我和张磊老师最近一直在聊的，媒介物质性研究的批判之路怎么走。我简单地讲这么几个可能性吧。

第一个，现在很多对物质性的讨论都忽略了物的主体性，而总是把物想象成人的客体和对象。实际上还存在所谓的“物的间性”，所谓的“客体间性”，这个是相对来说比较容易忽略的视角，也是激进的视角。

第二个，人的身体是具备物质性的，当我们思考人和物的关系的时候，人也可以有物质性视角的讨论。

第三个，除了可见的物，在人和人、人和技术的交流与互动之中还有很多东西，如格式、技术标准和协议，它也可以从物质性的角度进行切入，换句话说。在我们思考物质性的时候，我们要跳出人类中心主义的视角。再一个就是物质性的方法论的问题，我们是否能用物质性转向出现之前的方法来研究我们当下的跟物质性相关的问题？物质性研究如何推动了方法论的变化？这个是值得思考的。

张磊：

我和章戈浩老师在之前的文章里写过，我们认为媒介物质性研究应该是一个标签，当我们点击这个标签时，会跳出各种各样的相关研究，所以我们不必把它做一定之规，而要让它呈现出一种多元开放的状态。

回应一下章戈浩老师刚才讲到的物的主体性和人身体的物质性。我在想，主体性这个概念我们应该进行反思，当我们在建构主体性的时候，这种主体和客体就是一种结构主义式的法则。我们现在讨论基础设施，我把基础设施定义为一个元概念，作为一个元概念，它就不仅是基站，而且是为我们提供一种认识论的意义。这个 infrastructure（基础设施）是在 structure（结构）二元对立之下或者游走于中间的一种连接状态。

吴璟薇：

非常感谢。那么今天我们从媒介的话题讨论到图像，再讨论到物质性，都是当下新闻传播学研究的一些新视角，近年来我们看到大量文章谈到一个重要议题，就是新技术带来的研究范式的转型。那么接下来的话题我们会融合今天我们探讨的所有话题，去提出进一步的话题：新闻传播学未来可能的范式转型或者研究路径有哪些？在场的也有涉及这个主题的两位老师，胡翼青老师和刘海龙老师，我们也期待两位可以就我们当下新闻传播学的范式转型谈一谈自己的观点。

胡翼青：

这段时间大家都说我比较兴奋，兴奋的原因是看到了新范式的曙光。以往我们思考传播问题无非两个东西，第一个是传播及其承载的内容能够达到的功能及其效果，这种范式构成了我们所说的经典的传播学的学科建制。这种范式随即遭到了左派学者的反击，大家很快就看到了对权力社会学和社会冲突理论信奉的思想，所以很多年以来大家都把这两者做了一个二元对立的划分。我一直以来的观点是学派不是政治纷争，范式也不是政治立场的对立。在我看来，范式实际上体现了我们在开掘一个什么样的新空间。

从 20 世纪 50 年代开始，海德格尔他们这批人就一直在引领社会科学开拓新世界，在我看来这种开拓有几个重要的方向。

第一个方向就是把批判的语境与批判的行动脚本联系在一起，最有代表性的就是戈夫曼等人，包括布尔迪厄。大家会发现，现在的批判理论更多地在探讨书写在剧本上的行动规则和游戏规则背后有什么样的权力。

第二个方向就是我们现在看到的关于物质性的探讨。人们不仅发现了传播的行动的剧本，还发现了传播背后的背景。也就是说，传播并不仅仅是我们所说的言语之间的交流，或者是人与人之间的互动。相反，它在很大程度上体现为“舞台”，包括这个舞台上的物体系以及这些物体系对于人的剧本的设计以及对于人的行动的安排。从这个意义上讲，我们开始从很多维度来思考传播学会有什么样的未来，如传播学可能会有它的本体论吗？这个本体论一旦生成就不再是传播学的问题，它会变成一个哲学的问题。我一直在谈，所谓的“媒介的哲学转向”是不是有可能被表述为媒介性？黄旦老师批评我总是要在媒介和技术这两者之间做一个区分，他认为如果从克莱默尔的角度来说，是媒介还是技术，是物还是媒介，只不过是一个视角的转换，准确地说是一个场景问题，或者媒介是否以媒介的方式存在的问题。我觉得他说得有道理，但是我仍然愿意用这样的一个很笨的办法开始我对于本体论的探索，我认为技术不完全是媒介，媒介也不完全是技术；媒介可以是技术物，也可以是表征物。关键问题是，媒介在建构自身的过程当中涉及的物体系是以一种表征的方式存在还是以一种基础设施的方式存在。如果是以基础设施的方式存在，那就是机器的他异性以一种具身性的方式呈现在我们的世界当中；如果仅仅是一个表征物，那么它又有完全不同的一种媒介面向。

从本体论的视角往下走可能遇到很多困难，但是我还是很愿意这么做。我们认为，从

1964年的《理解媒介》发现了媒介的第一个特性——“可见性”；然后到基础设施问题的广而告之，如库尔德利的“元资本”、夏瓦那一批的re–mediation（再中介化），再到《奇云》里面所说的基础设施媒介，这些其实都呈现出了媒介的“透明性”或者“具身性”的特征。然后到了今天，马修·福勒和许煜，他们其实在本体论上面讨论的是“可供性”的问题，当然是不是叫“可供性”可以再讨论，但毫无疑问，被媒介所关联起来的世界不再是原来那个世界。所以这一点是我觉得将来传播学可能会讨论的一个热点问题，就是传播学总有一天要找到它的存在论或者是本体论，只有当它找到的时候，才会区分与认识论之间的差别，那么传播学才可能真正有自己的理论基石。我一直期待这个学科里面所有的人做传播学研究的时候都有他独特的视角，这个视角就是我的研究对象到底是在什么样的媒介物体系之下被建构起来的？它具有什么样的媒介逻辑和媒介性？这种媒介性到底在多大程度上支配和建构着我的研究对象？如果是这样，我们在社会科学当中就有自己独一无二的看问题的方式。

传播学可能会把自己的注意力渐渐地从功能的问题转向存在的问题，这是本体论的另一个面向。夏瓦所说的媒介化其实本质应该是指媒介的存在，而中介化指的是媒介的功能；存在就是以它为一个起点连接起整个世界，它与被组织和被中介的对象是不可分割的一个整体，而功能就一定要细化，要科学主义，如这个东西在什么语境下达到了什么样的目标。对于功能层面的讨论还会持续下去，但是讨论媒介是怎样建构我们这个世界的这种存在意义的东西可能会更多，这是我们认为未来传播学可能生成的一个方向。

所以我想说这样一个问题，我们看新闻总是看文本，但如果我们能看到生产，能看到行动，能看到知识，能看到新闻作为一种物在建构存在的秩序，我们研究新闻的思路就彻底被打开了。所以现在是一个要打开桎梏的时代，不是转型，而是整个的发散和拥抱“存在”。

我觉得传播学可能会讨论这样一个问题，今天的数据世界从十进制变成二进制，十进制按照唐·伊德的说法是一种解释性的技术，那么二进制是技术哲学层面的东西，它在复制一个虚拟世界，它在改造这个世界，在这种情形下，传播学可能从一种解释性的范式变成一种实践性的范式。所以去研究复杂系统论，去看二进制是怎么建构我们今天的基础设施和我们的行动，怎么建构我们的舆论，可能是未来传播学的又一个重要发展方向。

刘海龙：

今天所提到的各种问题，我个人听上去好像大家会把物质性也好，图像也好，或者是其他要讨论的领域当成一个现成的解决方案，好像可以把这些学说套到中国来解决我们既有的问题。但其实我们谈的这些都不是解决方案而是一种视角，用彼得斯的话说就是，我们只有用媒介的视角去看待这个世界，看待人的行动的时候，才会出现媒介，在此之前媒介本身是不存在的。所以关键不在于是否有一个诸如媒介物质性的现成的概念，而在于我们如何用媒介的思路看待这个世界。

不论以什么样的视角去看，都是要斗争的。我非常担心会把这样的一些理论做成很精致、很经院的东西，变成只是在论文里面谈论一下，但是跟现实毫无关系的东西。我们为什么要谈传播学转型和范式转换，仅仅是因为技术变化了，我们就要跟着技术去转换吗？还是说我们所面临的境遇发生了改变？比如，外卖骑手的研究让平台一下受到大家的关注，这就是一个特别典型的案例，这个学科或者一种视角的价值只有在斗争中间才会显现出来，否则就会走向一个精致的经院的哲学。

我个人的理解是，后人类其实不是完全抛弃人文主义的一些基本问题，包括刚才张磊老师说的主体性的问题，我觉得主体性可能是我们今天非常重要的一个话题，因为如果抛弃主体性，学术研究甚至我们生存的意义可能就被消解掉了。所以从这个意义上，我们讲本土化的问题，当然我同意本土化肯定不是二元对立，但我觉得其实本土化本身是主体性的彰显，我们对我们经验问题的思考是一种反思性的，所以我不愿意把本土化理解为一种本质主义的东西，它更像是一种反思批判性的概念，它不断地让我们思考现有的理论是不是西方中心主义的，思考我们对于经验阐释是不是完全脱离了经验本身，对我们自己的思维框架进行反思。我们要谈本土化也并不是要搞民族主义，而是要把被西方中心话语掩盖的一些东西发掘出来。今天的很多经验是混杂的，所以我们需要对经验进行在地化的梳理，去探讨它的谱系在哪里。中国有很多自己的媒介经验，像刘涛老师提到的意象，我觉得意象不一定是图像化的，它可能仅仅是一种观念。比如，中国的传播观念里面有很多水的意象，水的意象本身就会影响到我们的思维框架，如我们说沟通会让不同的观点合流。这些意象就会形成我们独特的传播观念。

刚刚章戈浩老师提到“没有成功的传播”，我也在考虑这个问题，就是成功的标准是什么，这个标准是谁的，以及没有成功的传播是不是就没有传播的意义。我们中国有很多仪式性的传播，它看上去好像没有传播，但是可能在更高的层次上传播。所以关于传播的讨论应该回到我们中国自身所面临的问题，回到特定的政治、经济和文化结构中的问题，去对原有的思考问题的方式进行反思和批判。我们通过理论实际上是要让不可见的东西变得可见，把背后的矛盾和人的生存状况的问题揭示出来。所以我们的理论探讨要斗争，不能仅仅为了学术而学术，或者仅仅为了生产一篇论文去提出一个精致的理论，而是看它有没有对我们的现实有所改变，有所触动。

吴璟薇：

非常感谢老师们的精彩分享。今天我们讨论了关于媒介研究、媒介物质性研究和新闻传播学范式转变等话题，也在图像研究、媒介地理学等领域分享了关于理论与实践、西方与本土的诸多观点。我们下期再会！

附录二

领读与主持人介绍

（按姓名首字母排序）

戴宇辰 华东师范大学政治与国际关系学院副教授，上海市“晨光人才”（2019），博士毕业于复旦大学新闻学院，主要从事文化研究与当代批判理论、媒介社会学等方面的教学与科研工作，主持过国家社科青年项目，教育部青年项目，著有《遭遇“视差之见”：齐泽克与文化研究》，论文发表于《文学评论》《新闻与传播研究》《文艺理论研究》《国际新闻界》等期刊，并曾多次被人大复印资料全文转载。

韩晓强 电影学博士，西南政法大学新闻传播学院副教授。公众号“观察者的技术”创始人。中国传媒大学、加拿大蒙特利尔大学联合培养博士，研究领域为电影理论、媒介理论、世界电影史以及当代媒介艺术。译有《后电影视觉：运动影像媒介与观众的共同进化》，主编有《走向媒介本体论：欧美媒介理论文选》。

胡翼青 南京大学人文社会科学高等研究院副院长、教授、博士生导师，南京大学文科学术委员会委员、中国新闻史学会新闻传播思想史专业委员会理事长，复旦大学信息与传播研究中心研究员，武汉大学媒体发展研究中心研究员。主要研究方向为传播理论、传播思想史。著有《美国传播思想史》《西方传播学术史手册》《美国传播学科的奠定：1922—1949》《再度发言：论芝加哥学派传播思想》等著作。

姜宇辉 复旦大学哲学博士，华东师范大学哲学系教授，博士生导师。上海市曙光学者。主要研究方向为当代法国哲学、电影哲学与媒介理论。译作有《千高原》《普鲁斯特与符号》。专著有《德勒兹身体美学研究》《画与真》等。

刘海龙 中国人民大学新闻学院教授，博士生导师。教育部青年长江特聘教授，传播系主任，海龙果读书会组织者，《国际新闻界》杂志主编，中国人民大学新闻与社会发展研究中心新闻传播研究所主任，复旦大学信息与传播研究中心研究员，武汉大学媒体发展研究中心研究员；美国宾夕法尼亚大学、中国香港城市大学访问学者。研究方向为传播思想史、政治传播、传媒文化。

刘涛 暨南大学新闻与传播学院院长、教授、博士生导师，《视觉传播研究》集刊主编，兼任武汉大学媒体发展研究中心研究员，复旦大学信息与传播研究中心研究员。主要从事视觉修辞学、环境传播研究。主持国家社科基金重大项目“视觉修辞的理论、方法与应用研究”，著作《视觉修辞学》入选国家哲学社科成果文库。获全国五一劳动奖章、第三届全国高校青年教师教学竞赛一等奖、首届全国高校教师教学创新大赛一等奖。目前担任《中国教育报》专栏作者，独立撰写的作品四次获中国新闻奖，其中两次为一等奖。

墨磊宁（英文原名为 Thomas S. Mullaney） 美国斯坦福大学历史学、东亚语言与文化学教授，博士毕业于哥伦比亚大学，曾获费正清研究奖。著有或主编有 *The Chinese Typewriter*（2017）*Your Computer is on Fire*（2020）*Coming to Terms with the Nation: Ethnic Classification in Modern China*（2020）*The Chinese Computer—the first comprehensive history of Chinese-language computing*（2024）。在《亚洲研究杂志》《技术与文化》《外交事务》等期刊发表多篇论文。

潘霁 复旦大学信息与传播研究中心副主任，复旦大学新闻学院教授，博士生导师。美国南卡罗来纳大学传播学博士，新加坡南洋理工大学新媒体研究组博士后研究员。研究领域包括城市传播、数字技术和研究方法。著（译）作包括《文化框架：美国主流媒体中的“中国制造”》《地理媒介：网络化城市与公共空间的未来》《跳动空间：抖音城市的生成与传播》等。发表中英文论文多篇。

庞红蕊 河北师范大学文学院副教授，文学博士。主要研究领域：动物问题研究、西方理论前沿。在《外国文学》《文化研究》《中国语言文学研究》等期刊发表论文十余篇，动物问题研究方面的近期论文为《面容与动物生命——从列维纳斯到朱迪斯·巴特勒》（发表于《澳门理工学报》2020 年第 4 期）

汪民安 清华大学人文学院教授，主要研究方向为批判理论、文化研究、现代艺术和文学。其代表作品有《罗兰·巴特》《福柯的界线》《身体、空间与后现代性》等。

吴璟薇 清华大学新闻与传播学院长聘副教授，德国柏林自由大学媒介与传播学院博士，德国洪堡基金会联邦总理奖学金获得者。主要著作有《德国新闻传播史》、英文专著 *Private and Public on Social Network Sites: Differences and Similarities between Germany and China in a Globalized World*。研究方向是媒介理论、新媒体中的公与私、跨文化传播。

夏可君 中国人民大学文学院教授，哲学与艺术批评者、策展人，研究方向包括西方文艺理论、德国与法国当代哲学等。代表著作有《无用的文学：卡夫卡与中国》（2020）、《无用的神学：班雅明、海德格尔与庄子》（2019）、《一个等待与无用的民族：庄子与海德格尔的第二次转向》（2017）、《庖丁解牛》（2015）等。主持编辑与译介了法国当代思想家让 - 吕克·南希及德里达的多部著作。

袁艳 华中科技大学新闻与信息传播学院教授，博士生导师，复旦大学信息与传播研究中心兼职研究员。英国威斯敏斯特大学传播学博士。《媒介与传播地理学》译者。从 2014 年起在国内首开“媒介地理学”课程，并在相关领域发表多篇中英文权威期刊论文。曾获第十一届湖北省社科优秀成果二等奖和首届新闻传播学期刊优秀论文奖。

曾国华 荷兰阿姆斯特丹大学媒介研究系哲学博士，现任中国社会科学院新闻与传播研究所副研究员。近年研究领域为媒介社会学/人类学、文化理论与社会理论、媒介技术与社会变迁，以及流行文化。

张磊 中国传媒大学国家传播创新研究中心研究员、博士生导师。研究领域为文化研究、媒体人类学、媒体物质性研究、传播学理论、国际传播等。曾赴美国宾夕法尼亚大学安南堡传播学院、中国香港城市大学媒体与传播系、英国伦敦大学金史密斯学院、韩国首尔国立大学传播研究所担任访问学者。著有《焦虑与希望：对北京城市贫困群体的传播社会学研究》《传播学总论》等著作，在中英文刊物发表论文六十余篇。

张正平(英文名为 Briankle G. Chang) 美国马萨诸塞大学阿默斯特分校传播系教授。研究领域包括文化研究、媒介理论与批判、传播哲学。著有 *Deconstructing Communication: Subject, Representation, and Economies of Exchange*。在 *International Philosophical Quarterly*, *Cultural Critique*、*differences*、*Human Studies*、*Theory Culture and Soceity* 等期刊上发表多篇文章。

章戈浩 中国澳门科技大学人文艺术学院助理教授，英国拉夫堡大学媒介与文化分析博士，主要研究兴趣为生存论媒介研究、质性数据分析、武术研究、弗拉瑟(Flusser)研究。

赵千帆 浙江大学哲学博士，德国洪堡总理奖学金学者，先后访学于德国汉堡大学、柏林洪堡大学。现为同济大学人文学院副院长，哲学系副教授、硕士生导师。研究领域为德国哲学、美学、社会理论和媒介理论，尤其是对法兰克福学派（本雅明、阿多诺）和尼采进行了大量翻译与研究工作。